Theodor Lindner

Die deutsche Hanse

Ihre Geschichte und Bedeutung

Theodor Lindner

Die deutsche Hanse

Ihre Geschichte und Bedeutung

ISBN/EAN: 9783954273249
Erscheinungsjahr: 2013
Erscheinungsort: Bremen, Deutschland

© maritimepress in Europäischer Hochschulverlag GmbH & Co. KG, Fahrenheitstr. 1, 28359 Bremen. Alle Rechte beim Verlag und bei den jeweiligen Lizenzgebern.
www.maritimepress.de | office@maritimepress.de

Bei diesem Titel handelt es sich um den Nachdruck eines historischen, lange vergriffenen Buches. Da elektronische Druckvorlagen für diese Titel nicht existieren, musste auf alte Vorlagen zurückgegriffen werden. Hieraus zwangsläufig resultierende Qualitätsverluste bitten wir zu entschuldigen.

Die deutsche Hanse

Ihre Geschichte und Bedeutung

Für das deutsche Volk dargestellt

von

Theodor Lindner
ord. Professor der Geschichte an der Universität Halle

Mit einem Titelbild, 71 Abbildungen
im Text und einer Karte in Farbendruck

Vierte Auflage

Ferdinand Hirt & Sohn in Leipzig
1911

Vorwort zur ersten Auflage

„Navigare necesse est, vivere non est necesse", „Es ist notwendig, Schiffahrt zu treiben, nicht notwendig, zu leben", lehrt ein aus dem Altertum überlieferter Spruch, den das Haus „Seefahrt" in Bremen über seiner Pforte trägt. Ein tiefer Sinn liegt in dem seltsam scheinenden Wort. Was ist das Leben wert, wenn ihm nicht nützliche Tätigkeit Gehalt gibt, wenn es nicht an hohe Ziele gesetzt wird?

Die alten hansischen Männer hatten Ehre und Nutzen ihrer Heimatstadt vor Augen, wir, denen ein glücklicheres Geschick zu teil geworden ist, sorgen für ein großes Vaterland. Es gilt, ihm allerwege und mit allen Mitteln zu dienen.

Die seegewaltige Hanse hat einst deutsche Kraft und Tat weithin über die Länder verbreitet, doch nach jahrhundertelangem Ruhm ging sie unter in den trübsten Zeiten, die Deutschland erlebt hat. Keine Volksgeschichte ist lehrreicher als die deutsche. Sie predigt mit mächtiger Zunge, was ein Volk zu leisten vermag, aber auch, wie es sich selber um die Früchte froher und frommer Arbeit bringen kann.

Unsere alten Kaiser hatten verabsäumt, das Meer sich und dem Volke dienstbar zu machen, und die Deutschen haben ihre Unterlassungssünde schwer gebüßt. Das neue Kaisertum ist dieser nationalen Pflicht voll eingedenk. Möchten auch die Bürger des Reiches den ihnen gewiesenen Weg zu einer großen Zukunft opferwillig verfolgen! Daß nur ein zur See starkes Reich das hohe Ziel erreichen kann, beweist die Geschichte der deutschen Kaufmannschaft.

Jetzt, wo die Schuld der Vergangenheit gesühnt ist, ziemt es sich, dankbar der Großtaten unserer Vorväter zu gedenken. Wie ein Schiff unserer Marine den Namen der Hanse ehrenvoll an ferne Gestade tragen wird, so muß auch ganz Deutschland ihr Werk in neuer Weise aufnehmen und nimmer ermattend fortführen.

Diese Darstellung in ihrem begrenzten Umfang beabsichtigt nur, ein allgemein verständliches Gesamtbild zu geben. Daher sind gelehrte Zutaten vermieden. Wenn es nicht möglich ist, alle die trefflichen Vorarbeiten anzuführen, so soll dennoch denjenigen Gelehrten hier aufrichtiger Dank gesagt werden, welche während der letzten Jahrzehnte in unermüdlicher und entsagungsvoller Arbeit den reichen Stoff für die Geschichte der Hanse gesammelt und veröffentlicht haben, den Herren Konstantin Höhlbaum in Gießen, Karl Koppmann in Rostock, Goswin von der Ropp in Marburg, Dietrich Schäfer in Heidelberg.

Auch Herrn Dr. jur. Theodor Hach in Lübeck, der mich bei der Auswahl und Beschaffung der Abbildungen hilfreich unterstützte, schulde ich vielen Dank.

Halle a. S., im Juli 1898.

Vorwort zur vierten Auflage

Der ersten Auflage ist rasch eine zweite und dritte und nun eine vierte gefolgt. Wesentliche Änderungen erschienen nicht erforderlich, doch ist manches und namentlich der Schluß anders gestaltet. Inzwischen habe ich die Grundzüge der hansischen Geschichte in meiner „Weltgeschichte seit der Völkerwanderung" III—V (Stuttgart, Cotta) im großen europäischen Zusammenhange zur Darstellung gebracht.

Halle a. S., im August 1910.

Der Verfasser.

Inhaltsverzeichnis

Erster Abschnitt. Deutschland im dreizehnten Jahrhundert S. 11—19
 Sonderstellung Norddeutschlands — Grenzen des Reiches um 1230 — Kaiser Friedrich II. — Untergang der Staufer — Fürsten und Adel — Entwicklung des Handels — Aufkommen der Städte — Neue Wirtschaftsformen — Verfassung der Städte — Wesen des Bürgertums.

Zweiter Abschnitt. Die Anfänge des norddeutschen Seehandels S. 20—29
 Anschauungen über den Handel — Schwierigkeiten im Inland und Ausland — Erwerbung von Schutz und Rechten — Aufenthalt und Verkauf — Ordnung der rechtlichen Verhältnisse — Gemeinsame Fahrten — Seeräuber — Strandrecht — Frühe Verbindung mit England — Deutsche in London — Gildhalle der Kölner in London — Alte Handelswege vom Morgenland nach dem Norden — Gotland und Wisby — Nowgorod.

Dritter Abschnitt. Die Länder der Nordsee und der Ostsee S. 30—42
 Lage Englands — Dortige wirtschaftliche Zustände — Natur der Nordsee und ihrer Küste — Holland und die Länder an der Zuidersee — Köln — Westfälische Städte — Friesland — Wesermündung und Gebiet bis zur Elbe — Welfische Lande und Nachbarschaft — Magdeburg — Wendische Länder — Holstein und Hamburg — Natur und Stellung der Ostsee — Ihr nördlicher Teil — Dänemark — Deutsche Ansiedelung in den Ostseeländern — Gründung von Lübeck — Fürstentümer im deutschen Ostseegebiet; Mecklenburg, Pommern, Brandenburg — Deutscher Orden in Preußen — Eroberung von Livland — Emporsteigen Dänemarks — Schlacht von Bornhöved.

Vierter Abschnitt. Die Anfänge der Hanse S. 43—58
 Wesen der hansischen Geschichte — Stellung des deutschen Reiches — Vertrag zwischen Hamburg und Lübeck 1241 — Nordsee und Ostsee als einheitliches Handelsgebiet — Lübecks Mittelstellung — Entwicklung der Verhältnisse in London — Bedeutung von Flandern — Brügge — Verträge mit Flandern — Lage an der Ostsee; Beziehungen zu Dänemark, Schweden und Norwegen — Erster Seekrieg mit Norwegen — Bremen — Bündnisse der Städte — Verträge zwischen den wendischen Städten — Wachsende Bedeutung von Lübeck — Die Deutschen in Wisby — Verträge mit Nowgorod — Lübeck und Wisby — Lübisches Recht — Der Deutsche Orden — Die erste Gemeinsamkeit.

Fünfter Abschnitt. Der große Krieg gegen Dänemark S. 59—76
 Neuer Aufschwung Dänemarks — Kräftigung der Gemeinschaft — Aufkommen des Namens „Deutsche Hanse" — Aufnahme Bremens — Wesen der Verbindung — König Waldemar IV. Atterdag — Eroberung von Wisby — Niedergang der Stadt — Krieg gegen Dänemark und unglücklicher Ausgang — Johann Wittenborg

— Mecklenburg und Erwerbung der schwedischen Krone durch Albrecht — Die Kölner Konföderation — Kriegsrüstungen — Neuer Krieg und Sieg — Stralsunder Frieden und seine Bedingungen — Kaiser Karl IV. in Lübeck.

Sechster Abschnitt. Die Hanse und Dänemark bis 1435. S. 77—88

Königin Margarethe — Ihr Sieg über König Albrecht von Schweden — Gegenwehr der Mecklenburger — Die Vitalienbrüder — Kalmarer Union — Kampf gegen die Seeräuber — Klaus Störtebeker — Unruhen in den Städten und zünftische Bewegungen — Bertram und Wulf Wulflam in Stralsund — Verfassungsveränderung in Lübeck — Wiedereinsetzung des alten Rates — König Erich von Dänemark — Krieg gegen ihn, Seeschlacht bei Kopenhagen — Tidemann Steen — Trennung der Städte — Wordingborger Frieden — Ende König Erichs — König Christoph von Dänemark.

Siebenter Abschnitt. Mitgliedschaft und Verfassung der Hanse S. 89—110

Engerer Zusammenschluß des Bundes — Festsetzung von Statuten — Gesetze gegen Aufruhr — Mitgliedschaft — Der gemeine Kaufmann — Unterschied zwischen größeren und kleineren Städten — Aufnahme von Mitgliedern — Teilnahme der Städte an der Zuidersee — Rheinland und Westfalen — Zwischen Weser und Elbe — Mark Brandenburg, Pommern und Mecklenburg — Die Dritteile — Die preußischen Städte — Handelspolitik des Deutschen Ordens und seine Stellung zur Hanse — Die livländischen Städte — Städte außerhalb des Reiches — Wandelbarkeit der Mitgliedschaft — Keine festgesetzte Zeitdauer — Mängel der Verfassung des Bundes — Kein gemeinsames Abzeichen — Innere Kraft des Bundes — Abschluß gegen außen — Hansetage — Zweck und Aufgaben des Bundes — Sein rechtliches Wesen — Stellung zum Reich und zu den Fürsten — Städtekriege — Umwandlung des Fürstentums — Ausscheiden der märkischen Städte — Niedergang des Deutschen Ordens — Macht von Danzig.

Achter Abschnitt. Nowgorod, Bergen und Schonen. S. 111—122

Art und Zweck der Kontore — Petershof von Nowgorod — Verwaltung und Zustände — Verkehr mit den Russen — Andere Kaufhöfe in Rußland und Litauen — Schwierigkeiten in Nowgorod — Plünderung von Nowgorod 1471 — Bemühungen und Wiederherstellung — Ende des Ordens in Livland — Verfall von Nowgorod — Kontor in Bergen — Deutsche Brücke — Leben daselbst, die Spiele — Verhältnis zu den Norwegern — Auflösung des Kontors — Niederlassungen auf Schonen — Bedeutung des Herings — Skanör und Falsterbo — Fitten — Treiben daselbst — Rückgang des Heringsfangs — Ende der Schonenfahrt.

Neunter Abschnitt. Brügge und Antwerpen. Der Stahlhof in London. Die Holländer S. 123—139

Größe von Brügge — Einrichtungen des Kaufmanns — Bedeutung des hansischen Handels für Brügge — Staatliche Veränderungen in Flandern — Das osterische Haus in Brügge — Rückgang der Stadt — Antwerpen — Übersiedelung dorthin — Das Haus der Hanse in Antwerpen — Schicksale von Antwerpen — Verkauf des Hauses — Englische Handelspolitik — Stahlhof — Verfassung und Leben daselbst — Feindschaft der englischen Kaufleute — Wiederholter Bruch und Wiederherstellung des Verkehrs — Krieg mit England — Streit mit Köln — Friede zu Utrecht 1474 — Fortgesetzte Feindschaft der englischen Kaufleute — Schluß des Stahlhofes 1598 — Wiedereröffnung und spätere Schicksale — Krieg mit Holland — Dauernde Eifersucht, Einfluß der dänischen Verhältnisse.

Zehnter Abschnitt. Die nordischen Verhältnisse bis zum Ausgang der Hanse
S. 140—156

König Christian I. von Dänemark — Holstein und Schleswig — Krieg mit König Johann von Dänemark — König Christian II.; sein Sturz — Gustav Wasa von Schweden — Friedrich I. von Dänemark — Reformation — Verfassungsveränderung in Lübeck — Jürgen Wullenwever — Marx Meyer — Christian III. von Dänemark — Krieg gegen ihn — Unglücklicher Verlauf — Friede mit Dänemark — Sturz Wullenwevers — Seine Hinrichtung — Seine Bedeutung — Rückgang der Hanse — Seekrieg gegen Schweden — Aufsteigen Hamburgs — Hinsiechen des Bundes — Dreißigjähriger Krieg — Belagerung von Stralsund — Vergebliche Versuche zur Wiederherstellung der Hanse — Ihr Ende.

Elfter Abschnitt. Handel und Schiffahrt
S. 157—177

Wesen des hansischen Handels — Verkaufsstätten — Handelsmarken — Münze — Schwierigkeiten des Handels — Wichtigkeit der Rohstoffe — Pelzwerk, Erzeugnisse der Viehzucht, Wolle, Fische, Wachs, Honig — Getreide — Brauerei — Holzhandel — Bernstein — Salz — Erze — Wein — Öl — Gewürze und Heilmittel — Edelsteine — Seide — Tuche — Leinwand — Industriewaren — Handel nach Frankreich, Spanien und Portugal — Verkehr mit Venedig — Gegensatz zwischen Nord- und Süddeutschland — Schiffe — Verbesserung der Schiffahrt — Geschützwesen — Flaggen — Schiffsmannschaft — Bestimmungen über Seewesen, Seerecht — Seebücher — Wert des Handels — Genossenschaften.

Zwölfter Abschnitt. Rückblick und Ausblick
S. 178—186

Bedeutung der Hanse für die Allgemeinheit — Für Deutschland — Ihr deutsches Wesen und Volksgefühl — Nachwirkungen des Bürgertums — Gründe des Verfalls — Ihr mittelalterliches Wesen — Mangelhafte Verfassung — Erstarken des Auslandes — Schwäche des deutschen Reiches — Veränderungen des Welthandels — Unterschied des mittelalterlichen und des modernen Staates — Wichtigkeit der Industrie und des Handels — Bedeutung der Kriegsflotte und der Kolonien — Gegenwärtige Stellung und Aufgaben Deutschlands.

Verzeichnis der Abbildungen

	Seite
Der eherne Löwe in Braunschweig	12
Das Holstentor in Lübeck	17
Das Mühlentor in Stargard	18
Türme und Mauern von Wisby . .	27
Ansicht der alten Stadt Nowgorod im 15. Jahrhundert	28
Das Rathaus in Paderborn . .	32
Gotisches Altstadt-Rathaus in Braunschweig	33
Das wiederhergestellte Rathaus in Dortmund	34
Das Kloster Chorin .	38
Ältestes Siegel von Lübeck.	39
Alte Ansicht von Brügge	47
Rostock mit der Warnow	51
Das Siegel der deutschen Kaufleute in Wisby	53

Verzeichnis der Abbildungen.

	Seite
Das Hochschloß in Marienburg.	56
Das Mosaikbild der Jungfrau Maria an der Marienburg.	57
Das Rathaus in Bremen.	62
Ansicht von Wisby im Jahre 1707	63
Das Steinkreuz vor Wisby	65
Hinrichtung des Bürgermeisters Johann Wittenborg zu Lübeck	68
Bildnis der Herzöge Albrecht II. und III. von Mecklenburg	69
Der Hintergrund des Hansesaales in Köln	71
Quittung über bezahlten Pfundzoll	72
Grabstein des Bruno Warendorp in Lübeck	73
Kaiser Karl IV. im Ornat thronend	75
Die Katharinenkirche in Wisby.	79
Das Rathaus in Stralsund	83
Das Haus der Wulflam in Stralsund.	84
Die Fahne vom Schiffe des Königs Erich	87
Handelsbetrieb im 15. Jahrhundert	90
Das Rathaus in Münster.	95
Der Marktplatz in Wismar	96
Das Rathaus in Thorn	97
Der Remter in der Marienburg	99
Siegel von Pfundzollquittungen	101
Der Artushof in Danzig	103
Das Stadtthor (Nibelungenthor) in Soest	107
Das Wappen der Hochmeister des Deutschen Ritterordens	109
Das Wappen des Kontors von Nowgorod	113
Der Schütting in Bergen.	116
Ansicht von Bergen im 17. Jahrhundert	117
Das Wappen des Kontors in Bergen	119
Skizze von Skanör und Falsterbo.	120
Das Wappen des Kontors in Brügge.	125
Das Haus der Hanse (Ostersches Haus) in Antwerpen	129
Alte Zeichnung des Stahlhofes	130
Das Wappen des Stahlhofes in London.	131
Königin Elisabeth von England im königlichen Schmuck.	136
Silbergeschirr des Stahlhofes	137
König Christian II. von Dänemark	141
König Gustav Wasa von Schweden.	143
Lübeckischer Taler, geschlagen unter dem Bürgermeister Nikolaus Brömse	144
Handschrift von Jürgen Wullenweber	145
Ölbild Jürgen Wullenwebers	148
Hamburg im Jahre 1572.	150
König Gustav Adolf von Schweden	152
Der Marktplatz in Hildesheim	153
Der Marktplatz in Lübeck	157
Ein Kaufmann im 16. Jahrhundert.	158
Handelsmarken	159
Münzen von Lübeck	160
Der Schütting (Kaufmannshaus) in Bremen	170
Altes Schiff	172
Lübeckisches Kriegsschiff	173
Das Haus der Schiffergesellschaft in Lübeck.	174. 175

Erster Abschnitt.
Deutschland im dreizehnten Jahrhundert.

Noch steht in Braunschweig der eherne Löwe, den Herzog Heinrich von Sachsen als Sinnbild seiner Macht und seines Namens errichtet hat. Grimmig schaut er nach Osten, wohin der große Kriegsheld so oft sein siegreiches Schwert trug. Heute sitzen dort nicht mehr Feinde der Deutschen und ihrer Herrschaft; weit über die Gebiete hinaus, die der gewaltige Mann unterwarf, geht die Grenze unseres Reiches, breiten sich die Länder aus, welche deutsche Tatkraft in langer harter Arbeit dem deutschen Volke zu eigen gemacht hat. Ein gutes Dritteil des Reiches umfaßt ehemaligen wendisch-slavischen Boden. In diesem Neuland erstand die Macht, die nach schmerzlichen Jahrhunderten der Ohnmacht und Zerrissenheit den Deutschen wieder Kraft und Einheit brachte, und sie trägt ihren Namen von der fernsten Ostprovinz.

Die Erwerbung und Deutschmachung der Länder jenseits der Elbe ist die glorreichste und großartigste Tat, welche die Deutschen im Mittelalter vollbracht haben. Sie trug ihnen zugleich einen ausgedehnten Küstensaum ein, die nur durch einen schmalen Landrücken unterbrochene Verlängerung des Gestades der Nordsee, und da die Westsee, wie sie damals hieß, nördlich der jütischen Halbinsel mit der Ostsee zusammenhängt, ergab sich von selbst, daß die an den Ufern beider wohnenden Deutschen sich zu gemeinsamer Benutzung der vor ihnen wogenden Meeresfluten vereinten. Schon wenige Jahrzehnte nach dem Tode Heinrichs des Löwen war die Verbindung vollkommen hergestellt, und die Geschichte der Hanse knüpft sich hauptsächlich an die von ihm gegründete Stadt, an Lübeck.

Weder an der Besitznahme des Ostens noch an dem Entstehen der seemächtigen Hanse haben Kaiser und Reich einen wesentlichen Anteil genommen. Die deutschen Könige kamen nie auf den Gedanken, mit Hilfe des Meeres ihre Macht zu befestigen und auszubreiten, von Reichs wegen dem kriegerischen Landaufgebot eine Flotte zur Seite zu stellen. Wohl hätte es dem ersten Herrschergeschlechte, dem sächsischen, nahe gelegen, sich die See dienstbar zu machen, aber die Nachkommen Heinrichs I., des Gründers des alten Reiches, wandten ihre Kraft nach Italien. Damit bestimmten sie Deutschland für lange Jahrhunderte seine Geschicke. Die sächsischen

Kaiser entfremdeten sich allmählich dem heimischen Herzogtum, und unter ihren Nachfolgern, den stolzen Saliern und den hochgemuten Staufern, lag die Schwerkraft des Reiches durchaus im Süden und am Rhein. Daher traten die Angelegenheiten des Nordens und des Ostens zurück. Mit glücklichstem Erfolge hatten Heinrich I. und Otto I. begonnen, die offen vorliegenden, von schwachen Völkern bewohnten Länder zu unterwerfen, aber

Der eherne Löwe in Braunschweig.
(Aus Oehlmann, Landeskunde von Braunschweig-Hannover.)

ihr Werk verfiel fast gänzlich, weil die späteren Kaiser, obgleich auch sie gelegentlich dorthin Züge unternahmen, nicht mit andauerndem und planvollem Nachdruck handelten. Altsachsen, das den ganzen Norden ostwärts vom Rhein bis zur Elbe umfaßte, ohnehin in seiner trotzigen und harten Eigenart nie recht mit dem Süden verschmolzen, geriet in eine Sonderstellung und ging gern seine eigenen Wege.

Heinrich der Löwe schaltete wie ein König, bis sein gewalttätiger Ehrgeiz Kaiser Friedrich I. nötigte, den unbotmäßigen Mann der Rache seiner zahlreichen Feinde preiszugeben. Die Auflösung des Herzogtums bestärkte jedoch nur die Sonderung vom Reichsganzen, weil sie an die Stelle der einheitlichen Herzogsgewalt, die in unmittelbarer Beziehung zu dem Königtum stand, Zersplitterung in viele kleine Gebiete setzte.

Blieb der Norden auch im Reichsverbande, er wurde eine Welt für sich. Die Nachahmung fremdländisch-romanischer Sitte, die dem Rittertum Schliff und Glanz gab, faßte in dem rauheren Volksstoffe keine rechte Wurzel. An Höhe der Lebensführung hinter dem vorgeschrittenen Westen und Süden zurückgeblieben, ist Norddeutschland von der höfischen Pracht der Stauferzeit und der zierlich-sinnlichen Minnedichtung wenig berührt worden.

Eben aus dieser Selbständigkeit des Nordens erklären sich Geschichte und Wesen der Hanse.

Sie wäre heute unmöglich, und bei aller Bewunderung der mächtigen Kräfte, die in ihr zur freien Entfaltung kamen, dürfen wir sagen, glücklicherweise. Staat und Reich leisten gegenwärtig, was damals selber zu erringen den Bürgern überlassen blieb. Die Geschichte der Hanse ist nur zu verstehen, wenn man die allgemeinen Zustände, unter denen der Bund erwuchs und bestand, in die Betrachtung zieht.

Wir nehmen die Zeit um 1230 zum Ausgang. Der Umfang des Reiches war damals recht verschieden von dem heutigen, weiter reichend nach West und Süd, geringer im Osten und Norden. Im Westen gegen Frankreich begann die Grenze südlich von der Mündung der Schelde, da wo noch heute die Scheidelinie zwischen Belgien und den Niederlanden am Meer ansetzt, und zog den Fluß hinauf. An dessen linkem Ufer lag die von Frankreich lehnsabhängige, sonst selbständige Grafschaft Flandern, reich an blühenden Städten. Antwerpen, die heute französischen Gebiete von Valenciennes und Cambrai gehörten zum Reiche, ebenso das Bistum Lüttich, die Grafschaft Luxemburg und das ganze Herzogtum Lothringen mit den Bistümern Metz, Toul und Verdun. Südlich von Lothringen und dem Elsaß erstreckte sich bis zum Mittelländischen Meere das von Kaiser Konrad II. mit der deutschen Krone vereinigte Königreich Burgund mit Besançon, Lyon, Arles und Marseille. Auch Ober- und Mittelitalien standen unter dem Kaisertum. Burgund, in eine Menge von Herrschaften aufgelöst, leistete jedoch dem Reiche so gut wie nichts, Italien erforderte nur Aufwand von Kräften. Im Osten umschloß die Reichsgrenze Istrien, Krain, Kärnten, Steiermark, Österreich, Mähren und Böhmen, während Schlesien zwar von Polen losgetrennt und schon von deutschen Kolonisten stark bevölkert, aber nicht eigentliches Reichsland war. Die östlichen Grenzen der Markgrafschaften Lausitz und Brandenburg waren noch nicht völlig abgeschlossen, die Herzöge von Pommern hatte Kaiser Friedrich I. an das Reich genommen. Ihr Land reichte bis zur Weichsel, wo Danzig bereits ein bedeutender Platz war, doch hatten sie viel Streit mit den unruhigen polnischen Nachbarn und den noch nicht bezwungenen heidnischen Preußen. Indessen faßte nördlich von Preußen, in Livland, bereits deutsche Ansiedlung festen Fuß.

Als Friedrich II. die Herrschaft erlangte, hatte das deutsche Königtum schon eine Minderung seiner Macht erlitten. Zwar war Friedrich bereits als dreijähriger Knabe von den Fürsten zum künftigen König gewählt worden, aber als der Vater, Kaiser Heinrich VI., 1197 starb, gelangte das fern in Italien bei seiner normannischen Mutter weilende Kind nicht auf den Thron. Sein Oheim Philipp mußte die Krone aufnehmen, um sie dem staufischen Geschlechte zu wahren, und gegen ihn warfen Fürsten unter der Führung des habgierigen Erzbischofs Adolf von Köln den Sohn Heinrichs des Löwen, Otto IV., als König auf. Nach langen Kämpfen verschaffte diesem 1208 der plötzliche Tod Philipps durch Mörderhand die Alleinherrschaft, bis sein Streit mit Papst Innocenz III. dem jungen Friedrich die Möglichkeit gab, den Welfen zu verdrängen. Der Staufer wandte jedoch die ihm eigene hohe Geisteskraft auf sein heimisches Königreich Sizilien, in das er 1220 zurückkehrte; nachher ist er nur noch für kurze Fristen jenseits der Alpen erschienen. Um in Deutschland Ruhe zu erhalten und in seinen italischen Plänen nicht gestört zu werden, unterließ er es, eine wirksame königliche Gewalt wieder herzustellen, und gewährte den Fürsten als Landesherren weitgehende Befugnisse. Das Königtum behielt nur einige Oberrechte, das eigentliche Regiment über die Untertanen lag in den Händen der Fürsten, denen Handhabung des Rechtes, Kriegswesen, Verwaltung und Gesetzgebung fast unbeschränkt zustanden. Die Reichsregierung entbehrte der meisten Machtmittel, die einem festgefügten Staate erforderlich sind. Sie hatte keine ihr allein dienenden Beamten, keine eigene Kriegsmacht, keine ausreichenden regelmäßigen Einnahmen; in allem war sie auf die Fürsten angewiesen. Zwar genoß das Königtum noch immer ehrfurchtsvolles Ansehen, aber wenn der König sich nicht durch persönliche Macht und Kraft zur Geltung bringen konnte, stand es um das Reich nach innen und außen übel. Dann waren die Fürsten die Herren und konnten sich halten nach Belieben. Nur zu bald sollte es so weit kommen, als der Kampf mit dem Papsttum wieder auflodert, in dem das staufische Geschlecht zugrunde ging. Sein letzter Sproß, der schöne Jüngling Konradin, verfiel 1268 nach dem gescheiterten Versuche, Neapel zu erobern, dem Henkerbeil Karls von Anjou. Schon gegen Friedrich II. standen Gegenkönige auf, erst Heinrich Raspe von Thüringen, dann Wilhelm von Holland. Als dieser im Kampfe gegen die Friesen gefallen war, erhob zwiespältige Wahl 1257 zwei Ausländer zu Königen, Alfons von Kastilien und den Engländer Richard. Der erstere kam nie nach Deutschland, der andere fand nur zeitweilige und teilweise Anerkennung. Tatsächlich gab es im Reiche keine Obergewalt, und traurige Zerrüttung riß ein.

Der Fürsten, die mannigfache Titel führten, gab es sehr viele, geistliche und weltliche, große und kleine. Ihre Besitzungen bildeten indessen noch keine fertigen und abgeschlossenen Länder oder Territorien. Wirr lagen die einzelnen Stücke verschiedener Herren durcheinander, an demselben Orte konnte der eine Grundrechte, ein zweiter gerichtliche Befugnisse, ein dritter andere Gerechtsame haben. Indem nun die Herren anfingen, ihre Gebiete einheitlich zu gestalten und abzurunden, waren die Ursachen zu unaufhörlichem Streit gegeben. Je mehr das Königtum und die alten Rechtszustände verfielen, desto häufiger wurde zur Selbsthilfe und zu den Waffen gegriffen. Jeder mochte sich wehren, so gut er konnte.

In dem wild tobenden Fehdewesen fanden Adel und Rittertum ihre Rechnung. Unzählbar war damals die Menge reisiger Mannen in Deutschland, das ganze Reich starrte von Waffen. Ebenso unzählig waren die Burgen, gelegen auf geeigneten Höhen, oder im Flachlande durch Wassergräben geschützt. Die Ritter waren meist als Vasallen oder Diener einem Herrn zur Kriegsfolge verpflichtet; gepanzert und schwer gerüstet machten sie den Hauptteil der Heereskraft aus. Der Kampf war ihr Lebenselement, durch Schwert und Schild gewannen sie den Unterhalt. Sie führten die Waffen auch gern auf eigene Hand und selbst gegen ihre fürstlichen Herren, denen sie ebensowenig gehorchten, wie jene dem Reiche. In unruhigen Zeiten unterschied sich so mancher Ritter nicht vom Räuber; gesetzliche Ordnung lag nur wenigen Fürsten am Herzen, und noch wenigeren gelang es, sie im eigenen Lande zu erhalten. Schwer hatte der Bauer unter den ewigen Fehden, der allgemeinen Friedlosigkeit zu leiden, obgleich er sonst in fruchtbaren Gegenden sich eines stattlichen Wohlstandes erfreute.

Deutschland glich einem sturmbewegten Meere. Als friedliche Eilande lagen darin die Städte.

Während im früheren Mittelalter nur König, Geistlichkeit und Adel die Herrschaft führten, hatte sich seit dem elften Jahrhundert ein neuer Stand emporgearbeitet, das Bürgertum, der Träger der Zukunft. Die Deutschen waren, als ihr Reich entstand, ein bäuerliches Volk unter einem kriegerischen Adel. Der Handel, meist von durchziehenden Fremden betrieben, hatte geringe Bedeutung, Geld lief spärlich um und nur kleine Silbermünzen wurden geprägt. In Norddeutschland gab es wohl stärker bewohnte Plätze, aber noch nicht eigentliche Städte. Solche, zum Teil noch von den römischen Zeiten herrührend, waren im Süden und Westen vorhanden, doch ihre Einwohner lebten auch meist vom Ackerbau. Handwerksmäßige Tätigkeit wurde nur in einfachen und gebundenen Formen ausgeübt. Die Zunahme der Bevölkerung und die Verbindung mit Italien gaben die erste fruchtbare Anregung, dann bewirkten kriegerische Ereignisse in Asien eine Veränderung der bisher üblichen Welthandelswege, die Deutschland umgangen hatten, endlich lenkten die Kreuzzüge den Verkehr in neue Bahnen, indem ihn die Italiener an sich brachten. Die aus dem Morgenland geholten Waren gingen nun über die Alpen nach Deutschland, von wo sie weiter vertrieben wurden. Süddeutschland und die Rheingegenden zogen zuerst von dem Umschwung Gewinn.

Die für den gesteigerten Handel notwendigen Plätze boten die Städte, deren Entwicklung jetzt einen raschen Schritt einschlug.

Außer den zu bestimmten Zeiten im Jahre abgehaltenen Märkten und Messen, zu denen fremde Kaufleute und Käufer herbeikamen, gestattete in den Städten der tägliche Umsatz den andauernden Austausch von Waren und Erzeugnissen, der sich in Geld vollzog. Damit erstarkte eine neue Wirtschaftsform. Seit den fränkischen Zeiten hatte in der Hauptsache die Naturalwirtschaft geherrscht. Der Feldbau machte die Grundlage des gesamten Lebens aus. Was er hervorbrachte, wurde nicht verkauft, sondern diente zum Unterhalt. Der Grundherr lohnte die Arbeiter durch Anweisung von Boden oder dessen Ertrag, wie auch das Lehen darin bestand, daß der Vasall als Entschädigung für die zu leistenden Kriegsdienste Landgut zur Nutzung empfing. Auch Zahlungen jeder Art wurden in Naturerzeugnissen geleistet, Abgaben in Vieh, Geflügel oder Getreide entrichtet. Die Kleider, Waffen, Gerätschaften stellte man im Hause oder auf dem Gutshofe her für den eigenen Bedarf, nicht für den Verkauf, doch galten solche Dinge ebenfalls als Zahlungs- oder vielmehr Tauschmittel. Dieser ursprüngliche Zustand hatte schon manche Änderungen erfahren, in den Städten erfolgte der Übergang zur modernen Geldwirtschaft, die das ganze Dasein umgestaltete und den heutigen Zuständen annäherte.

Vom Ackerbau wird ein Volk nicht reich, nur Handel und Gewerbe gestatten die stetige Vermehrung von Besitz und Werten. In den Städten fanden alle Erzeugnisse der Landwirtschaft oder des Handwerks lohnenden Absatz gegen bares Geld. Daher konnten beide nunmehr über das eigene Bedürfnis hinaus schaffen, der einzelne sein Hervorgebrachtes verkaufen und anderes einkaufen. So steigerte sich jede Tätigkeit und gab größeren Ertrag. Kauf und Verkauf an Stelle des Selbstverbrauches bestimmten die Erzeugung. Für Geld erwarb der Handwerker Rohstoffe, um sie zu verarbeiten, und verwandelte die hergestellten Gegenstände wieder in Geld. Der Kaufmann verkaufte seine eingehandelten Waren und kam so in den Stand, das Geschäft stetig zu wiederholen. Jeder Gewinn, weiter verwendet, brachte neuen. Der Erhöhung des fruchtbringenden Verkehrs und damit der Reichtumsbildung standen keine Schranken mehr im Wege. So stark empfand die Zeit, wie sehr der Handelsumsatz das rechte Wesen der Städte war, daß sie Kaufmann und Bürger als gleichbedeutende Worte nahm.

Die Städte boten beste Gelegenheit, vorwärts zu kommen. Das Leben in ihnen war angenehmer und reichhaltiger als auf dem Lande und vor allem sicherer; denn starke, für die damalige Kriegskunst fast unbezwingbare Befestigungen schützten vor Überfällen und Eroberung.

Innerhalb der Mauern waltete Recht und Ordnung, jeder Bürger genoß den Schutz der Gemeinschaft und war persönlich frei. Rasch nahmen die Städte an Einwohnern und Wohlhäbigkeit zu. Die größere Beweglichkeit des Besitzes und der Arbeit lockte den Landmann aus seinen festlastenden Verhältnissen heraus. Der Zug in die Städte ergriff ihn ebenso mächtig, wie in unserer Zeit die Industrie wieder die Landbevölkerung von ihrer Scholle reißt, und die ländlichen Grundbesitzer klagten ähnlich wie heute.

Das Wesen einer Stadt beruhte darauf, daß sie ausgesondert aus der ländlichen ihre eigene Verfassung hatte. Diese Stadtverfassungen entwickelten sich in verschiedener Weise, fast in jeder Gemeinde anders, doch überall ähnlich. Nicht nur den Markt- und Geschäftsverkehr, auch alle anderen Tätigkeiten des bürgerlichen Lebens suchten die Städte unter ihre Leitung zu bringen, durch eigene Behörden, Konsuln, Räte und andere, Recht und Verwaltung nach ihren Gesetzen zu handhaben. Die besonderen

Das Holstentor in Lübeck. (Nach einer Photographie.)

Berufszweige schlossen sich zu Körperschaften, Innungen, Zünften oder Ämtern zusammen, die ebenfalls ihre Satzungen hatten. Diese Einungen hielten ihre Mitglieder mit festen Banden, weil sie nicht allein Zwecke des Handwerks verfolgten, sondern alle Seiten des Lebens, auch Sitte und Religion berührten. Der Genosse ging in ihnen auf und empfing durch sie Kraft und Stand. Alle Bürger umspannte das gleiche und gemeinsame Interesse an der Stadt, und jede rüstige Faust war zu ihrer Verteidigung bereit.

Der Reichtum, der Mauerkranz, die wohlvorgesorgte kriegerische Rüstung gaben den Städten starkes Selbstbewußtsein, das ihre Herren zu fühlen bekamen. Keineswegs hat das Recht immer bei den Bürgern gelegen, die in dem Streben nach Selbständigkeit jedes Mittel benutzten, die einzwängenden Gerechtsame ihrer Herren abzustreifen. Die älteren Städte, meist bischöfliche, hatten sich schon manche gewaltsame Handlung zu Schulden kommen lassen, und die staufischen Kaiser, noch zuletzt Friedrich II., suchten den Fürsten zuliebe das aufstrebende Bürgertum durch strenge Gesetze niederzuhalten, doch ohne Erfolg. Eine große Gefahr für die Fürsten entstand besonders, wenn sich mehrere Bürgerschaften zu Schutz und Trutz

Das Mühlentor in Stargard. (Nach einer Photographie.)

verbündeten und ihre schon so stattliche Kraft vereinten. Die einreißende Verwirrung im Reiche, so sehr sie durch Störung des Handels und der Ordnung die Bürger belästigte, gab diesen dafür Gelegenheit, sich auf eigene Füße zu stellen.

Noch war alles im Werden, und es genügt hier, die allgemeinen Umrisse zu zeichnen. Die Geldwirtschaft gab den Städten die Möglichkeit, sich neben den Fürsten, die noch an die alten Zustände gebunden waren, zu behaupten. Die größeren erstarkten so sehr, daß sie kriegerische Macht aufbrachten und daher ihr Verhalten nach außen, gegen andere Städte, gegen ihre Herren, die benachbarten Adeligen und Fürsten, unter Umständen selbst zum Auslande frei bestimmten.

Uns erscheinen solche Zustände seltsam, doch so war einmal der Gang der deutschen Geschichte geworden. Das Königtum hatte, gehindert durch die italische Politik und ihre Folgen, unter denen die Kämpfe mit dem Papsttum die verhängnisvollsten waren, nicht vermocht, feste Reichseinrichtungen zu schaffen, und die Sondergewalten aufkommen lassen. Im Volke lebte wohl ein starkes Bewußtsein von dem Ruhm und der Tapferkeit der Deutschen, aber es setzte sich nicht in politisches und nationales Handeln um. Den Deutschen fehlte von Anfang an das Verständnis für die Bedeutung eines alle Kräfte sich dienstbar machenden Staatswesens; lieber stand jeder auf sich, nur um sein Recht besorgt, für das er alle Opfer zu bringen bereit war, die er dem Ganzen kurzsichtig versagte. Die freie Selbstverantwortung und die Selbstverwaltung waren ihr eigentliches Wesen. Der Deutsche hatte rechten Sinn nur für das Zusammenhalten im engen Kreise, in der Genossenschaft. In ihr entfaltete er seine besten Tugenden, Treue und Hingabe, ihre Ehre war die seine. Er betrachtete sein Verhältnis zum Verbande als das eines gegenseitigen Vertrauens und freier Gegenleistung. Ebenso stand der Bürger zu seiner Stadt. Er trat für sie ein, weil sie ihn schirmte, er hielt ihr Recht, weil sie ihm sein Recht hielt. Mehr wollte der Deutsche nicht. Wie der einzelne Bürger, so dachte das Gemeinwesen. Die Losung war, auf eigene Kraft zu trauen und frei die Arme rühren.

So traten die Städte als neue Macht in die Geschichte ein, in strotzender Jugendfrische. Handel und Erwerb waren ihre Lebensluft, in der sie zu stolzester Zuversicht gediehen, beide zu mehren ihr Lebenszweck.

Zweiter Abschnitt.
Die Anfänge des norddeutschen Seehandels.

Der steigende Reichtum, die vermehrte Arbeit in den Städten drängten nach Verwendung und neuer Anlage, wenn die nächsten Märkte übersättigt waren. Außer den aus der Fremde kommenden Waren verbreitete der erwerbsluftige Kaufmann auch heimische, wie sie ländliche und städtische Betriebsamkeit hervorbrachte. Das rührige Handwerk bedurfte bald größerer Massen von Rohstoffen, als die Nachbarschaft lieferte, die ihm vielleicht auch manche notwendigen nicht darbot. Durchfuhr, verbunden mit Zwischenhandel, Einfuhr und Ausfuhr gaben dem deutschen Handel gleichmäßig Nahrung.

Der Kaufmann mußte sein Brot freilich schwer verdienen, denn noch waren die Anschauungen unentwickelt und roh. Nur der Unverständige verkennt heute den vielfältigen Segen, den der Handel bringt, seine nicht nur Reichtum anhäufende, sondern auch die Völker einigende und der gesamten Bildung zuträgliche Kraft. Soweit waren damals Staat und Wirtschaft noch nicht gediehen. Wenn auch Gesetze den Reisenden in besonderen Schutz nahmen, so geschah das meist des Eigennutzes wegen. Der Handel galt nur für eine große Einnahmequelle, aus der jeder schöpfen wollte, der Staat, die Gemeinde, der Herr, durch dessen Gebiet er ging. Gerechte und ungerechte Zölle mußten entrichtet, das bewaffnete Geleit, auch wenn der Kaufmann es nicht begehrte, angenommen und teuer bezahlt werden. Die Städte selber dachten allein an den eigenen Vorteil und suchten die nichtheimischen „Gäste" so viel wie möglich im Erwerb zu beschränken. Sie durften etwa ihre Waren nicht untereinander, sondern lediglich an Bürger der Stadt verkaufen, und nur kurz bemessenen Aufenthalt nehmen. Das sogenannte Stapelrecht zwang, die Waren nicht weiter zu führen, ehe sie nicht eine Zeitlang den Heimischen zum Kauf gestanden hatten. Dazu kam die schlechte Beschaffenheit der Wege und ihre Unsicherheit. Raubgesindel gab es aller Art und allerwärts. „Wir können unser Gut nicht den Händen der Tyrannen entreißen, weil sie hausen in so festen, auf steilen Berggipfeln gelegenen Burgen, daß selbst die Fürsten ihre Tyrannei zu zähmen weder vermögen noch wagen," klagten um 1270 die Braunschweiger. Der Kaufmann, der persönlich sein Gut durch das Land leitete, mußte auch mit Wehr und Waffen umzugehen wissen; er durfte daher das Schwert mitführen, entweder an den Sattel angebunden oder auf dem Wagen liegend.

Alle diese Schwierigkeiten und Gefahren verdoppelten sich, wenn der Zug ins Ausland ging.

Dem süddeutschen Kaufmann standen die Rheingegenden, die angrenzenden Länder, sowie die Gebiete an der großen, weitausstrahlenden Straße der Donau offen. In Norddeutschland hatten zwar die einzelnen Städte meist einen größeren Umkreis für ihren Absatz, weil sie nicht so gedrängt lagen wie in Schwaben, Franken und am Rhein, aber je mehr ihrer emporwuchsen, um so enger wurde die Heimat. Es blieb nichts übrig, als über das Meer größeren Verkehr zu suchen. So drängte die wirtschaftliche Entwicklung zur Schiffahrt.

In den anderen Reichen, die alle nicht gänzlich eigenen Handels ermangelten, begegneten dem Deutschen noch mehr als daheim Neid und Eifersucht. Der eingeborene Handels- oder Gewerbsmann sah gerade so scheel, wie oft noch jetzt, auf den fremden Wettbewerber, der nur das Geld aus dem Lande trüge und ohne weiteres für unehrlich und betrügerisch galt. Erkannte man seine Unentbehrlichkeit, so liebte man ihn deswegen nicht mehr. Etwas zu schenken verbietet ja auch die Natur jedes Handels. Nur weil und solange zwingende Notwendigkeit gebot, erfuhr daher der Kaufmann auswärts Duldung. Man ließ ihn zu, weil die ungenügende wirtschaftliche Fähigkeit nicht gestattete, die ausländischen Waren und Gegenstände, die der zur Gewohnheit gewordene Gebrauch nicht mehr missen wollte, selber zu holen oder zu schaffen, weil ihr Umsatz im großen und im einzelnen auch dem heimischen Betriebe Gewinn abwarf, und die eigenen Wertstoffe nur so vollen und raschen Absatz fanden. Allgemein aber lag den Herrschern daran, ihre Staatseinnahmen zu vermehren durch unmittelbar erhobene Zölle von den Waren oder durch Abgaben für die Handelsberechtigung oder durch die gesteigerte Steuerkraft der Untertanen.

Während die hochentwickelten Nachbarländer Flandern und Frankreich mehr die Größe des eigenen Handels im Auge hatten, konnten England, Skandinavien und vollends der Osten weder auf auswärtige Erzeugnisse verzichten, noch die Ausfuhr der eigenen durch Fremde vermeiden, weil ihre gewerbliche Tätigkeit nicht zureichte und ihnen eine genügende Zahl von Handelsschiffen und noch mehr das nötige Kapital fehlten, während die deutschen Städte beides besaßen. Sie allein waren der raschen Steigerung des Verkehrs gewachsen, während jene Staaten die einfachen Verhältnisse, in denen ihr Handel sich bisher bewegt hatte, nicht so rasch der neuen Zeit anpassen konnten. Daher öffnete sich dem deutschen Handel ein weiter Bereich, und es entstanden allmählich feste Verhältnisse, entsprechend der durch den Verkehr selbst vermehrten Zusammengesetztheit seiner Bedingungen.

Den ursprünglichen rohen Zustand, daß der Fremde an sich rechtlos, höchstens durch die Gastfreundschaft geschützt war, hatte die Milderung der Sitten längst überwunden. Während nur den Heimischen die volle Handelsfreiheit zustand, erhielten die Auswärtigen Zulaß unter Beschränkungen. Das bedeutete indessen für den Betrieb der Kaufmannschaft nicht viel, sie bedurfte genauer festgesetzten Schutzes. Der Fremde wollte nicht allein sicher sein, daß man ihm seine Waren nicht wegnahm, sondern auch, daß die Abgabe für ihren Verkauf noch Gewinn übrig ließ. Regelung der Zölle und Auflagen war also eine der ersten Bedingungen. Häufig wurde vollkommene Zollfreiheit für die Einfuhr gewährt, so daß die Abgaben erst bei Verkauf oder Kauf oder der Ausfuhr oder als einheitliche Steuer für das Recht zu handeln erhoben wurden. Anderwärts entstanden feste Zollrollen für Eingang oder Ausgang oder beide.

Der Verkauf vom Schiffe war lästig, daher begehrte der Kaufmann das Recht, auszuladen und seine Waren ans Land zu bringen. Zu diesem Zwecke mietete er entweder Häuser und Scheuern oder erhielt die Erlaubnis, eigene Baulichkeiten zu Wohnung und Aufbewahrung zu errichten. Erforderlich war auch, daß feststand, wie lange Zeit er seine Waren feilhalten durfte, ob er nach ihrem Verkauf abreisen mußte oder überhaupt längere Zeit, auch den Winter über, verweilen konnte. Oft hatten die Bürger der Hafenstadt ein Vorkaufsrecht, so daß erst, nachdem sie ihre Einkäufe gemacht hatten, mit anderen der Handel erlaubt war. Könige und hohe Beamte nahmen häufig das für ihren Hof oder Haushalt Notwendige, besonders in Wein und Gewürz, vorweg in Anspruch und zahlten natürlich nur niedrige Preise oder auch gar nicht. Ohne Geschenke ging es überhaupt nie und nirgends ab.

War der Kaufmann glücklich an Land, so gab es erst recht Verwickelungen. Da erhob sich vor allem die bedeutsame Frage, nach welchem Rechte er leben sollte, ob nach dem eigenen, ihm von der Heimat her zuständigen, oder dem des Landes, in dem er gerade weilte. Streit und Zwistigkeiten konnten sogar zwischen den Kaufleuten selber entstehen; sollte ihnen dann gestattet sein, sie frei nach ihren Rechtsgewohnheiten untereinander zu entscheiden? War ihnen das unschwer zu gewähren, so lag die Sache anders, wenn der Rechtshandel zwischen Aus- und Inländern schwebte. Entweder waren dann besondere Einrichtungen durch gegenseitiges Einverständnis zu treffen, oder die Fremden hatten sich dem Landesrechte und den dort zuständigen Gerichten gleich den Eingeborenen zu unterwerfen. Das war trotz der Gleichstellung ein nicht immer zweifelloser Vorteil, denn er gab den Fremden der Parteilichkeit preis. Endlich konnte auch längerer Aufenthalt nur bei Eintritt in die Untertanenschaft erlaubt werden. Nicht allein über Handelssachen war gerichtliche Entscheidung erforderlich. Schnell spielte zwischen den leicht erregten Schiffsmannschaften und den heimischen Wirten und anderen rohen Gesellen das Messer seine Rolle, und der Kaufmann war zu sehr an die Waffe gewöhnt, als daß er sie nicht manchmal im Zorn voreilig gezückt hätte. Auch zu anderen Vergehen riß die Leidenschaft hin. Daher enthalten die alten Handelsverträge meist ganz andere Bestimmungen als die heutigen. Die Übereinkunft mit Nowgorod von 1199 setzt genau fest die Strafen für Todschlag und Wunden oder für den Fall, daß jemand gestoßen und ihm der Mantel zerrissen wird, oder wenn ein Jähzorniger einer Frau die Haube vom Kopfe reißt, daß sie barhäuptig dasteht.

Vermögensrechtliche Verhältnisse bedurften ebenfalls der Ordnung, z. B. daß die Hinterlassenschaft eines in der Fremde sterbenden Kaufmanns den rechtmäßigen Erben gerettet wurde. Die größte Not aber machte die Haftbarkeit für andere Personen, die Vermeidung von „Repressalien". Hatte etwa ein Engländer in einer deutschen Stadt wirklich oder angeblich Unrecht erlitten, so konnte das seine Heimatsbehörde die in England weilenden Deutschen entgelten lassen, dafür das Gut eines beliebigen Kaufmanns oder wenigstens eines aus derselben Stadt mit Beschlag belegen. Oder für Schulden, die ein Kaufmann nicht getilgt hatte, wurden seine Genossen verantwortlich gemacht. Andererseits war wünschenswert, daß die auswärtigen Behörden auch ihre Untertanen zu Zahlungsverbindlichkeiten anhielten.

Alle diese Fragen vermochte nur eine Gesellschaft oder Gesamtheit durch Verträge und Privilegien mit den fremden Staaten zu regeln. Selbst die erlangten Rechte zu schirmen war nur ein größerer Kreis von Beteiligten imstande. Immer blieb im Auslande die Gefahr der Gewalt, und Habsucht und Böswilligkeit der Beamten verletzten leicht die scheinbar gesicherten Rechte. Auch eigene Interessen wiesen auf geschlossenes Verhalten hin. Die Handelsniederlassungen bedurften einer Art Verfassung, die jedes Mitglied, das ihre Vorteile genießen wollte, bindend verpflichtete; gewählte Aldermänner mußten die Ordnung aufrecht erhalten, Beiträge festsetzen und erheben. Der kirchlich-religiöse Zug der Zeit machte ebenfalls sein Recht geltend. Die Kaufleute wünschten gottesdienstliche Stätten, in denen sie vor der Fahrt den Segen empfingen, nach glücklicher Ankunft Dank sagten, Gelübde ablegten und vollbrachten, Kirchen und Kapellen, die, mit reichen Geschenken ausgestattet, Gott und den Gebern zur Ehre gereichten. Gern wollte auch der in der Fremde vom schnellen Tode Hinweggeraffte unter Volksgenossen die ewige Ruhe finden. Wie Kirche und Tod stellte das frische Leben seine Ansprüche, begehrte trauten Verkehr und fröhliches Zusammensein mit durch heimische Sitte Verknüpften.

Trieb so der Aufenthalt draußen zu freundschaftlicher Einigung, legte die Fahrt durch die Meere zwingende Nötigung dazu auf. Die kleinen und unbehilflichen Schiffe, ohne Seekarten und kunstreiche Werkzeuge, die auch im Sturm und Nebel den Weg weisen konnten, taten gut, bei einander zu bleiben. Noch gebrach es in schwierigen Küstengewässern und Hafeneingängen fast überall an helfenden Vorrichtungen. Das erste Seezeichen, von dem wir hören, wurde 1201 an der Südwestküste von Schonen errichtet; später kamen mehrere Leuchten hinzu, darunter auch eine Feuerbake auf der Insel Neuwerk vor der Elbmündung.

Größere Gefahr brachten die Seeräuber. Auf allen Meeren und an allen Küsten trieben sich schlimme Gesellen herum, welche die genaue Kenntnis von Tiefe und Untiefe, von schwer aufzufindenden oder unzugänglichen Schlupfwinkeln benutzten, um ihr verderbliches Handwerk auszuüben. Der häufige Kriegszustand verschaffte ihnen oft Gelegenheit und rechtlichen Vorwand. Daher mußte jedes Handelsschiff stets zum Kampfe gerüstet sein, aber das einzelne fiel leichter zur Beute als eine Flotte. Es ging nicht bloß um Schiff und Gut, denn der Beraubte wurde still gemacht, damit er nicht Klage erheben konnte. Die wirksamste Abhilfe war auch hier, wenn der die Küste beherrschende Staat selber dazu tat und die Seeräuberei unterdrückte. Die Untat lockte weniger, wenn sich das geraubte Gut schwer verwerten ließ, indem Behörden ihm nachspürten und den Verkauf verhinderten.

Wie der Seeraub war auch das Strandrecht ein Überrest alter Zeiten. Herrenloses Gut gehörte immer dem landesherrlichen Schatz, und der Begriff erhielt an den Küsten eine weite Ausdehnung, indem alles, was auf dem Strand festgeriet, als Eigentum des Strandbesitzers betrachtet wurde. Nicht nur angeschwemmte Wertstücke und Teile von zerschellten Fahrzeugen, sondern ganze gescheiterte Schiffe mit Gut und Mannschaft verfielen dem Strandrecht. Da der traurige Erwerb belangreich war, konnten ihn nur Verträge abstellen, und die ersten Zusicherungen zum Schutz des Kaufmanns bezogen sich in der Regel darauf. Allein der Verzicht der Herrscher genügte nicht, wenn ihn nicht nachdrückliche Maßregeln durchführten, und oft genug halfen auch diese nicht genügend.

Denn mehr noch als die Strandherren hatten die Strandbewohner ihren Vorteil, den sie sich nicht so leicht beeinträchtigen ließen. Kam es doch damals und leider noch lange nachher vor, daß man durch Sturm gefährdete oder in ihrer Bahn unsicher gewordene Fahrzeuge durch böse Arglist, wie irreführende Feuer, an den Strand zum Scheitern lockte. Natürlich traf dann, damit die Schandtat verborgen blieb, die Mannschaft jähe Vernichtung, und das gleiche Schicksal wurde auch geretteten Schiffbrüchigen, um sie auszuplündern, bereitet. Dieses entsetzliche Strandrecht hatte die grausigsten und dunkelsten Seiten des alten Seewesens im Gefolge. Nur die Staaten konnten seine Schrecken vermindern und bewirken, daß auch verlassene Wracks wie sonstiges Strandgut wieder in den Besitz des Eigentümers kamen. Mancherlei Verordnungen wurden erlassen, um auch den Schiffbrüchigen Hilfe zu verschaffen oder die Bergung ihrer Ladung zu ermöglichen. So war ihnen in Livland gestattet, Holz aus den Wäldern zur Ausbesserung der Fahrzeuge zu nehmen. Dankbar ist anzuerkennen, daß auch die Kirche den Strandraub bekämpfte und erfolgreich in dem edlen Dienst der Menschlichkeit wirkte; sie und der Handel im Verein haben den rohen Völkern der Nord- und Ostküsten Gesittung gelehrt.

Übrigens gab es auf dem Lande einen ähnlichen Mißbrauch, die Grundruhr, die den umgestürzten Wagen, der also den Grund berührt hatte, selbst das herabgefallene Frachtstück dem Grundherrn zusprach.

Vielerlei waren die Hindernisse des Handels, welche nur Entschlossenheit und gemeinschaftlicher Sinn beseitigen konnten. Die in der Fremde erforderliche Einheit mußte auch auf die Heimat zurückwirken, und so sind die Erwerbung von Rechten im Ausland und die gemeinsame Fahrt über See im weiteren Laufe der Zeiten zu einer der Wurzeln geworden, aus denen die deutsche Hanse emporsproß.

Wieviel gehörte dazu, um so Großes zu wagen und zu vollbringen! Die es taten, mußten festen Schlages sein. Rauh, selbst Gewalt nicht scheuend, voll eiserner Kraft erscheinen diese norddeutschen Kaufleute, aus härterem Metall gegossen als ihre süddeutschen Genossen!

Die erste vorbereitende Arbeit vollbrachten die Kaufleute selber, noch nicht als abgeschlossene Gesellschaften, sondern einzeln und in Gruppen, wie sie an den Ort kamen, aber als eine Interessengemeinschaft. Man nannte sie den »communis mercator«, den „gemeinen Kaufmann". Die Vorteile, welche die einen erreichten, gingen auf die anderen über. So bildete sich allmählig ein Kaufmannsrecht.

Glücklicherweise waren schon Grundpfeiler für einen stattlichen Bau vorhanden. Ganz ohne Handel war Deutschland auch nicht in den Zeiten der Naturalwirtschaft. Den Küstenbewohnern lag Seefahrt im Blute, wie überhaupt der Germane sich leicht mit dem treulosen Elemente des Meeres vertraut machte. Hatten doch einst die Vandalen, als sie unter Genserich Afrika eroberten, schnell das flüchtige Roß mit dem Meerrappen vertauscht und sich in kühne Seeleute umgewandelt. Uralt war der Verkehr von den deutschen Nordseeküsten nach England. Zuerst kamen Sachsen als Seeräuber und setzten sich an den Küsten fest, vom fünften Jahrhundert ab eroberten sie gemeinsam mit Angeln und Jüten Britannien und gründeten dort Königreiche, die dann zu dem einen von England zusammenflossen. Gewiß blieb eine Erinnerung des gemeinsamen Ursprungs; hat doch der erste deutsche König, Heinrich I., seinem Sohne Otto I. eine englische Prinzessin, Editha, zur Gemahlin erkoren, die sich durch Magdeburgs Lage an der Elbe gern an das heimische, ähnlich an der Themse aufgebaute London erinnern ließ. Ein von dem angelsächsischen König Äthelred II. ums Jahr 1000 der Stadt London verliehenes Recht erwähnt „die Leute des Kaisers, welche in ihren Schiffen kamen und guter Gesetze, wie die Londoner selbst, für würdig erachtet wurden". Zu Weihnachten und Ostern hatten sie zwei graue Tücher und ein braunes, zehn Pfund Pfeffer, fünf Paar Männerhandschuhe und zwei kleine Tonnen Essig darzubringen. Die Verhältnisse waren also noch recht schlicht.

Die Mannen des Kaisers waren wohl Bewohner des Rheinlandes und Westfalens, denen ein starker Trieb, in der Fremde Erwerb und Glück zu suchen, immer eigen gewesen ist. Die große Wasserstraße des Rheins wies nach England hinüber, und die Kölner nutzten sie so fleißig aus, daß sie in London die Vertreter des deutschen Kaufmanns wurden. König Heinrich II. nahm um 1157 die Kölner in gleichen Schutz wie seine Untertanen, mit all ihrem Kaufmannsgut und Eigentum. Schon besaßen sie ein eigenes Haus in London, die Gildhalle, durften rheinischen Wein gleich dem aus Frankreich eingeführten verkaufen und lebten unter sich nach ihren herkömmlichen Rechten. König Richard I. gewährte 1194 freien Handel durch das ganze Reich. Dafür stattete Köln seinen Dank ab, indem es auf Kosten des inneren Friedens in Deutschland König Otto IV. gegen Philipp unterstützte. Auch andere Kaufleute aus dem deutschen Reiche kamen nach England und London, aus den nahen Niederlanden, aus Bremen und Hamburg.

Ein fester Punkt in England war demnach gewonnen. Gewiß war er zum guten Teil dem Ansehen des deutschen Kaisertums und den fortgesetzten Beziehungen, die es mit dem Inselreich unterhielt, zu verdanken. Auch der letzte Salier, Heinrich V., hatte die Tochter eines englischen Königs zur Gemahlin, ebenso Heinrich der Löwe, später noch Kaiser Friedrich II. Aber das beste hatte sicherlich die Emsigkeit des deutschen Kaufmanns getan, und an einer anderen weit entlegenen Stelle war er anfänglich nur auf sich angewiesen.

Man darf nicht wähnen, daß ein Welthandel erst in neuerer Zeit entstanden ist. Er schlang schon unter den römischen Kaisern seine Fäden bis nach China, und die Byzantiner empfingen ihn als Erbschaft, bis neben sie das glanzvolle Kalifat trat. Griechen und Araber schlugen nach dem Norden Europas den Landweg ein, den Strömen Rußlands folgend. Zwischen Skandinavien und Konstantinopel bestand jahrhundertelang ein lebhafter Verkehr, der den Dniepr und die Düna benutzte, während die Araber die Wolga aufwärts gingen. Sie kauften Pelzwerk und Bernstein, brachten dafür Edelmetall und Geschmeide. Dieser Handel strahlte über die Ostseeküsten und Schleswig bis nach Deutschland, bis an den Rhein hin aus. Wir würden wenig von ihm wissen, wenn nicht zahlreiche und umfängliche Münzfunde, in späterer Zeit von dem bergenden Schoß der Erde hergegeben, unzweideutige Kunde brächten. Die Träger dieses Handels in der Ostsee waren die Nordländer, Schweden und Dänen. Jene Münzfunde belehren uns zugleich, daß die Inseln Bornholm und Gotland als willkommene und vielbenutzte Ruhestätten in bewegter Meeresflut dienten. Gotland, fast in der Mitte zwischen der westlichen und östlichen Küste, ausgezeichnet durch mildes Klima, in dem Maulbeere und Walnuß gedeihen und selbst der Wein reift, besitzt gute Ankerplätze. An der Nordostküste liegt an sturmfreiem, in die Kalkfelsen eingesenktem Hafen der einzige große Ort der Insel, die Stadt Wisby.

Mit dem elften Jahrhundert hörte der orientalische Handel auf, zerstört durch Verschiebungen unter den Völkern Rußlands; an seine Stelle trat ein noch lebhafterer.

Wann die deutschen Kaufleute, wahrscheinlich die bisher zu ihnen führende Straße verfolgend, Wisby zu besuchen begannen, wissen wir nicht. Ihr Unternehmen erleichterte der Beginn staatlicher Ordnung in Skandinavien, der mit der Einführung des Christentums zusammenfiel. Das furchtbare Treiben der räuberischen Vikinger, die einst im neunten Jahrhundert bis nach Spanien und Italien hin ihre kühnen Züge gerichtet hatten, nahm sein Ende; 1043 zerstörte der dänische König Magnus I. das Räubernest, die Jomsburg an der Odermündung in der Nähe von Wollin. Die älteste Urkunde, welche Licht in das Dunkel wirft, ist von Heinrich dem Löwen

Türme und Mauern von Wisby. (Nach einer Photographie.)

1163 ausgestellt, und sie belehrt uns, daß schon sein Großvater, Kaiser Lothar, den Gotländern Handelsvorrechte und Zollfreiheit gewährt hatte. Der Herzog stiftete und bestätigte Frieden zwischen den Gotländern und den Deutschen; da er zugleich den Wunsch aussprach, jene möchten fleißig seine Länder besuchen, so folgt schon daraus, daß auch des Herzogs Städte nach Gotland handelten. Eine Urkunde des Erzbischofs Rainald von Köln zwei Jahre später bezeugt, daß die westfälischen Städte ebenfalls Handelsgeschäfte nach Dänemark und selbst nach Rußland machten.

Denn Gotland war auch zur Brücke nach Rußland geworden, wo das alte Nowgorod, in den nordischen Sagen Holmgard oder Gardarike genannt, von dem aus 862 Skandinavier, sogenannte Waräger, das russische Reich gegründet haben sollen, der erste Stapelplatz war. Nowgorod liegt

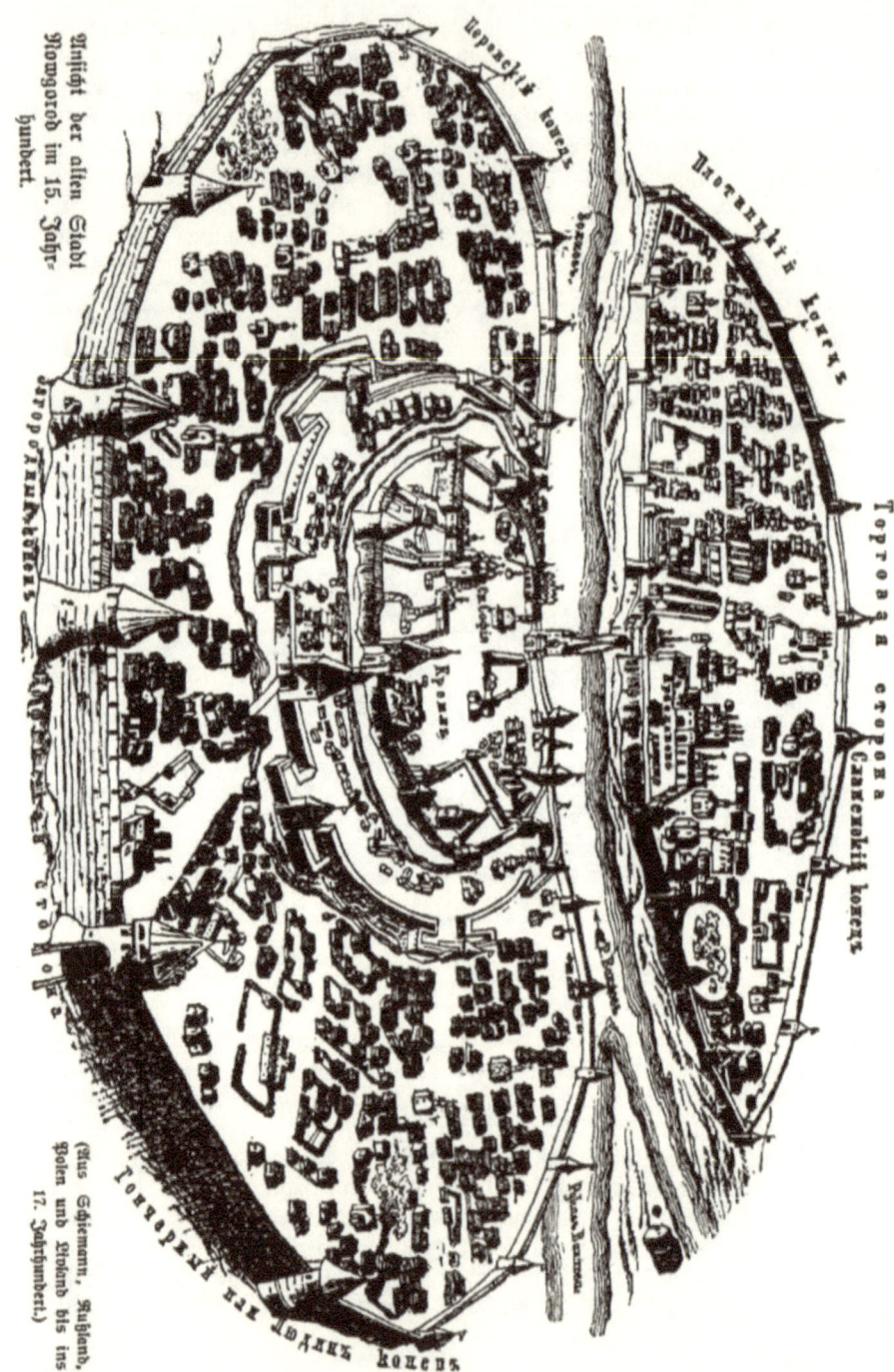

Ansicht der alten Stadt Nowgorod im 15. Jahrhundert.
(Aus Schiemann, Rußland, Polen und Livland bis ins 17. Jahrhundert.)

an dem Wolchow, bald nach dessen Ausfluß aus dem Ilmensee. Der schiffbare Fluß ergießt sich in den durch seine Stürme berüchtigten Ladogasee, aus dem die Newa in den Finnischen Meerbusen strömt. So gab es eine Wasserstraße aus der Ostsee tief ins Land hinein, die schon seit Jahrhunderten der Verkehr zwischen Skandinavien und Konstantinopel benutzt hatte. Auch hier war der Friede gestört gewesen; Fürst Jaroslaw erneuerte ihn 1199 mit allen deutschen Söhnen und mit den Goten und der ganzen lateinischen Zunge, d. h. den zur römischen Kirche Gehörigen. Wir erfahren zugleich, daß die Deutschen in Nowgorod eigene Hausung besaßen.

Hatten die deutschen Kaufleute bereits den Weg nach Gotland und Rußland gefunden, während das gesamte Ostseebecken noch in fremder Gewalt war, so mußte natürlich der Handel gewaltig zunehmen, als die Deutschen die südliche Küste und einen Teil der östlichen besetzten.

Dritter Abschnitt.

Die Länder der Nordsee und der Ostsee.

Wir müssen erst dem Schauplatz der Ereignisse in seiner Vielgestaltigkeit näher treten, die handelnden Mächte und Kräfte kennen lernen.

Einen unermeßlichen und feindlichen Ozean nannte Tacitus die Nordsee. Obgleich sie im Norden breit mit dem Atlantischen Weltmeer zusammenhängt, kommt für den Großhandel noch heute nur der schmale, England und Frankreich voneinander trennende Wasserarm in Betracht, der in die Weite hinausführt. Damals hatten zwar schon verwegene nordische Schiffer von Island aus Grönland und Nordamerika erreicht, doch ihre Entdeckungen blieben wirkungslos. Die europäische Welt schnitt mit den Küsten des Erdteils ab. England lag an dem äußersten Rande, sein Antlitz lediglich den gegenüber befindlichen Ländern zuwendend, im Rücken unbekannte Wasseröden. Auch die Kaufleute aus Spanien und Italien, welche dorthin kamen, lenkten ihre Fahrzeuge nur die Küsten entlang, an Europa festhaltend.

England, wo seit der Eroberung durch die Normannen das Königtum sich festigte und einheitliche Staatseinrichtungen zu schaffen begann, war demnach mit seinem Handel außer auf das gegenüberliegende Frankreich auf die Nordsee gewiesen. Keine Stadt lag da günstiger als London, dem die Könige sorgsame Pflege widmeten. Auch die englische Ostküste bot manche guten Hafenplätze dar.

In England werden erst nach der normannischen Eroberung kaufmännische Genossenschaften erwähnt. Neben „Gilde" war für sie die Bezeichnung „Hanse" gebräuchlich. Hansa kommt schon im Gotischen vor für „Schar"; in Deutschland bezeichnete es später eine Genossenschaft besonders für den Handel und zugleich die für die Teilnahme an ihrem Recht zu leistende Abgabe. Die englischen Kaufmannshansen umfaßten zwangsweise alle, welche mit anderen Gegenständen als mit Lebensmitteln handelten, die Mitglieder zahlten Eintrittsgeld nebst Abgaben für gemeinsame Zwecke und richteten nach ihren Satzungen über Handelssachen. An der Spitze stand ein Aldermann mit Gehilfen.

Diese Gilden trieben nur Handel im eigenen Lande. Die gewerbliche Tätigkeit war gering, dagegen erzeugten Landwirtschaft und Viehzucht

Überschuß, vor allem die treffliche Wolle in größerer Menge, als das Land
verarbeitete. Auch für andere Dinge bedurfte England sowohl der Einfuhr
als der Ausfuhr, die es nicht selbst besorgen konnte. Der auswärtige
Kaufmann erzielte hier großen Umschlag, und so kam er aus Spanien,
Nordfrankreich und zumeist aus Flandern und Deutschland. Indem die
Handelsleute jedes Landes zusammenhielten, bildeten sie ebenfalls Genossenschaften, wie die englischen. Neben der deutschen von Köln geführten Gemeinschaft bestand um die Mitte des dreizehnten Jahrhunderts eine flandrische „Hanse", die Vereinigung einer Anzahl flamländischer Kaufmannsgilden und Städte unter der Leitung von Brügge.

Die Küste der Nordsee hat seit den römischen Zeiten und selbst seit
dem Mittelalter viele Veränderungen erfahren, weil das nagende und zerreißende Meer, nirgends durch festen Fels in seiner stetigen Zerstörungsarbeit aufgehalten, in das sandige oder moorige Land hier ganze Buchten,
wie den Dollart, getrieben, dort Flutarme zugeschwemmt, Inseln geschaffen
und verbunden, vergrößert und verkleinert hat. Immer war die Küste,
der sich das breite und seichte Watt vorlagert, bloß an wenigen Stellen
leicht zugänglich. Nur da, wo Ströme mit ihren Wassermassen oft wechselnde
Flutrinnen gruben, lagen für den größeren Verkehr brauchbare Häfen.
Das feuchte Klima erzeugt häufige Nebel, gewaltige Winde brausen mit
furchtbarer Gewalt vom Kanal und vom offenen Ozean her, die Flut
schwillt bei Nordweststurm zu den furchtbaren Sturmfluten an, die, wie sie
das Land mit Durchbruch der Schutzdämme bedrohen, die Schiffe gleich
Spielbällen auf den Strand schleudern. Doch der Mensch trotzt allen Unbilden der Natur; wie er die wasserlose Wüste durchzieht, treibt er mit
starker Hand sein gebrechliches Fahrzeug durch Wogenschwall. Ein festes,
rauhes Volk erzog sich die deutsche Nordseeküste.

Von der Mündung der Schelde an, über die ins Meer führenden Arme
der Maas und des Rheins bis zur Zuidersee, vor deren Eingang damals
mehr und größere Eilande als heute lagen, geboten auf schmalem Küstensaum die Grafen von Holland. Dem lange Zeit wichtigsten Handelsplatz
an den Rheinmündungen, der zu Geldern gehörigen Stadt Tiel, setzten sie
das der See näher an der Merwede gelegene Dordrecht vor, das schon
Hauptort war, während Rotterdam und Amsterdam als Fischerdörfer noch
nichts bedeuteten. An die Zuidersee grenzten noch das Bistum Utrecht
und die Grafschaft Geldern, beide mit handeltreibenden Städten, in ersterem
die Hauptstadt selbst, Deventer und Zwolle, in Geldern, außer Tiel, Elburg
und Kampen, das im Mittelalter ungemein kraftvoll und strebsam, selbst
den Kampf mit Königreichen, mit Norwegen und Spanien nicht scheute.

Der hehre Schmuck des ganzen Niederrheins, der mit seinen Kirchen
und seiner mächtigen Umwallung alle anderen Städte überstrahlte, der
großartige Mittelpunkt eines nach allen Richtungen hin verzweigten Handels,
war das altehrwürdige Köln. Seine leicht bewegliche Bürgerschaft hatte
den Stadtherren, den Erzbischöfen, im heißen Streit schon manche freie

Gerechtsame abgetrotzt. Mit dieser Großstadt standen in regsten Beziehungen die westfälischen Städte, wie überhaupt seit dem Sturze Heinrichs des Löwen die Westsachsen bis zur Weser hin sich von ihren Stammesgenossen im Osten ab dem Rheine zugekehrt hatten. Doch bereits vorher unterhielten selbst kleine dortige Städte Handel nach Köln und über See bis nach Rußland hin. Der größte Teil von Westfalen war bischöflicher Besitz. Unter den Erzbischöfen von Köln, die im südlichen Teil die Herzogswürde hatten, stand das reiche Soest, von dessen einstiger Größe noch heute die herrlichen Kirchen und festen Stadtmauern erzählen. Soest übte weithin Einfluß; sein Stadtrecht gab bis zum fernen Osten ein früh nachgeahmtes Muster. Außer Köln geboten in Westfalen die Bischöfe von Münster,

Das Rathaus in Paderborn. (Nach einer Photographie.)

Paderborn, Osnabrück und Minden. Das auch um der Rechtskenntnis seines Rates willen hochangesehene Dortmund war eine ehemalige königliche Pfalz und Reichsstadt. Neuerdings hat die Stadt durch die freigebige Wiederherstellung des alten Rathauses ihren geschichtlichen Bürgersinn bekundet.

Die dünenumsäumten, baumlosen Küsten und Inseln von der Zuidersee bis zur Wesermündung bewohnten die altberühmten Friesen. Mit hartnäckiger Tapferkeit verteidigten sie von jeher ihr Land und ihre Freiheit. Nur langsam und mit vielen Blutopfern vermochten die Holländer Grafen vorzudringen. Sie unterwarfen allmählich das nordöstliche Küstenland der Zuidersee, wo die Stadt Stavoren lag, vermögend und stattlich, bis der Hafen versandete. Doch behaupteten die Ostfriesen den Kern ihres Landes. Fast nur dem Namen nach dem deutschen Reiche unterstehend, so daß sie kaum zu ihm gerechnet wurden, waren sie freie Bauern, die nach ihrem

Volksrecht unter Häuptlingen lebten. Obwohl Fremde über die Reizlosigkeit der flachen Triften, die Holzarmut des Landes und die derben Sitten spotteten, war das Volk wohlbegütert. Neben der nahrhaften Viehzucht auf den fetten Marschen bereicherte es sich von jeher durch Schiffahrt und Handel. Die Bewohner der sandigen Inseln hatten nur das Meer als Lebensquelle. Wie in den ältesten Zeiten Kaufmannschaft und Seeraub Hand in Hand gingen, so scheuten noch damals die Friesen nicht den wilden Erwerb, den die Inseln und das Wattenmeer begünstigten; rücksichtslos übten sie das Strandrecht. Nur durch Verträge mit den großen Landgemeinden und ihren Häuptlingen, um die sich namentlich Bremen bemüht

Gotisches Altstadt-Rathaus in Braunschweig
mit vorspringender Laube und durchbrochenen Giebeln. 1350 begonnen; im 15. Jahrhundert vollendet.

hat, konnte der Kaufmann Sicherheit erlangen. Von den wenigen für größere Schiffe brauchbaren Hafenplätzen war das noch unbedeutende Emden am besten gelegen.

Links von der Wesermündung, wo der Dollart erst seit 1277 durch Dammdurchbrüche der Ems bei Eisgang und Sturmfluten entstand und mit seiner damals größeren Wasserfläche gegen fünfzig Ortschaften bedeckte, breiteten die Oldenburger Grafen ihre Macht aus. Das Land zwischen Weser und Elbe, mit Ausnahme einiger Küstenstrecken, stand unter den Erzbischöfen von Bremen. Ihre Hauptstadt, schon unter Karl dem Großen erwähnt, im elften Jahrhundert ihrer kirchlichen Bedeutung wegen als ein zweites Rom gepriesen, erfreute sich bereits großer Freiheiten und trieb kräftig Handel im In- und Auslande.

Lindner, Die Hanse. 3

In dem Binnenlande zwischen Weser und Elbe besaßen die größte Macht die Welfen, deren ausgedehnter nördlicher Besitz, in welchem das durch Salzgewinnung reiche Lüneburg und das stattliche Braunschweig lagen, durch das Bistum Hildesheim von dem kleineren südlichen Teile mit Einbeck und Göttingen getrennt wurde. Noch manche andere Stadt strebte in der Gegend vom Harz bis nach Thüringen rüstig empor: das

Das wiederhergestellte Rathaus in Dortmund.
(Nach einer Photographie von Borschel und Jordan in Dortmund.)

bischöfliche Halberstadt, Quedlinburg, die dem Reiche unmittelbar untergebene Stadt Goslar, die Mutterstadt des deutschen Bergbaus.

Den Mittelpunkt des politischen Lebens an der unteren Elbe bildete das große Erzstift Magdeburg, dessen geistliche Fürsten mit ruhelosem Ehrgeiz um sich griffen. Ihre Hauptstadt war schon zu Karls des Großen Zeit ein Handelsplatz mit den Slaven, nachher empfing sie reichste Gunst von Otto I., und trotz schwerer Hemmnisse durch Krieg und Brand stieg Magdeburg zu reicher Blüte auf. Kleiner, aber regsam war das salzreiche

Halle, gleichfalls den Erzbischöfen gehörig, die dort und auf der alten Reichsburg Giebichenstein oft ihren Wohnsitz nahmen.

Schon diese mit tunlichster Sparsamkeit in Namenanführung gegebene Übersicht zeigt, wie sehr geteilt das Land zwischen Rhein und Elbe war, ohne daß eine überwiegende Macht bestand. Die Fürsten konnten wohl ihren Städten und den Kaufleuten Vorrechte erteilen und Schutz gewähren, aber keine durchgängige Ordnung für den Handel schaffen. Vollends in das Ausland reichte ihre Macht nicht.

Nachdem die Kaiser den Osten aufgegeben hatten, war, wie einst in der Vorzeit, ungefähr die Elbe die Grenze der Deutschen und Slaven. Die dem Flusse zunächst sitzenden Wenden waren in viele Stämme zersplittert. An Körper kleiner und schwächer als die Deutschen und geistig weniger entwickelt, obgleich geschickt in mancherlei Handarbeit und selbst handelsbeflissen, hausten sie gern am Wasser, das sie mit Fischen versorgte, trieben Viehzucht und geringen Ackerbau. Die Deutschen sahen auf die „stinkenden" Wenden mit größter Verachtung, und die beständige Feindschaft zwischen den Nachbarvölkern führte zu häufigen, mit entsetzlicher Grausamkeit geführten Kämpfen. Erst Kaiser Lothar als Herzog von Sachsen und Heinrich der Löwe begannen planmäßig von der unteren Elbe aus vorzudringen, und schon der erstere belehnte mit der Grafschaft Holstein den aus der Schauenburg an der Weser stammenden Grafen Adolf, dessen Geschlecht bis ins fünfzehnte Jahrhundert ruhmreich geherrscht und eine lange Reihe tüchtiger Männer hervorgebracht hat. Holstein war altsächsischer Boden, aber Karl der Große hatte einen großen Teil der Nordalbinger hinweggeführt, um ihren harten Widerstand zu brechen. An der Nordseeküste blieben die mit Friesen gemischten Dithmarschen, die als freiheitsliebende Bauern keinen starken Herrn über sich duldeten. Die entvölkerte Ostseeküste, das Land Wagrien, nahmen Wenden ein, bis die Grafen von Schauenburg-Holstein sie ihnen entrissen und mit aus Westdeutschland berufenen Kolonisten besiedelten. Als Hafenplatz gründeten sie um 1240 die Stadt Kiel.

Der älteste und größte Ort in der Grafschaft hatte eine lange Leidensgeschichte durchzumachen. Hamburg, schon von Karl dem Großen zu einem Pfeiler des Christentums ausersehen, mußte unter den Angriffen der räuberischen Normannen so schwer leiden, daß der Sitz des Erzbistums nach Bremen verlegt wurde. Unter Kaiser Otto II. von den Wenden verheert, erstand die Stadt aus den Trümmern, mit einer schützenden Mauer versehen und einer neuen Domkirche geschmückt, aber 1072 äscherten die Wenden sie wieder ein. Erst im folgenden Jahrhundert gedieh neues Leben, das die auch jetzt nicht ausbleibenden Störungen glücklich überwand. Graf Adolf III. von Holstein gründete neben der erzbischöflichen Altstadt, dem Kirchspiel St. Petri, die Neustadt mit der Nikolaikapelle, in der Absicht, einen Handelsplatz zu schaffen, und erlangte 1189 von Kaiser Friedrich I. einen wichtigen Freibrief. Als es später dem Grafen gelang, auch Herr der Altstadt zu werden, beschloß der Rat, daß Hamburg eins sei und eins bleibe immerdar.

Die Rechtssätze, welche der Graf seiner Stadt erteilte, entnahm er zum großen Teil dem Rechte Lübecks. So flochten von Anfang an engste Beziehungen die beiden nur acht deutsche Meilen voneinander entfernten Städte zusammen. Die Brücke zwischen Nordsee und Ostsee war geschlagen.

Die Ostsee ist trotz des reichen Schmuckes herrlicher Wälder, die ihren Strand umgürten, nicht viel sanfter, als die Westsee. Auch sie wird von schweren Stürmen heimgesucht, die von Osten her tobend die aufgewühlte Wassermasse sogar als verheerende Sturmflut an die südwestlichen Küsten werfen. Die Wogen bäumen sich nicht, wie in der Nordsee, aus tiefem Tal in langen, überschlagenden Kämmen auf, kurz und kraus getürmt stoßen sie das Schiff um so stärker. Die Ostsee schneidet so wenig wie die Nordsee tief ins deutsche Land ein; ihr südliches Ufer ist flach ansteigend, für den Schiffer gefährlich, von der Oder an nur da, wo die größeren Flüsse münden, durch Nehrungen geschützte, ruhigere Buchten darbietend. Rauh ist die Winterszeit, in der eine starke Eisdecke manchmal weit über das Meer reicht. Namentlich die preußischen Küsten bringen eine abgehärtete, eisenfeste Seemannschaft hervor.

Die Ostsee ist ein Binnenmeer und darin bei aller Verschiedenheit der Gestalt dem Schwarzen Meer ähnlich. Auch sie hat nur eine für großen Verkehr nutzbare enge Einfahrt durch den Sund, doch bietet die kurze Landstrecke zwischen Lübeck und Hamburg dem Handel einen leichten Übergang. Zu einer weltgeschichtlichen Stellung, entsprechend der des Mittelmeeres, konnte die Ostsee nicht gelangen, weil sie nicht zwischen zwei Erdteilen liegt. Ihr Wert beruhte darauf, daß sie dem Westen das ungeheure Ostland Europas erschloß.

Das langgestreckte, sackartige Becken berührte Länder von größerer Verschiedenheit in ihrer Natur, als es die Ufer des Mittelländischen Meeres sind. Das rauhe nördliche Drittel mit schwacher und halbbarbarischer Bevölkerung an den klippenreichen Ufern übte auf den Handel wenig Anziehungskraft. Seiner hatte sich Schweden bemächtigt, das unter einem beständig von inneren Kämpfen bedrohten Königtum noch nicht zur festen Ordnung gelangt war. Nach der Newa zu strebend, stieß Schweden mit Rußland zusammen, das in Teilfürstentümer zerfiel und nicht vermochte, das vorliegende breite Küstenland der Ostsee den heidnischen Esthen und Liven zu entreißen. So kamen die langen Ufergelände unter mancherlei Herren, doch nur eine Macht war zu der Hoffnung angetan, vielleicht die Vorhand zu erlangen.

Dänemark, durch die Herrschaft über den Sund, der damals Oresund oder Noresund hieß, in glücklicher Lage, schien mehrmals zu einer großen Zukunft berufen. Gründete doch der letzte Vikingerkönig Kanut der Große ein Reich, das England, die norwegischen Königreiche in Irland und auf den Hebriden, Schottland und Norwegen umspannte. Dazu gehörte auch die Südspitze von Schweden. Von Kaiser Konrad II. erhielt Kanut die durch Heinrich I. gegründete Mark Schleswig, die Pommern und die Bewohner der preußischen Küste machte er tributpflichtig. Allein nach seinem frühen Tode 1035 fiel durch die Schuld und den schnellen Hingang seiner Söhne die gewaltige Macht auseinander. Svend, der Sohn der Estrid, einer Tochter Kanuts, und sein nachfolgendes Geschlecht bewahrten nur Dänemark mit Schleswig und auf der schwedischen Küste die Länder Halland, Schonen und Blekinge. Immerhin war das noch eine bedeutende Stellung, solange sich in dem größten und wertvollsten Teil der Ostseeküsten keine stärkere Macht regte.

Dänemark, das ohnehin an der Nordseeküste keine guten Häfen besaß, wandte fortan sein Interesse der Ostsee zu. Innere Zwistigkeiten lähmten jedoch die Kraft des Königtums, und so vermochte es nicht zu hindern, daß die Deutschen ihm zuvorkamen.

Wie schon Karl der Große Sachsen und Friesen vom Festlande her bezwungen hat, so sind auch die Länder jenseits der Elbe auf dem Landwege erworben worden. Eisen in der Hand kraftvoller Männer hat sie deutsch gemacht, nicht nur als schädelspaltendes Schwert, sondern als auch die Erdschollen tief aufreißende Pflugschar. In einigen Gegenden traf die eingesessene Bevölkerung fast völlige Vernichtung oder Vertreibung, wie in Brandenburg, in anderen verschmolz sie, teils durch Gewalt bezwungen, teils friedlich, mit dem deutschen Ansiedler. Aber überall war das Ergebnis das gleiche, weil auch da, wo die Waffe den Weg bereitet hatte, ihr die fleißige Arbeit nachfolgte. Es ist der höchste Ruhmestitel der Deutschen, daß die harten Eroberer auch Kulturschöpfer wurden, daß sie allenthalben und allesamt ihre hohe Befähigung zu jeder Art der Kolonisierung erwiesen. Nicht zwangsweise wurden die neuen Bewohner herbeigeschleppt, freiwillig kamen sie, und frei regten sie ihre Arme. Der selbsttätige Trieb des Deutschen entfaltete hier seine ganze Macht, und nur durch ihn können Kolonien gedeihen!

Die Leitung des großen Werkes ging von den Fürsten aus, doch alle Stände des Volkes taten mit, Ritter, Bürger und Bauern. Der Überfluß der Bevölkerung in der alten Heimat fand hier in der neuen Welt bequemen Raum. Der Ritter baute ein festes Haus auf reichlich zugemessenem Boden, der ihm neben dem Kriegsdienst auch Landwirtschaft gestattete, der Bürger füllte die neuangelegten, mit freisinnigem Recht begabten Städte, der Bauer bezog die meist von Unternehmern ausgesetzten Dorfstellen. Der deutsche eiserne und breitschauflige Pflug entlockte dem oft kargen Boden reichere Ernte als der hölzerne slavische Hakenpflug, der Backsteinbau schuf statt der ärmlichen Hütten behagliche Wohnungen, stattliche Rathäuser und helle, hoch- und breithallige Kirchen. Bald wurden auch die vielen Sümpfe bekämpft, den verheerenden Wassern Dämme entgegengestellt. Von der Ostsee bis nach Ungarn ähneln sich noch heute die damals entstandenen

Ortschaften in ihrer Grundanlage. Für die Städte steckte man zuerst den viereckigen Marktplatz ab, auf dem das Rathaus stand, und dessen zu Straßen verlängerte Seiten geradlinig zu den Toren führten. Neben dem Markt erhebt sich auf freien Platz die Pfarrkirche. Die neuen Dörfer reihten, im Gegensatz zum altdeutschen Dorf, dessen Häuser im Haufen zusammenliegen, und zum rundlichen Slavendorf, ihre Wohnstätten wie an einen Faden an die Dorfstraße; hinter jedem erstreckte sich die Ackerflur des Besitzers.

Es wäre unrecht, nicht der getreulichen Mithilfe der Kirche zu gedenken. Die Orden der bekehrungseifrigen Prämonstratenser und nament-

Das Kloster Chorin. (Nach einer Photographie.)

lich der Cistercienser, welche den altbenediktinischen Grundsatz von dem Segen der ländlichen Arbeit aufnahmen, errichteten ihre Klöster in Wildnissen und wandelten, den Anwohnern ein lehrreiches Beispiel, ihre Umgegend in Fruchtland um. So entstanden in Brandenburg Jerichow, Zinna, Chorin und Lehnin, in Mecklenburg Doberan, in Pommern Kolbatz, in Pomerellen Oliva, in Schlesien Leubus und Heinrichau.

Weither kamen alle diese Scharen, die meisten aus Westfalen und vom Niederrhein, Holländer, Friesen, Wallonen und Flamländer geschätzt als kundige Wasserbauleute. In Schlesien wanderten besonders Thüringer und Franken ein.

Wie das Land wurde das Meer deutsch. Als große Pforte zur Ostsee tat sich Lübeck auf. Graf Adolf II. gründete 1143 die erste Stadt auf

Die Länder der Nordsee und der Ostsee. 39

einem von den Flüssen Trave und Wakenitz umflossenen Hügel, nachdem die Heiden den altwendischen, etwas stromabwärts liegenden Ort zerstört hatten. Als eine Feuersbrunst die Ansiedelung verheerte, nötigte der auf das schnelle Wachstum des neuen Marktes eifersüchtige Herzog Heinrich der Löwe den Grafen, ihm den Platz abzutreten, und gründete zum zweitenmal Lübeck, wohin er auch das Bistum verlegte, das bisher seine Stätte zu Oldenburg in Wagrien gehabt hatte, und den Dom zu erbauen begann. Die Lage war überaus günstig und anmutig zugleich. Daher bedeutet der slavische Name wahrscheinlich „Liebort", wie ein späterer Chronist hübsch sagt: „eine Freude aller Leute". Die Bemühungen des weit=

Ältestes Siegel von Lübeck. Vorderseite: Sigillum burgensium de Lubeke,
Rückseite: Secretu(m) civitat(is) Lubek(e).
(Nach: Siegel des Mittelalters aus den Archiven der Stadt Lübeck, Heft I.)

blickenden Herzogs, unter günstigen Bedingungen den Handel der nordischen Länder nach Lübeck zu ziehen, hatten den schönsten Erfolg, aber auch ihm wurden die Früchte entrissen. Friedrich I. zwang ihn zur Übergabe der Stadt, in die der Kaiser 1181 festlich einzog. Sieben Jahre später gab er ihr einen großen Freibrief; Russen, Goten, Normannen und die übrigen Völker des Ostens sollten ohne Zoll und Abgabe frei kommen und gehen. Der Kaiser ernannte den obersten richterlichen Beamten, den Vogt, die Stadt verwaltete ein von den Bürgern gewählter Rat. Zahlreicher Zuzug bevölkerte sie, die Zollfreiheit für alle zur See eingehenden Waren belebte den Handel.

Lübeck blühte so rasch empor, wie in neueren Zeiten nordamerikanische Städte. Wie sehr die Bürgerschaft gleich ihre Gedanken auf die See richtete, bekundet das große Siegel, das sie sich beilegte. Es zeigt ein auf schwankenden Wogen fahrendes Boot, vorn und hinten geziert mit ragenden Drachenköpfen, wie sie schon in ältesten Zeiten üblich waren. In der Mitte erhebt sich der von Tauen gehaltene Mast. Dem das Ruder führenden Steuermann weist ein gegenübersitzender Kaufmann die Richtung. Die Rückseite des Siegels trägt das Bild eines thronenden Kaisers.

Mittlerweile waren die benachbarten wendischen Stämme zum Christentum bekehrt worden. Von ihren fürstlichen Familien hielt sich eine in der Herrschaft; Pribislaw begründete das noch jetzt regierende Haus in Mecklenburg. Rasch hoben sich auch hier die Städte, namentlich Rostock und Wismar.

In Pommern war der Übergang von der heidnisch-slavischen Vorzeit in die deutsch-christliche friedlich durch die Fürsten selbst, die Mission und Einwanderung begünstigten, vollzogen worden. Die Odermündung hatte von jeher lebhaften Verkehr aus Skandinavien und Rußland herangezogen, und an ihr entwickelte sich Stettin, nachdem die Dänen 1183 Julin auf der Insel Wollin, das sagenberühmte Vineta, zerstört hatten. Greifswald entstand später als deutsche Stadt, um dann Stettin zu überflügeln; auch andere Orte, wie Anklam und das schon früh erwähnte Kolberg, wurden erst im dreizehnten Jahrhundert, mit deutschem Rechte ausgestattet, zu Städten.

Südlich von Mecklenburg und Pommern zog sich die erst von den Askaniern so recht geschaffene Mark Brandenburg hin, mit ihren Nachbarn oft im Zwiste, da die Nachkommen Albrechts des Bären, des ebenbürtigen Zeitgenossen Heinrichs des Löwen, wacker an der Fortsetzung seines Werkes arbeiteten. Der älteste Bestandteil, die am linken Elbufer gelegene Altmark, besaß bereits eine ganze Anzahl von kleinen, doch emsigen Städten, Gardelegen, Salzwedel, Stendal, Tangermünde; rechts der Elbe bis über die Oder hinaus war noch alles im Werden. Die Stadt Brandenburg hatte bereits Vergangenheit; Berlin-Köln, obgleich an bequemem Flußübergang gelegen und gewiß alt, tritt erst um 1240 hervor; auch Frankfurt a. O. wurde erst 1253 durch Verleihung des Rechtes von Berlin gestiftet.

Mit Pommerns Grenze an der Weichsel, wo es den wichtigen Handelsplatz Danzig in freilich unsicheren Besitz brachte, schnitt deutsches Land ab. Eben erst begann der Deutsche Ritterorden das heidnische und von einer kraftvoll widerstrebenden Bevölkerung bewohnte Preußen zu unterwerfen. Gleich zu Anfang bewies er indessen, in welchem Geiste er sein Werk vollbringen wollte: alsbald regelte 1233 die sogenannte Kulmer Handfeste die Rechte der beiden ersten Städte Kulm und Thorn.

Dieselbe Arbeit wie der Deutsche hatte schon vor ihm ein anderer Ritterorden weiter nordwärts in Angriff genommen. Den Schiffen, die von Gotland nach den russischen Gestaden segelten, lag die große Insel Ösel auf dem Wege. Neben ihr öffnet sich der weite Meerbusen, in den die Düna mündet, welche in das Innere des Landes hineinführt. So wurden von Wisby her die livischen Küsten angesegelt. In dem heidnischen Lande vereinigte sich christlicher Eifer mit kaufmännischer Erwerbslust; der Handel bereitete wie so oft die Besitznahme vor. Der milde Meinhard aus dem holsteinischen Kloster Segeberg begann das fromme Werk, von dem Bremer Erzbischof als erster Bischof bestellt, ohne große Erfolge zu erzielen. Da verband der aus bremischem Adelsgeschlecht stammende Albert, 1199 zum dritten Bischof ernannt, dem Beispiele, das die Kreuzzüge gegeben hatten, folgend, die Bekehrung mit dem Schwerte. Nachdem er sich vom Papste die Erlaubnis erwirkt hatte, das Kreuz zu predigen, landete er 1200 mit einem großen Pilgerheer. Bald darauf gründete er an dem besten Hafenplatz die Stadt Riga. Ein Ritterorden, die Schwertbrüder, wurde gestiftet, der tief in das Land vordrang, unterstützt von Kreuzfahrern, die Albert, der dreizehnmal die gefährliche Seereise machte, mit rastlosem Eifer aus der Heimat herbeiführte. Von König Philipp empfing er Livland als Lehen des Reiches. Schwere Tage waren dem trefflichen Bischof beschieden; er geriet in Streit mit dem Ritterorden, der sich ihm nicht fügen wollte, Aufstände der kriegerischen Esthen drohten das ganze Werk zu vernichten, endlich begehrte auch Dänemark die Herrschaft über diese Küsten. Doch Alberts Arbeit war eine gesegnete, Livland und Esthland wurden dem Christentum und der deutschen Arbeit gewonnen. Neben dem rasch aufsteigenden Riga erstanden andere Wohnstätten des Kaufmanns — auch die einst von Russen erbaute und von den Esthen eroberte feste Burg Jurjew wurde als Dorpat Bischofssitz und deutsch — bis in den Finnischen Meerbusen hinein, wo Reval lag, eine rein deutsche Stadt, obgleich vom Dänenkönig Waldemar II. gegründet und mit Esthland bis 1346 unter dänischer Herrschaft.

Die Kolonisierung an diesen Küsten wie nachher in Preußen vollzog sich anders, als einst im Altertum die griechische in Asien und Unteritalien. Dort war sie ganz ein Werk der Städte. Auch an der Ostsee hat man auf städtischer Seite den Gedanken gehabt, eigene Ansiedelungen zu begründen, und selbst Versuche gemacht, allein sie scheiterten. Die deutschen Städte waren zu schwach, um doppelte Arbeit zu verrichten, und konnten der fürstlichen Gewalt, welche die Ritterorden darstellten, weder widerstreben, noch sie entbehren. Die Zukunft dieser Länder lag daher mehr bei Fürstentum und Adel als bei den Städten, ähnlich wie in Altdeutschland. Das Land wich nicht vor der Stadt, so sehr diese eine Zeitlang den Vorsprung hatte.

Die Bemühungen Dänemarks um die Ostseeprovinzen waren nicht zufällig oder vereinzelt. Zur selben Zeit, in welcher die Deutschen sich so hoffnungsvoll im Osten ausbreiteten, brach eine furchtbare Gefahr über sie herein. Die Vormacht des skandinavischen Nordens rüstete sich, um nicht von einem Felde verdrängt zu werden, das sie bisher als ihr Eigentum betrachtet hatte.

Schon Waldemar I. hatte, Heinrich dem Löwen zuvorkommend, die Insel Rügen erobert und 1168 das heidnische Heiligtum auf Arkona zerstört. Auch das gegenüberliegende Festland wurde dann dänisch. Hier wie auf der Insel drängten deutsche Kolonisten die räuberischen Wenden zurück; Fürst Witzlaf gründete 1230 Stralsund. Erst zu Anfang des vierzehnten Jahrhunderts ist das Rügensche Fürstentum durch Erbschaft an Pommern gekommen.

Der Fall Heinrichs des Löwen und die Auflösung seiner gebietenden Macht, darauf der Thronstreit zwischen Philipp und Otto IV. wirkten hier im Norden unheilvoll ein. König Kanut VI., dem der Welfe freie Hand ließ, unterwarf die Dithmarschen; Graf Adolf III. von Holstein wurde besiegt und als Gefangener in Ketten nach Dänemark geführt. Auch die Fürsten von Mecklenburg und Pommern und die Stadt Lübeck mußten Dänemark huldigen. Dem Nachfolger Kanuts, Waldemar II., dem „Sieger", trat sogar König Friedrich II. 1214 die Eroberungen, das Reichsland jenseits der Elbe und Eide, und was Kanut in Slavien innegehabt hatte, urkundlich ab. Auch nach der östlichen Küste hatte Waldemar, wie wir wissen, bereits gegriffen. Vielleicht wäre das ganze Ostseebecken in dänischen Besitz gekommen, hätte nicht Graf Heinrich von Schwerin Rettung gebracht. Listig überfiel er 1223 Waldemar, der auf einer Insel im kleinen Belt der Jagd oblag, und führte ihn gefangen nach Schloß Dannenberg an der Elbe. Als die Dänen auf die schweren Bedingungen nicht eingingen, verbündete sich der Schweriner mit dem Erzbischof von Bremen und erfocht einen Sieg bei Mölln, der den Schauenburgern Holstein zurückgab; Lübeck vertrieb darauf die dänische Besatzung. Waldemar, der, nach dritthalbjähriger Gefangenschaft freigelassen, seine Zusagen nicht erfüllen wollte, erlag den norddeutschen Fürsten, den Bürgern von Lübeck und Hamburg und den Bauern von Dithmarschen in der heißen Schlacht auf der Heide von Bornhöved, südlich von Kiel, am 22. Juli 1227. Gott und die Heiligen selbst halfen, wie die Legende erzählt, den Deutschen, indem sie die blendenden Sonnenstrahlen von ihnen abhielten.

Die Stadt Lübeck wandte sich, nachdem sie die dänische Herrschaft abgeschüttelt hatte, an Kaiser Friedrich-II. nach Italien um Bestätigung ihrer Rechte. Zwei feierlich mit goldenem Siegel geschmückte Urkunden vom Mai und Juni 1226 erneuerten den schon von Kaiser Friedrich I. 1188 gegebenen Freibrief und bestimmten, daß die Stadt Lübeck immer frei sein solle, als besondere Stadt des Reiches und zur besonderen kaiserlichen Herrschaft gehörig, von der sie niemals getrennt werden dürfe. So wurde Lübeck Reichsstadt, die einzige im Norden bis nach dem Harz und Thüringen hin.

Dänemark verzehrte nach Waldemars Tode seine Kraft in inneren Umtrieben. Zwar behauptete es Esthland und behielt auch das Fürstentum Rügen mit Stralsund unter seiner schwachen Oberhoheit, aber seit dem Tage von Bornhöved war die Zukunft der deutschen Ostseeküste gesichert. Auch keine heimische Fürstenherrschaft hatte sich an ihr zu überwältigender Stärke aufgeschwungen. Dafür umgab sie ein Kranz von fröhlich aufstrebenden Städten, denen freie Verfassungen gestatteten, auf ihre Weise das Glück zu suchen.

Vierter Abschnitt.
Die Anfänge der Hanse.

Schon Georg Sartorius, der in den Jahren 1802 bis 1808 die erste und ausgezeichnete Geschichte der Hanse veröffentlichte, klagte über die großen Schwierigkeiten, die seiner Arbeit entgegenstanden. Ist die eine, der Mangel an Quellenstoff, jetzt zum größeren Teil gehoben, so sind andere dieselben geblieben, weil sie in der Natur des Gegenstandes liegen. Richtig bemerkte der treffliche Gelehrte: „Das bürgerliche Leben dieser Städte, der emsige Betrieb einer Handelskompanie hat nicht den Reiz, welchen größere, geräuschvolle Abenteuer gewähren; an Charakteren ist diese Geschichte ganz arm, da fast immer nur eine Gesamtheit, nie Individuen handelnd auftreten."

In der Tat ist es der Mißstand fast unserer gesamten mittelalterlichen Städtegeschichte, zum Unterschiede von der italischen, daß ihr greifbare Persönlichkeiten fehlen. Meist sprechen die Chroniken und Urkunden nur von den Städten oder den Bürgerschaften im ganzen, ohne der in ihnen handelnden und führenden Männer mehr als höchstens mit Namensnennung zu gedenken. Was der Geschichte ihren besonderen Reiz verleiht, das Eindringen in die Gedanken und Stimmungen der Vorfahren, die Möglichkeit, ihr Totengebein wieder mit dem Schimmer des Lebens zu umgeben, einzelne hervorragende Männer zu zeichnen, das wird dem Erzähler hansischer Geschichte selten zu teil.

Zudem hat die Geschichte der Hanse etwas Eintöniges, und für sie entscheidende Fragen hingen von Dingen ab, die einen größeren Kreis wenig anziehen, so wertvoll sie für die Handels- und Wirtschaftsgeschichte sind. Die Städte richteten ihr Verhalten zu anderen Mächten danach, ob ein Zollsatz höher oder geringer war, wie Gewicht und Maß gehandhabt wurden, ob Waren nur im Großhandel oder auch im Kleinhandel gehen sollten, ob also etwa Tücher nur in Stücken oder im Ausschnitt abzusetzen seien, ob sie geschoren oder ungeschoren gekauft werden dürften. Ebensowenig gestattet der Zweck dieses Buches, die stets laufenden Streitigkeiten, ob irgendwo Waren mit Recht oder mit Unrecht beschlagnahmt, wie hoch etwaige Entschädigungen bemessen waren, näher zu erörtern.

So bleibt nur übrig, wo leuchtende Farben fehlen, einfache Umrisse zu zeichnen.

Das Wesen aller geschichtlichen Bildungen wird am verständlichsten in ihrer Entstehung. Darum sollen auch hier die Anfänge der Hanse ausführlicher erzählt werden, als die Zeiten des Niederganges.

Wir haben gesehen, wie der deutsche Handel im Auslande festen Fuß gefaßt hatte, aber das Königtum zu schwach geworden war, um draußen und selbst im Inlande ausreichenden Schutz zu gewähren, wie zahlreiche fürstliche Gewalten aufkamen, und die Städte wohl durch ihre Geldwirtschaft große Kraft besaßen, aber, verstreut im Lande, auf sich selbst gestellt waren. Freilich haben gerade der Zwang und die Möglichkeit, ihren eigenen Zielen frei zu leben, die Städte drei Jahrhunderte lang in aufsteigende Bahnen vorwärts geführt.

Das Reich hat, auch als die Wahl Rudolfs von Habsburg 1273 die öffentlichen Zustände besserte, für den Norden wenig bedeutet. Nur an Lübeck hatten die Könige ein unmittelbares Interesse, weil sie von ihm als Reichsstadt eine Einnahme, die Reichssteuer, bezogen. Doch ist aus diesem königlichen Anrechte für die Stadt stets mehr Belästigung als Nutzen geflossen. Sonst haben ja Rudolf und seine königlichen Nachfolger gelegentlich den Städten Wohlwollen bewiesen, manchmal auch bei den benachbarten Reichen ein gutes Wort eingelegt, ebenso wie es andere Fürsten, namentlich die Braunschweiger in England taten, aber auf Entstehung und Entwicklung der Hanse hat das alles keinen Einfluß gehabt.

Nach drei Seiten hin muß die Betrachtung gehen: sie hat die Beziehungen der Städte zueinander, die Stellung der einzelnen zu der fürstlichen Nachbarschaft und besonders das Verhältnis zum Ausland zu verfolgen. Dort war vor allem die Erwerbung von staatlichem Schutz und gesichertem Recht nötig. Damit sind die Grundlinien des entstehenden Bundes gezeichnet; sie schneiden sich in einem Mittelpunkt, dem Handelsinteresse.

Wann ist nun der Hansebund entstanden? Es ist vielleicht mehr ein Bedürfnis des äußerlichen Begreifens, denn der Wissenschaft, ein bestimmtes Jahr als das des Ursprungs angeben zu können. Große Erscheinungen und Umwandlungen der Geschichte vollziehen sich so allmählich, daß eine einzelne Ziffer herauszuheben ein zweckloses, die richtige Auffassung nur störendes Unterfangen ist. Ebensowenig entspringen sie einem einzigen Grunde; jede geschichtliche Bildung ist zusammengesetzt.

Man hat häufig einen Vertrag vom Jahre 1241, durch den Hamburg und Lübeck sich zu gemeinsamer Verfolgung räuberischer Untaten in dem Lande zwischen Elbe und Trave verbündeten, als Geburtstag der Hanse betrachtet, weil er eine erste Verbindung der beiden für die Hanse so hochbedeutenden Städte und der Nordsee und Ostsee zu Handelszwecken darstelle. Allein das Bündnis, nicht einmal das erste, diente nur örtlichen und augenblicklichen Zwecken, und der Kern des hansischen Wesens ist in dem überseeischen Verkehr zu suchen.

Nicht eine einmalige Handlung, sondern die Herstellung dauernder Verhältnisse wird als Ausgang der Hanse zu fassen sein.

Wir sahen bereits, wie rühmlich der „gemeine Kaufmann" vorgearbeitet hatte. Jetzt lösten die tatkräftigeren Städte ihn ab und übernahmen wirksamer seine Fürsorge für die Handelsinteressen. Jetzt war auch möglich, im Notfall das Schwert gegen die fremden Bedränger zu gebrauchen. Indem nun die Städte zusammenhielten, ergab sich von selbst aus dem gemeinsamen Bedürfnisse eine dauernde Verbindung, die Hanse. Damit war die Leitung des überseeischen Verkehrs auf den deutschen Boden verlegt.

Eine weitere wichtige Ursache der Verbindung war die Verschmelzung des Nordsee- und Ostseehandels.

Nordsee und Ostsee waren durch die deutschen Koloniegründungen zu einem einheitlichen Handelsgebiet geworden. Da der Atlantische Ozean nur an den Küsten befahren wurde, bildeten die beiden Meere ein abgeschlossenes Ganze, das den gesamten Norden enthielt.

Den Anfang zur Seefahrt hatten die westlichen Städte gemacht. Aber jetzt lag Lübeck ziemlich gleich weit von England und Gotland, wie ein vermittelndes Gelenk der beiden nach Westen und Osten gestreckten Arme. Da geschah nun, daß die Ostseestädte, Lübeck voran, Gleichberechtigung mit ihren älteren Schwestern jenseits der Elbe forderten und durchsetzten.

Mancher Kaufmann aus dem Westen, der nach Norddeutschland übersiedelte, mochte früher selbst nach London oder Nowgorod gefahren sein und brachte die Kenntnis dieser Handelsverbindungen mit. Man gab das Anrecht nicht auf, sah vielmehr Gleichstellung mit den ehemaligen Genossen als selbstverständlich an, auch auf dem wichtigen englischen Markt.

Den bisherigen glücklichen Besitzern der Londoner Gildhalle kamen die Mitbewerber sehr ungelegen; die Kölner, Tieler und Genossen behandelten die Neulinge als Fremde und suchten sie durch hohe Forderungen fernzuhalten. Die Lübecker klagten darüber bei Kaiser Friedrich II., der ihnen das gleiche Recht zusprach; wirksamer mochte sein, daß auch der englische König Heinrich III. 1238 den Lübeckern wie den Kaufleuten der anderen deutschen Städte die von seinen Vorgängern dem Kaufmann Alemanniens gewährten Freiheiten zusicherte. Denn England sah um seines Nutzen willen alle fremden Händler gleich gern und wünschte deren Vermehrung. Auch die Gotländer hatten 1237 Zollfreiheit erhalten. Es ist nicht ganz klar, wie sich zunächst die Dinge gestalteten. Schon 1251 erscheint ein Aldermann der Deutschen, der mit Kölnern und Bremern Zeuge war, als das Stadtregiment von London einen Streit zwischen dortigen und Lübecker Bürgern schlichtete; später ist von einem „Rechte der Deutschen" in England die Rede. Wahrscheinlich hat König Heinrich III., als er 1260 „den Kaufleuten des Reiches Alemannia, d. h. denen, welche ein Haus haben in unserer Stadt, das gemeinhin die Gildhalle der Deutschen genannt wird", Schutz ihrer Rechte durch das ganze Reich verhieß, die Kölner allein gemeint. Die Lübecker und Hamburger ließen sich sogar das Recht, eigene Hansen zu bilden, von dem englischen Könige erteilen. Jedenfalls war

1282 der Streit ausgeglichen und die Einheit geschlossen. Da kommt zum erstenmal die Bezeichnung: „Kaufleute von der Hanse der Deutschen". Das in England übliche Wort für Gilde wurde somit auf den Verband der deutschen Kaufleute in England übertragen. Auch an anderen Hafenstädten des Königreichs verkehrten deutsche Kaufleute und hatten ihre Häuser wie in Lynn am Washbusen, wo die Lübecker eins besaßen; ein dortiger Aldermann nennt sich geradezu „Aldermann des römischen Reiches".

Wie es scheint, haben in England die befreundeten Städte Hamburg und Lübeck vereint die Sache des „gemeinen deutschen Kaufmanns", wie man die gesamte Kaufmannschaft bezeichnete, geführt, denn wir treffen sie auch an anderer hochwichtiger Stelle gemeinsam tätig. Machten sie den weiten Weg nach London, so lag der Wunsch nahe, sich auch die übrigen westlichen Länder zu eröffnen und überall Kölns Vorrang zu brechen. Fuhren die Hamburger und die Lübecker doch mit eigenen Schiffen den Rhein hinauf.

Die zu Frankreich gehörige Grafschaft Flandern, die südlich bis Bapaume reichte, war das dichtbevölkertste Land von Europa. Zahlreiche Städte lagen nahe nebeneinander, Gent, Ypern, Thourout und andere. Sie alle überragte weit Brügge, das nordische Konstantinopel. Die Stadt lag nicht am Meere, sondern war durch einen Kanal verbunden mit dem benachbarten Damme am Zwin, wo ein weites Wasserbecken bequemen Raum darbot. Aus England kam hierher die Wolle, die dort und in den benachbarten Städten zu kostbarem, in der ganzen Welt begehrtem Tuche verarbeitet wurde. Nirgends blühte so die Weberei wie in Flandern. Alle Nationen von Nord und Süd kamen in diesem großartigen Stapel zusammen, um zu kaufen und zu verkaufen.

Die Stadt Brügge, deren Bevölkerung flämisch war, gewährte dem Verkehr große Freiheit, gestattete den Fremden, nach ihren Gesetzen zu leben, Streitigkeiten untereinander durch ihre selbstgegebenen Behörden auszutragen. Nur die oberste Gerichtsbarkeit behielt sich die heimische Gewalt vor. So begegnete sich hier, was in Europa Handel trieb: Italiener, Spanier, Franzosen, Engländer, Schotten, Skandinavier, Deutsche; alle Kostbarkeiten, alle Erzeugnisse, Kunstwerke, Fabrikate, Spezereien, Lebensmittel, Rohstoffe harrten in den weiten Kaufhallen und Speichern der Käufer.

Längst schon ging der Verkehr mit Deutschland hin und her; Köln hatte die Vorhand, schloß Verträge, und noch 1249 verglich es sich mit sämtlichen Städten Flanderns. Nun wurde die Lage anders. Alle Kaufleute und Städte des römischen Reichs traten 1252 mit der Gräfin Margaretha von Flandern und ihrem Sohne Guido in Verhandlungen und erwirkten von ihr große Privilegien; die besonderen Boten waren die Bürger Hermann Hoyer von Lübeck und Jordan von Hamburg. Auch Köln nahm die Abmachungen an, die Gotland besuchenden Kaufleute waren ebenfalls eingeschlossen. Als 1280 Streitigkeiten mit Brügge entstanden, infolge deren der Stapel für zwei Jahre nach Ardenburg in Seeland verlegt wurde, handelte der deutsche Kaufmann in Gemeinschaft mit dem aus Spanien und anderen Ländern. Lübeck führte vornehmlich die Sachen, doch daneben auch andere städtische Boten, wie von Soest und Dortmund.

Diese Verlegung des Stapels zeigt die Waffe, mit der der Kaufmann Ungerechtigkeiten abwehrte und Forderungen durchsetzte: Abbruch des Verkehrs.

Nicht so einfach war die Sache in den nordischen Ländern. Die dortigen Völker, einst als Wikinger der Schrecken von ganz Europa, vermochten später die Schifffahrt nicht mehr im größeren Umfang zu betreiben, weil ihnen die Mittel fehlten, den gesteigerten Anforderungen an den Schiffbau nachzukommen, und die deutschen Städte sie an wirtschaftlicher Kraft weit überholten. Merkwürdig genug, wie sich das Blatt wandte, wie die Nordleute ihr Blut geändert zu haben schienen. Kamen früher dänische Kaufleute sogar den Rhein hinauf, so fiel jetzt den Deutschen Seewesen und -handel fast allein zu.

Mit Dänemark oder mit Schweden und Norwegen konnte jederzeit

Alte Ansicht von Brügge. (Nach Zeiler und Merian, Typographia Germaniae Inferioris.)

Krieg entstehen, und weil die Reiche häufig miteinander stritten, ihr Kampf die Städte in Mitleidenschaft ziehen. Hier war ein kraftvolles Auftreten möglich, sobald man die See beherrschte, und das konnten die Städte, wenn sie zusammenhielten. Mußten sie sich in England und Flandern mit günstigen Verträgen begnügen, in der Ostsee winkte ihnen die Hoffnung, den Handel ganz in ihre Hand zu bekommen. Zunächst freilich waren noch die vorbereitenden Schritte zu tun. Neben Lübeck hatten Bremen und Hamburg gleiches Interesse.

In Dänemark, wo Adel und Geistlichkeit die Volksgemeinde der freien Bauern niederzudrücken begann, haben sich sehr langsam Städte entwickelt; der bedeutendste Hafen blieb lange das in Vorzeiten berühmte Schleswig, aber es vermochte dann mit den deutschen Ostseestädten nicht Schritt zu halten. Das aufkommende Lübeck hatte den nächsten Weg nach Dänemark, und König Waldemar II. trug als Oberherr Sorge, ihm die Pfade zu ebnen, wie auch Hamburg und andere deutsche Kaufleute seinen königlichen Schutz genossen. Nach der Schlacht von Bornhöved führten die Lübecker mit Dänemark Krieg; 1249 zerstörten ihre Schiffe Kopenhagen, das noch ein Dorf nebst einem Schlosse war.

Die dänischen Könige bestätigten indessen Lübeck und Hamburg ihre Rechte und gewährten solche auch anderen Städten, wie Wismar, Greifswald, Riga.

Ein wichtiger Punkt war die kleine und flache, an der südwestlichen Ecke von Schonen vorspringende Halbinsel mit den Orten Skanör und Falsterbo. Dort gewährte die See einen überaus reichen Fischfang, und die Fremden, welche Heringe holten, benutzten ihren Aufenthalt, um auch Handel zu treiben. Die westlichen Kaufleute pflegten den Markt zu besuchen, auch Lübeck erwarb dort Rechte, dann Rostock, Wismar, Stralsund, Greifswald, Hamburg, Kiel und andere Städte. Die Kaufleute durften als Wohnungen Buden aufschlagen. Sonst wurde im Reiche der Handel frei getrieben, ohne an einen festen Platz gebunden zu sein.

Wie das Verhältnis zu Dänemark, beruhte das zu Schweden auf Einzelverträgen. In seinem südlichen Teil mit Häfen wohl versehen, wahrte das Reich seinem schon vor alters bedeutenden Handel die Selbständigkeit. Die Fremden, die sich niederlassen wollten, mußten nach schwedischem Gesetz leben und Untertanen werden. Deshalb konnte kein deutscher Kaufhof aufkommen, dafür siedelten sich in manchen Städten, namentlich Stockholm und Kalmar, so viele Deutsche an, daß sie den Heimischen gleichberechtigt wurden. Schon Heinrich der Löwe hatte die Bedingungen für den Handel zwischen Lübeck und Schweden ausgemacht, die dann bestätigt, auch Hamburg und Riga gewährt wurden.

So alt wie der Handel mit Dänemark war der mit Norwegen, dessen Küsten der in die Ostsee segelnde Westdeutsche berührte. Norwegen behielt bis gegen Ende des Mittelalters die Inseln der irischen See als Vasallenstaaten und pflegte bis in den Anfang des vierzehnten Jahrhunderts selbständigen Handel mit England; selbst sächsische Kaufleute benutzten norwegische Schiffe zur Fahrt dorthin. Daher kamen auch Engländer und Schotten an die Schärenküste und machten den Deutschen den Handel streitig; die Rauheit der Norweger, ihre Abneigung gegen die Fremden, schufen weitere Schwierigkeiten. Bremen verkehrte von jeher viel dorthin und legte größten Wert auf gutes Einvernehmen. Lübeck knüpfte gewiß gleich anfangs mit Norwegen an und genoß Verkehrsfreiheit, auch Hamburg stand in norwegischer Freundschaft, für Greifswald vermittelte der pommersche Herzog freie Zu- und Abfahrt. Doch waren die Fremden noch stark belastet, und Lübeck übernahm es, bessere Bedingungen zu schaffen. König Magnus befreite 1278 auf Bitten vieler deutscher Seestädte und besonders der lübischen Gesandten ihre Kaufleute, die als Gäste und Ankömmlinge nicht länger als ein halbes Jahr blieben, vom nächtlichen Wachtdienst, gestattete, daß meineidige und übelberufene Personen nicht gegen sie als Zeugen auftreten sollten und die Schiffbrüchigen ihr Gut bergen durften, und gewährte für den Kleinhandel Erleichterungen. Allgemein für den Kaufmann „deutscher Zunge" lautete das Privileg; nicht wie in England und Flandern war die Berechtigung an die deutsche Reichsangehörigkeit geknüpft. Das war jedoch an sich keine Ausnahme. Die Deutschen betrachteten das ganze Mittelalter hindurch den Norden und Osten wie ihnen zuständig; man könnte fast das moderne Wort „Interessensphäre" anwenden. Der Deutsche, der dort saß, gehörte daher zum großen Volke. Bald jedoch schwand unter Magnus' Sohne, Erich II. Priesterfeind, die Freundschaft dahin; die Norweger überfielen auf offener See deutsche Schiffe und verübten Raub und Mord.

Eben, im Juni 1283, hatte die Sorge vor den mächtig um sich greifenden Markgrafen von Brandenburg, auch die dem Handel bedrohliche Kriegsgefahr ein großes Bündnis veranlaßt zwischen den Herzögen von Sachsen und Pommern, dem Fürsten von Rügen, kleineren Herren und den Städten Lübeck, Wismar, Rostock, Stralsund, Greifswald, Stettin, Demmin, Anklam und allen anderen Städten der Landschaft. Infolge der Nachrichten aus Norwegen beschlossen diese Städte, keine Lebensmittel über das Meer führen zu lassen und den Handel mit Norwegen einzustellen. König Erich Glipping von Dänemark trat Ende November 1284 dem Bündnisse bei und sagte Hilfe gegen den Feind zu. Eine Flotte, von deren Kosten Lübeck ein, die wendischen Städte drei Viertel übernahmen, ging in die norwegischen Gewässer ab und plünderte an den Küsten. Auch die westfälischen Städte wie die entfernteren Freunde in der Ostsee wurden um Hilfe angegangen. Riga und Wisby haben sie geleistet, Hamburg und Kiel traten in den Bund. Beide feindlichen Parteien wetteiferten, England für sich zu gewinnen. Zwar schlug sich König Eduard I. auf die Seite Norwegens, allein König Erich, wohl durch Abschneiden der Getreidezufuhr gezwungen, mußte nachgeben und sich 1285 dem Schiedsspruch des Königs Magnus I. von Schweden unterwerfen, der den Städten günstig lautete. Erich gelobte Herausgabe des geraubten Gutes, sogar eine hohe Geldbuße und Vermehrung der Privilegien. Hauptplätze des Handels mit Norwegen waren fortan Bergen, daneben Tönsberg und Oslo (das heutige Christiania), wo viele deutsche Handwerker, mit dem Einheitsnamen „Schuster" bezeichnet, seßhaft wurden und ein Gildehaus hatten. Später haben besonders die Rostocker den Verkehr mit Oslo gepflegt.

Das war der erste große Seekrieg, den verbündete Städte führten, und er fiel glückverheißend aus. Die Vorgänge gewähren manchen erwünschten Einblick in die Verhältnisse. So sehr gingen die Interessen noch auseinander, daß Bremen dem Feinde Zufuhr leistete. Der norwegische König verhieß dafür den Bürgern Gunst vor allen Kaufleuten Englands und Deutschlands und hat seine Zusage gehalten. Die verbündeten Städte aber beschlossen, alle Bremer aus ihren Mauern zu weisen. Obgleich der Friede auch Bremen einbegriff und Feindseligkeiten abschnitt, hat die Stadt bis 1358 allein gestanden.

Während der Friedensverhandlungen schrieb Wismar an die westfälischen Städte, der Kampf sei unternommen worden gegen die Norweger als Verletzer der Freiheiten des gemeinen Kaufmanns, und man hoffe, daß viele Städte, welche sich ihrer erfreuen wollten, wenigstens Geldhilfe leisten würden; sie möchten zu dem beratenden Tage Boten senden. Die verbündeten Städte ließen es sich auch angelegen sein, den Klagen, welche Kampen und Stavoren gegen Norwegen hatten, Abhilfe zu schaffen. Der Gedanke der Gemeinsamkeit waltete auch hier.

Ein Bündnis zwischen Fürsten und Städten hatte zu dem glücklichen Ausgang des Krieges geführt. Da das Reich keinen genügenden Schutz gewährte, waren seine Glieder gezwungen, ihn sich selber durch Vereinigungen zu schaffen. So entstanden damals und in den folgenden Jahrhunderten zahllose Bündnisse, meist nur auf kurze Zeit geschlossen, rasch auseinandergehend und wieder in derselben Gestalt oder in anderer Zusammensetzung erneuert. Am nächsten lag es den Städten, gemeinsam für die Sicherheit des Verkehrs zu sorgen. Dadurch kamen sie einander näher, und es bildeten sich feste Verhältnisse von Dauer. Die geographische Lage, altüberlieferte Stammes- oder Interessengenossenschaft fügten mehrere Gruppen zusammen. So sprechen um 1267 die ostfälischen Städte von Hamburg und Bremen bis zum Harz von „ihrer alten Genossenschaft", und diesen gemeinsamen Rahmen füllten Einzelbündnisse aus. Besonders aufeinander angewiesen waren die Städte Slaviens oder die wendischen, wie sie später genannt werden, die älteren Lübeck, Wismar, Rostock und das jüngere Stralsund, dazu das pommersche Greifswald.

Der älteste uns bekannte Vertrag zwischen Lübeck, Rostock und Wismar ist vom Jahre 1259 und gegen See- und Straßenraub gerichtet. In der Folgezeit kamen die Boten der Städte häufig zusammen, und die vereinbarten Beschlüsse nannte man, weil sie vor dem Weggang zusammengefaßt wurden: „Abschiede" oder gewöhnlicher lateinisch: „Rezesse". Die Städte

Die Anfänge der Hanse.

bemühten sich, möglichst auch andere zu ihrer Annahme zu bewegen, um für gemeinsame wichtige Verhältnisse gleiche Rechtssätze zu schaffen. Nicht allein auf den Handel kam es dabei an. So bestimmten die ältesten Rezesse unter anderem, daß ein in der einen Stadt ausgewiesener Verbrecher in keiner anderen Aufnahme finden dürfe, ein Dieb und Mörder in jeder geächtet sein solle, daß man Piraten auf gemeinsame Kosten bekämpfen wolle, wie in gewissen Ehesachen zu entscheiden sei. Wird eine Stadt von einem Fürsten belagert, darf diesem keine andere helfen mit Ausnahme der dem eigenen Landesherrn schuldigen Pflicht.

Wie Lübeck mit den wendischen Städten engere Fühlung nahm, pflegte es die Nordsee und Ostsee verbindende Freundschaft mit Hamburg. Diese zwanglosen Bündnisse der Städte und Gruppen nährten die Freundschaft, schufen gleichmäßige Grundsätze für wichtige, insbesondere Verkehr und Recht betreffende Fragen und bestärkten das bürgerliche Standesgefühl, wie das Bewußtsein gleicher Zwecke und Ziele. Deshalb haben sie dem späteren großen Verbande kräftig vorgearbeitet.

Der schöne Sieg über Norwegen wurde erfochten wenige Jahre nachdem die Städte erfolgreich ihren Zollkrieg gegen Brügge geführt hatten und in England die Einheit vollendet erscheint. Hingen auch diese Hergänge nicht unmittelbar zusammen, entsprangen sie doch alle demselben Gedanken: dem des gemeinen Kaufmanns und der Gleichheit seiner Interessen. Sein tätiger

Rostock mit der Warnow, von der Nordseite aus gesehen. (Nach einer Photographie.)

4*

Verfechter war Lübeck gewesen, und es konnte nicht anders sein, als daß die Travestadt Dank und Ansehen erwarb. Die alte Metropole Köln trat in den Hintergrund, ohnehin in die schweren Kämpfe verwickelt, die sich damals am Niederrhein abspielten und in der berühmten Schlacht von Worringen 1288 eine zeitweilige Lösung fanden. Aber der Grund lag tiefer: Köln war nur Handelsmacht, die wohl auch Schiffahrt betrieb, während Lübeck und seine Genossen die See zur vornehmlichen Trägerin ihrer werbenden Tätigkeit machten. Daher schufen sie die ganze weite Salzflut, soweit ihre Koggen fuhren, zu einem einheitlichen Handelsgebiet um.

London und Gotland waren früher je einzelne Stationen gewesen. Stand die alte Gildhalle an der Themse unter der Obhut der Kölner, so war die Niederlassung auf der Ostsee-Insel eine Gründung aller Kaufleute, die sie besuchten, ohne daß eine Stadt den Vortritt hatte, eine freie Handelskolonie. Die Stadt Wisby umfaßte eine angesessene deutsche und eine gotländische Gemeinde, die sich in das Stadtregiment teilten, durch ihre Vögte für den Marktfrieden sorgten und nach demselben gotländischen Rechte lebten. Die deutsche Gemeinde erbaute sich schon 1225 eine eigene Kirche, die sie der Jungfrau Maria widmete; die ihr heilige Blume, der Lilienstengel, zierte das Siegel der Gemeinde, das die Umschrift führte: Sigillum theutonicorum in gotlandia manencium (Siegel der in Gotland weilenden Deutschen). Das gotländische Gemeindesiegel trägt ein Lamm mit der Fahne und der Umschrift: Gutenses signo christus signantur in agno (Gotländer zeichnen sich mit dem Zeichen Christus im Lamme). Daneben bildeten die nur verkehrenden deutschen Kaufleute eine eigene Genossenschaft, die ebenfalls ein Siegel mit der Lilie hatte, das als Siegel aller Kaufleute galt: Sigillum theutonicorum gotlandiam frequentancium (Siegel der Gotland besuchenden Deutschen).

Wie der Kaufmann vom Rhein und Westfalen nach Wisby kam, fuhren Gotländer nach England und Flandern hinüber.

Von Wisby war der Kaufmann in Nowgorod abhängig, von Gotland ging der erste Besuch Livlands aus, der dann zur Besitznahme und Besiedelung führte. Das neue Handelsgebiet kam rasch in Aufnahme. Bischof Albert von Riga erteilte 1211 den in die Düna und die anderen livischen Häfen kommenden Kaufleuten Zollfreiheit und andere Rechte, doch gestattete er keine Gilde und behielt die Gerichtsbarkeit den heimischen Behörden vor.

Die Düna stromaufwärts geht der Weg in das Innere nach Polozk und Witebsk. Von dort ist nach Norden zu Nowgorod unschwer erreichbar, näher noch der kurze Landweg nach Smolensk am Dniepr, der Pforte zum Orienthandel an der großen Wasserstraße über die gewaltige Stadt Kiew nach dem Schwarzen Meere und Konstantinopel. Auch hier drang der Deutsche vor. Im Jahre 1229 schloß der Fürst von Smolensk zugleich für die von Polozk und Witebsk einen Vertrag, damit er „ewig währe und allen Smolenskern und den Rigischen und allen Deutschen, welche das Oſtmeer befahren, teuer bleibe". Zeugen waren außer Gotländern und Rigaern Kaufleute aus Lübeck, Soeſt, Münſter, Groningen, Dortmund und Bremen. Im Laufe des Jahrhunderts wurde der Vertrag erneuert. Beſonders Riga führte die Verhandlungen und verfehlte nicht, wenn die Kaufleute Unrecht erduldet hatten, ein kräftiges Wort zu ſprechen.

Das Siegel der deutſchen Kaufleute in Wisby.
(Nach Sartorius, Urkundliche Geſchichte des Urſprunges der deutſchen Hanſe.)

Dem Fürſten von Witebsk ſchrieb die Stadt einmal: „Wofern du das Übermaß und alles Unrecht nicht aufhebſt, ſo werden wir es Gott klagen und denen, die das Recht lieben und die Lüge verabſcheuen. Unſere Unbilden können wir nicht hingehen laſſen, wir vermögen ſie nicht mehr zu dulden".

Auch in Nowgorod, das die Deutſchen nach ihrer Weiſe, fremde Namen ſich zurechtzulegen, Naugard nannten, fehlte es nicht an Zwiſtigkeiten. Die Stadt war ſo ſelbſtändig wie ein Freiſtaat; oft genug verjagten die unruhigen Bürger ihre Fürsten und Statthalter. Die Bürgerschaft fühlte ihre Macht: „Wer kann wider Gott und Großnowgorod", rühmte sie sich. Mancherlei Störungen riefen auch die Kriege zwischen den Russen und den deutschen Ordensrittern hervor. Aber Sperrung des Handels war das immer mit Erfolg angewendete Mittel, um die Nowgoroder fügsam zu machen, und auch unter den Hindernissen nahm der Handel zu. Drei Höfe mit Kirchen gehörten den Deutschen.

Wisby hatte bis dahin eine eigentümliche Stellung inne, eine Stadt mit starker deutscher gleichberechtigter Gemeinde, und dennoch außerhalb des Reiches. Es stand mitten im Getriebe des deutschen Handels und der Politik und knüpfte mit Lübeck engste Beziehungen an. Ein Bündnis vereinigte 1280 beide Städte auf zehn Jahre zu gemeinsamer Abwehr aller Unbilden, die in der ganzen Ostsee von der Trave bis nach Nowgorod ihnen und anderen deutschen Kaufleuten zugefügt würden. Wisby beteiligte sich auch an dem glücklichen Kriege gegen Norwegen. Da mußte die Stadt 1288 die Herrschaft der schwedischen Krone anerkennen und dem Könige Magnus I. eine Strafsumme für verletzte Rechte zahlen; Feindseligkeiten zwischen Stadt- und Inselbewohnern hatten den Anlaß zum Einschreiten gegeben. Eben hatte dieser König den den Deutschen günstigen Schiedsspruch in dem Kriege gegen Norwegen gefällt; erhob er vielleicht dafür Ansprüche auf Gotland? Denn wir erfahren nicht, daß die Deutschen Magnus irgend Widerstand geleistet hätten. Zwar blieben die Handelsverhältnisse dadurch unverändert und Wisby eine Stadt deutscher Zunge, aber die Anerkennung der schwedischen Oberhoheit mag Zweifel erregt haben, ob ihr Recht ferner deutschen Kolonien maßgebend sein dürfe. Wenigstens beschlossen 1293 die in Rostock versammelten Städte „Sachsens und Slaviens", daß zwar das auf dem Hofe in Naugard gültige Recht weiter Kraft haben sollte, aber Berufungen fortan nur bei Lübeck eingelegt werden dürften. Wisby war erbittert und berief sich auf seine alten Verdienste; die westfälischen Städte erinnerte es, wie einst ihre Vorfahren das gotländische Recht nach Naugard getragen hätten. Aber weither von Köln und aus Westfalen, von Magdeburg, Halle, Hildesheim, Braunschweig und Goslar bis nach Danzig und Elbing hin, erfolgte Zustimmung. Riga hatte anfangs zurückgehalten, trat aber nachher dem Beschlusse bei. Der Genossenschaft in Wisby wurde das Siegel entzogen, mit dem sie bisher allgemein kaufmännische Angelegenheiten bekräftigt hatte. Jede Stadt beglaubigte fortan mit ihrem Siegel die in ihr getroffenen Abmachungen. Darin kam zum Ausdruck, daß jede Stadt selbständiges Recht besaß.

Jedenfalls feierte Lübeck einen großen Triumph. Die Stadt Kiel nahm in ihrem zustimmenden Schreiben Gelegenheit, Lübeck zu danken für Verdienste, die es sich schon lange um den Rechtsschutz in Naugard erworben habe, und das lübische Recht zu preisen. Kiel selber hatte es 1242 erhalten. Als die Städte selbständige Verwaltung erlangten, begannen viele, ihre Rechtssätze zu sammeln und ihr Gewohnheitsrecht aufzuzeichnen.

Daraus entstanden in weiterer Ausführung die sogenannten Stadtrechte, sehr verschieden an Form und Inhalt, welche oft vom Könige und den Stadtherren bestätigt und von den Bürgern beschworen wurden. Sie enthielten die Bestimmungen über Verfassung und Gesetzgebung jeder Art. Das Recht mancher Städte gelangte zu so großem Ansehen, daß andere Bürgerschaften es annahmen oder sich von ihren Landesfürsten erteilen ließen. Häufig verlieh man es von vornherein neugegründeten Gemeinden. Die Mutterstädte blieben dann als „Haupt" Oberhöfe; sie nahmen Berufungen an oder gaben Rechtsbelehrungen. Am weitesten verbreitete sich das Magdeburger Recht über Ostfalen, die Marken Brandenburg, Meißen und Lausitz, Schlesien, das preußische Ordensland, selbst Polen und wirkte auf Böhmen und Mähren bis nach Ungarn hin. Nicht viel weniger weit erstreckte sich das lübische Recht. Es stammte aus Westfalen, aus Soest, dessen ältestes Stadtrecht im zwölften Jahrhundert ausgezeichnet wurde. Heinrich der Löwe verlieh es Lübeck, die kaiserlichen Privilegien der beiden Kaiser Friedrich bestätigten und erweiterten das Recht; schon früh entstand eine selbständige Bearbeitung, der dann neue mit Erweiterungen folgten. Bald empfingen zahlreiche andere Städte lübisches Recht. Graf Adolf III. von Holstein erteilte es gleich seiner Neustadt Hamburg, doch hat das Hamburger Recht sich selbständig entwickelt und auch in Riga und in esth-liv- und kurländischen Städten Eingang gefunden. 1218 bekam Rostock das lübische Recht, ebenso dann Wismar, Stralsund und Greifswald, desgleichen andere mecklenburgische, die meisten holsteinischen und pommerschen Städte, einige preußische, Elbing und Memel, während sonst in Preußen kulmisches Recht galt, auch Reval und Narwa in Livland. Lübeck war stolz darauf; den Elbingern schrieb es: „Wir geben es euch, damit ihr es haltet; ihr dürft es durch besseres vermehren, aber niemals verringern; diese Gesetze sind der Anfang des Rechtes, sie lehren ehrbar leben, niemanden verletzen, jedem sein Recht erteilen".

Das gemeinsame Recht war ein wertvolles Band, in seinen Grundzügen vortrefflich geeignet, in den Städten unabhängigen, tatkräftigen Sinn großzuziehen.

Elbing gehörte mit Thorn zu denjenigen preußischen Städten, welche zuerst nach Überwindung der schweren Anfänge den Blick weiter richten konnten. Der Deutsche Orden hatte nach fünfzigjähriger Arbeit seine Herrschaft vollendet. Schon 1237 vereinigte sich mit ihm der livländische Schwertorden, der allein den Litauern und Russen nicht gewachsen war. Ein Staatsgebilde eigener Art füllte nun den weiten Raum von Pommern bis Esthland; Landesherr war der Orden, vertreten durch den Hochmeister. Endlich glückte es auch dem Orden, sich Pomerellens zu bemächtigen und so die Weichselmündung mit Danzig zu gewinnen. Brandenburg und Polen waren damit von der See abgesperrt. Im Jahre 1309 verlegte der Hochmeister Siegfried von Feuchtwangen seinen Sitz von Venedig nach der Marienburg, deren Hochschloß erweitert wurde. Vom Chor der Kapelle erglänzte weithin über das Land das Bild der Himmelskönigin, 26 Fuß hoch, auf Goldgrund und mit Mosaik ausgelegt.

Der wirtschaftlichen Tätigkeit, welche der Orden schon beim Beginn der Eroberung begonnen hatte, blieb er getreu; überall suchte er dem preußischen Handel Eingang zu verschaffen, bis nach Flandern und England hin. Die willkommene Anlehnung, welche die wendischen Städte boten, wurde gern benutzt; als einmal Dänemark den Kaufmann beschwerte, erklärte sich der Landmeister 1295 zur Mithilfe bei der Abstellung bereit.

Es sind leider meist ziemlich trockene Angaben, deren Zusammenstellung erst ein Bild ermöglicht. Fassen wir also die Ergebnisse zusammen.

Das Hochschloß der Marienburg von Südosten. (Nach einer Photographie.)

Zwar waren, als Lübeck seinen schnellen Lauf zur Größe begann, schon in West und Ost Anfänge zur Entwicklung des deutschen Handels vorhanden. Den rheinisch-westfälischen Städten gebührte der Ruhm, sie geschaffen zu haben. Aber das rechte Mittelglied entstand erst in der Travestadt. Wo nur der deutsche Kaufmann im Auslande Raum findet, ist auch Lübeck an der Arbeit. Der weise Rat erkannte, daß Gemeinsamkeit des deutschen Kaufmanns die beste Stütze gebe, und für sie eifrig gewirkt zu haben, kann Lübeck nicht bestritten werden. Es war doch ein anderes Ding, ob, wie zu Anfang des Jahrhunderts, die Deutschen sich nur an einigen Plätzen des Auslandes zusammentaten, oder ob zahlreiche Städte daheim Verständigung untereinander suchten und dann geschlossen handelten. Der norwegische Krieg und die Handelssperren gaben den besten Beweis.

Allerdings war Lübeck nicht maßgebendes Haupt, kein leitender Vorort, nur sein großer Handel und die emsige Betriebsamkeit, welche die Genossen oft mit vielem Dank anerkannten, gaben ihm Gewicht. Ein wirklicher Bund der Städte bestand noch nicht. Nur gelegentlich hat man gemeinsame Verhandlungen geführt und dafür die Kosten getragen. Die Städte binden sich nur so weit, wie ihr Nutzen es erheischt, im übrigen stehen sie in voller Unabhängigkeit; selbst die Gruppen sind nicht feste Bündnisse, aber dennoch Einheiten. Schon diese lose Form genügte, um ihnen für die weitere Entwicklung den größten Wert zu geben. Man kann mehrere Gruppen unterscheiden. Da waren zunächst die um die Zuidersee, dann Köln mit seinen rheinischen Freunden, die westfälischen Städte, unter denen Dortmund am eifrigsten erscheint, die sächsischen Binnenstädte, Hamburg im Einverständnisse mit Lübeck, die wendisch-pommerschen Städte, während von den brandenburgischen und den preußischen noch wenig zu hören ist, endlich die livländische Küste mit Riga, Reval und Wisby. Sie ist mit Lübeck in engster Verbindung. Es gab auch

Das Mosaikbild der Jungfrau Maria an der Marienburg.
(Aus Pederzani-Weber, Die Marienburg.)

eine dauernde Gemeinsamkeit. In erster Stelle beruhte sie auf den Höfen in London und Nowgorod und dem Stand in Brügge. Sie dienten gleichmäßig dem deutschen Kaufmann, der sich den dortigen Bestimmungen fügte und die schuldige Abgabe zahlte, und in ihnen trafen Bürger aller Städte zusammen. Auch manche Vergünstigungen über Strandrecht und Gerichtsbarkeit verliehen die ausländischen Herrscher für alle Kaufleute. Außerdem nützten die Städte, die Vorrechte erworben hatten und ständigen Schiffsverkehr unterhielten, auch anderen. Die Kaufleute der kleinen binnen=
ländischen Städte ließen sich entweder an den fremden Häfen von einer dort vertretenen Stadt in die Handelsgemeinschaft aufnehmen oder ver=
frachteten ihre Waren in den Seestädten, deren Name das Schiff deckte und seinem ganzen Inhalt die Vorrechte, welche die Vermittlerin besaß, eintrug. Auch Scheine zum Ausweis wurden mitgegeben. Daher genossen die hintersitzenden Städte die Vorteile der Hauptplätze und waren bereit oder genötigt, ihnen zu deren Erwerbung und Behauptung Beistand zu leisten. Natürlich befolgten sie die Anforderungen, welche jene etwa an Maß, Gewicht, Verpackung und Beschaffenheit der Waren stellten, und trugen dadurch zur Verbreitung ihrer allgemeinen Handelsgrundsätze bei. Die großen Städte hatten demnach so manche Mittel, den Handelsgebrauch nach ihren Grundsätzen einheitlich zu gestalten. Sie zogen von ihrer Ge=
folgschaft gerade so Nutzen, wie diese von ihnen. Gemeinschaft des Handels=
interesses war das einigende Band, das je nach Bedürfnis stärker oder schwächer angezogen wurde.

Noch standen die Gruppen locker nebeneinander; erst ihr festerer Zu=
sammenschluß konnte eine kräftige Einung bringen.

Fünfter Abschnitt.
Der große Krieg gegen Dänemark.

Im Leben der Völker und Staaten folgt oft der Erhebung eine Erschlaffung. Auch die norddeutschen Städte entgingen diesem Schicksal nicht; bald nach dem Beginn des vierzehnten Jahrhunderts stockte für mehrere Jahrzehnte die vorher so lebhafte Verbindung zwischen ihnen. Selbst der Bund der wendischen Städte schien erschüttert, und Lübeck schlug eine Politik eigener Hand ein.

Es zeigte sich, wie sehr noch das Wohlergehen der Städte von der Willkür der umsitzenden Fürstenwelt abhängig war. König Erich Menved von Dänemark fand Bundesgenossen, als er unternahm, die durch die Schlacht von Bornhöved zerrissene Abtretungsurkunde Friedrichs II. von 1214 wieder rechtskräftig zu machen. Fürst Nikolaus von Mecklenburg nahm 1300 von ihm sein Land und Rostock zu Lehen; die Stadt wurde 1302 nach tapferer Gegenwehr bezwungen, während Stralsund, zu Wasser und zu Lande belagert, zum erstenmal rühmlich die Feinde abwies. Lübeck, von den Holsteiner Grafen bedrängt, nahm sogar Zuflucht zu dem Dänen und erkannte ihn als Schutzherrn an. Glücklicherweise verhinderte der Tod Erichs 1319 weiteren Fortschritt Dänemarks; unter seinem Nachfolger Christoph ergoß sich über das Königreich alle Not, welche ein zuchtloser Adel und fremde Machthaber verhängen können, so daß es fast der Auflösung verfiel. Die Holsteiner Grafen und ihre fehdelustige, räuberische Ritterschaft stürzten das ganze Land nördlich der Elbe in Unheil, unter dem der Kaufmann schwer litt, weil die adeligen Piraten auch die See durchkreuzten. Erst dem Sohne Christophs, Waldemar IV., mit dem sich die Holsteiner 1340 in Lübeck einigten, glückte es nach schweren Jahren, Dänemark wiederherzustellen. Als er bald mit denselben Grafen in Kampf geriet, halfen ihm die Städte, doch lange Jahre vergingen, ehe man des Raubgesindels einigermaßen Herr wurde.

Der lähmende Bann politischer Unklarheit, der auf den wendischen Städten gelastet hatte, wich kräftigem Handeln.

In der trüben Zwischenzeit erhielten die ausländischen Plätze von Naugard, London und Brügge die Einheit des Handels, die das verflossene Jahrhundert geschaffen hatte. Sie offenbart sich in einem Beschlusse, den 1347 die Kaufleute zu Brügge faßten. „Es ist zu wissen, daß die gemeinen Kaufleute geteilt sind in drei Drittel. Das ist so zu verstehen: die von Lübeck und die wendischen Städte und die von Sachsen und was dazu gehört in ein Drittel, die von Westfalen und von Preußen ins andere, die von Gotland und von Livland und von Schweden ins dritte". Mochte diese Dreiteilung schon früher bestanden haben, erst jetzt wurde sie zur festen Satzung gemacht und erhielt bald Anwendung auch auf den ganzen Verband.

Wenige Jahre später, 1356, bestätigten in Brügge versammelte Ratssendboten aus den drei Dritteln die gegebenen Statuten, ein Zeichen, daß die Gesamtheit die Leitung in ihre Hand nahm.

Jene in England schon früh übliche Bezeichnung der deutschen Kaufmannschaft als Hanse fand nun Eingang auf das Festland. Ein 1358 in Lübeck vereinbarter Rezeß spricht von den Kaufleuten des römischen Reiches von Alemannien von der „Dudeschen Hense", die zu Brügge in Flandern zu sein pflegen. Es handelte sich damals wieder um den Abbruch des Handels mit Flandern; welche Stadt sich den Beschlüssen nicht fügte, die sollte für immer aus der Hanse und ihrem deutschen Recht ausgeschlossen sein.

Fortan kommt die Benennung rasch in allgemeinen Gebrauch. Neben Hanse, sogar noch häufiger, wird geschrieben: Hense oder Henze. Hansa, der heute allgemein gebrauchte Name, ist nur die dem Lateinischen angepaßte Wortform. Noch in demselben Jahre 1358 wird „Deutsche Hanse" ganz allgemein für die vereinigten Städte gesagt.

Bremen, durch innere Unruhen, Fehden und die furchtbaren Verheerungen der Pest, des „schwarzen Todes", tief erschöpft, fand es ratsam, dem Verbande beizutreten.

Die Urkunde, welche die Weserstadt am 3. August 1358 ausstellte, läßt die Gestaltung der Hanse deutlich erkennen. Rat und Gemeinde sagen ihren besten Dank den Konsuln der Seestädte und anderer Städte, sowie den gemeinen Kaufleuten von der Hanse der Deutschen des heiligen Reiches, welche ihnen gestatteten, wieder die Freiheiten und Privilegien jener Kaufleute zu genießen. Die Verhandlung geschah in Lübeck vor den als Vertretern der Hansekaufleute versammelten Konsuln von Lübeck und anderer Städte. Bremen durfte sich der Privilegien, die es für sich allein in Norwegen, England und Flandern erworben hatte, weiter bedienen, doch nur so, daß sie den Kaufleuten von der Hanse keinen Schaden brächten.

Zum Nutzen der Hanse muß Bremen auf Verlangen der fünf wendischen Städte an der Verteidigung des Landes teilnehmen und alle Verträge halten, welche jene Städte im Namen sämtlicher Kaufleute abschließen. Der Kaufmann, der sie verletzt oder verbotene Reisen macht, wird aller seiner Güter und des Leibes beraubt; zwei Drittel seiner Güter, welche er bei sich hat in der Stadt, in der er gefangen wird, verfallen der Hanse und ein Drittel der Stadt, in der seine Festnahme erfolgt. Hält Bremen die Bedingungen nicht, so soll die Stadt ewig aus der Hanse und von ihren Freiheiten ausgeschlossen werden. Außerdem übernahm Bremen Hamburg gegenüber die Verpflichtung, zur Verfolgung der Seeräuber auf der Elbe Beistand zu leisten.

Die Hanse erscheint demnach als der Inbegriff aller deutschen Kaufleute, welche gemeinschaftliche Rechte genießen, gemeinsame Grundsätze befolgen und entsprechende gleichmäßige Verpflichtungen tragen. Entweder ganze Städte oder auch einzelne Kaufleute, die sich das Recht erwerben, dürfen Mitglieder sein. Die Hanse ist, kann man sagen, zugleich ein Rechtsbegriff. Die Vorrechte, die einzelne Mitglieder im Auslande besitzen, dürfen der Allgemeinheit nicht schädlich sein. Wer die Rechte der Hanse gebrauchen will, muß ihr angehören und ihre Vorschriften erfüllen. Die Hanse ist das Bleibende und Dauernde, wenn auch die Mitglieder wechseln, sie ist die eigentliche Inhaberin aller Rechte, also auch die Leiterin der auswärtigen Höfe.

Die Urkunde macht einen deutlichen Unterschied, indem sie Seestädte und Hanse als zwei Gewalten nebeneinanderstellt, aber die ersteren handeln im Namen der anderen, weil sie auch Mitglieder der Hanse sind. Als solche üben sie das Recht, in die Hanse aufzunehmen, und stellen die Bedingungen zu deren Gunsten fest, Hamburg aber benützte damals die Gelegenheit, noch seinen eigenen Vorteil zu sichern. Voran steht Lübeck, das auch die Urkunde der Stadt Bremen in Verwahrung nahm.

Die Seele des Ganzen waren, wie vordem, die wendischen Städte, und sie sollten bald den glänzenden Beweis führen, wieviel an ihnen lag.

Die dänischen Könige erhielten gewöhnlich vom Volke Beinamen, die ihren Charakter oder besondere Eigenschaften kennzeichneten. So hieß Waldemar IV. Atterdag, d. h. wieder ein Tag, nach seiner Lieblingsredensart, die bezeugte, daß er wohl warten konnte, aber nie seine Absicht aufgab. Ein ruheloser Geist hatte in ihm den Thron bestiegen, vielseitig in seinen Entwürfen, ein Liebhaber des ritterlichen Wesens und des prunkenden Aufwandes. Während der Wirren, welche in der ersten Zeit König Karls IV. Norddeutschland erfüllten, hatte der Dänenfürst seinem Schwager, dem Brandenburger Markgrafen Ludwig von Baiern, gegen den falschen Waldemar und andere Feinde geholfen und kam schließlich auch in Freundschaft zu Karl IV. selbst, der ihm sogar die Lübecker Reichssteuer als Pfand überließ.

Lange Zeit dauerte es, ehe Waldemar die Holsteiner zurückbrängte und alle Teile des dänischen Reiches in seine Gewalt brachte. Nur mit schwerster Belastung der bäuerlichen Bevölkerung gelang es ihm. Mußte er doch, um Geld zu erhalten, 1346 dem Deutschen Orden die Erwerbung Waldemars des Siegers, Esthland mit Reval, verkaufen. Weniger leicht zu verschmerzen war, daß das wichtige Schonen sich seit 1332 in schwedischen Händen befand. König Christoph hatte einen großen Teil von Schonen dem Grafen

Johann von Holstein überlassen, aber die Bevölkerung empörte sich gegen die übermütigen deutschen Adeligen und erschlug viele ihrer Dränger. Daher verkaufte Graf Johann das Land an König Magnus II. von Schweden, mit Vorbehalt des Rückkaufes für den dänischen König. Endlich gaben Unruhen in Schweden Waldemar günstige Gelegenheit zum Eingreifen. König Magnus, der durch Erbschaft auch die norwegische Krone erlangt und sie seinem Sohne Hakon übertragen hatte, machte sich so unbeliebt, daß die Bewohner von Schonen die Rückkehr der dänischen Herrschaft nicht ungern sahen. So glückte es Waldemar, unterstützt von Herzog Albrecht von

Das Rathaus in Bremen.

Mecklenburg, 1360 das Land zu besetzen und auch der wichtigen Feste Helsingborg Herr zu werden.

Die Seestädte beeilten sich, Bestätigung ihrer schonenschen Privilegien von Waldemar zu erreichen, und boten, als er die Sache hinzog, eine stattliche Summe. Doch Waldemar begnügte sich nicht mit der Eroberung Schonens; Ehrgeiz, Beutegier und Rachedurst trieben ihn weiter. König Magnus, in seiner Schwäche ein Spott des Volkes, war ihm nicht gefährlich, aber die Großen Schwedens und Norwegens nahmen den Schlag, den das Reich erlitten hatte, nicht leicht hin. König Hakon von Norwegen war mit Waldemars Tochter Margarethe verlobt; jetzt brach er das Versprechen und nahm zur Braut Elisabeth aus dem Waldemar feindlichen Hause der Holsteiner.

Der Dänenkönig scheint gewußt zu haben, was bevorstand, und nach seiner schnellen Art griff er eiligst zum Schwerte. Er warf seine begehrlichen Augen auf Gotland. Wohl erfuhr man in Schweden seine Absicht und warnte die Einwohner, allein Hilfe wurde nicht gesendet.

Weitgepriesen war der Reichtum von Wisby; dort sei Silbers und Goldes genug, die Schweine fräßen aus silbernen Trögen, soll Waldemar seinen gierigen Kriegern zugerufen haben. Ein altes Volkslied fügt hinzu: nach Zentnern wogen die Goten das Gold und spielten mit Edelsteinen; die Hausfrauen spannen mit goldener Spindel. Die Sage weiß zu erzählen, wie die Türen der Häuser von Kupfer, die Rahmen der Fenster vergoldet waren. In den Rosetten an der Nikolaikirche saßen Karfunkelsteine, die in der Nacht so hell strahlten, daß die Schiffer nach ihrem Scheine steuerten. Zwölftausend Kaufleute und Goldschmiede hätten in Wisby gewohnt, außer dem massenhaften anderen Volke.

Noch heute, wo die Stadt als stilles See-

Ansicht von Wisby im Jahre 1707. (Nach Suecia antiqua et hodierna, ed. Dahlmann.)

städtchen nur 8000 Einwohner hat, bezeugen großartige Denkmäler die frühere Herrlichkeit. Aufrecht steht die gewaltige, etwa 12000 Fuß lange Stadtmauer, die Wisby auf den drei Landseiten schirmen sollte, mit ihren zahlreichen Türmen, deren höchste 70 Fuß emporragen. Mehr als zwanzig Kirchen waren in der Stadt, von denen heute nur eine, die von der deutschen Gemeinde erbaute Marienkirche, zum Gottesdienst benutzt wird, während achtzehn in Trümmern liegen; mächtige Giebel, massige Türme, zierliche Chöre erheben sich aus dem üppigen Grün, das sie umwuchert. Die engen Straßen, deren Namen vielfach noch an die fremden Gäste erinnern, füllen nicht mehr den Raum aus, den die Mauern umschließen. Auch das Land war stark bewohnt; noch trägt die nur sechs Quadratmeilen große Insel neunzig zum Teil herrliche Kirchen.

Wie so oft, erklärt die Sage den Fall der Stadt durch Verrat. Ein Goldschmied und seine Tochter, aus Wisby vertrieben, schilderten Waldemar den Reichtum der Stadt. Als Kaufmann verkleidet zog der König dorthin, um auszukundschaften, und gewann die Liebe einer vornehmen Maid, die ihm die Geheimnisse der Verteidigung ausplauderte. Zur Strafe wurde die Jungfrau, als der König, sie verlassend, von der bezwungenen Stadt abgezogen war, in einen Turm eingemauert.

Waldemar fuhr erst nach der Insel Öland und nahm das starke Schloß Borgholm, dann landete er auf Wisby. Seinen Rittern gegenüber war die Tapferkeit des waffenungewohnten Landvolkes ohnmächtig, und die Städter zogen ihm zum Kampfe auf offenes Feld entgegen, statt sich auf die Verteidigung der Mauern zu beschränken. Ihrer 1800 sollen am 27. Juli 1361 den Tod gefunden haben; ein schweres Steinkreuz, dessen Arme ein Kranz umschlingt, bezeichnet die blutige Stätte. Am folgenden Tage ergab sich die an Rettung verzweifelnde Stadt, um ihr Los zu mildern. Waldemar bestätigte alsbald ihre Freiheiten und Rechte, aber schwere Schatzung legte er auf an Gold und Silber und Kostbarkeiten; auch die Kirchen mußten von ihren Reichtümern hergeben. Dann segelte er ab, doch die dänische Oberhoheit blieb in der leichten Weise, wie vordem die schwedische, bestehen.

Waldemar hat Wisby ebensowenig zerstört, wie die Vandalen Rom, nicht einmal eine wirkliche Plünderung scheint verhängt worden zu sein. Doch das Schicksal der Stadt war entschieden, und wohl schon vorher. Seitdem die vervollkommnete Schiffahrt nicht mehr des ängstlichen Haltes der Küsten bedurfte, verlor Wisby seinen Wert als vermittelnder Hafen; jetzt segelte der Kaufmann geradeswegs nach den östlichen Gestaden. Bald trafen Wisby noch andere widrige Geschicke, und es sank unaufhaltsam in die Reihe der Städte, denen als einzige Größe die Erinnerung bleibt. Bis gegen Ende des fünfzehnten Jahrhunderts wurde Wisby, das seine Rechte in Nowgorod hartnäckig festhielt, auch als es von ihnen keinen Gebrauch mehr machte, zur Hanse gerechnet; dann ließ man die Stadt fallen.

Noch ehe das Schicksal Wisbys bekannt sein konnte, hatte eine Versammlung in Greifswald den Verkehr mit Dänemark verboten. Obgleich

Das Steinkreuz vor Wisby.
(Nach Suhm, Historie af Danemark.)
Vorder- und Rückseite. Die lateinische Inschrift besagt, daß am Dienstag, den 27. Juli 1361, die Gotländer vor den Toren von Wisby unter den Händen der Dänen gefallen und hier begraben seien, und bittet, für sie zu beten.

das Kaufmannsgut in Wisby geschont blieb, durften die Städte den gewaltsamen Überfall einer Genossin nicht dulden, vollends von einem so unzuverlässigen Manne wie Waldemar, der mit Undank vergalt, daß man ihm einst zur Krone geholfen hatte. Die von den Vorfahren mühsam erworbenen Rechte konnten nicht der Willkür preisgegeben sein. Ganz richtig erklärte Lübeck, niemals sei der Widerstand für alle Kaufleute so nötig gewesen wie jetzt.

Im September erschienen in Greifswald neben den Ratsherren der Städte von Hamburg bis Danzig Gesandte des preußischen Hochmeisters und der Herrscher von Schweden und Norwegen. Mit den beiden Königen schlossen die wendischen und pommerschen Städte, Hamburg, Bremen und Kiel ein Kriegsbündnis; um die Kosten zu decken, sollten alle Städte an der See und auch in Preußen einen Pfundzoll von den ausgeführten Waren erheben. Auch wurde festgesetzt, wie viele Schiffe und Mannschaften jede der verbündeten Städte zu stellen hatte: „zu befrieden und zu hegen die

Lindner. Die Hanse.

See zum Behuf des gemeinen Kaufmanns, zu ziehen auf Schonen, Öland und Gotland".

Jene tSädte übernahmen die eigentliche Kriegslast, nur der Zoll war zu tragen von allen Handelsleuten überhaupt, doch auch lediglich auf Beschluß der ihn eintreibenden Städtegruppen. Lübeck schrieb an die Hansestädte, bat um freundschaftliche Unterstützung und teilte die ergriffenen Maßregeln mit, welche die anderen Städte nur insoweit unmittelbar betrafen, als ihre Bürger, wenn sie den Zoll nicht zahlten oder nach Dänemark fuhren, von jedem Handelsverkehr mit den verbündeten Städten ausgeschlossen sein sollten. Die Bürger der verbündeten Städte dagegen hatten die Übertretung der Handelssperre mit Gut und Leben zu büßen.

Im folgenden Jahre 1362 begann der Krieg. Die Städte hatten in der Tat eifrig gerüstet, selbst den verbündeten Fürsten große Mittel vorgeschossen. Ihre Flotte betrug gegen 50 Schiffe, darunter 27 schwere Koggen, auf denen außer der Schiffsbemannung, der Bedienung des Belagerungsgerätes und dem sonstigen Troß gegen 3000 Bewaffnete ausfuhren. Den Oberbefehl führte der einer alteingesessenen Ratsfamilie angehörige Bürgermeister von Lübeck, Johann Wittenborg. Der gewaltige Zug konnte schon etwas Großes unternehmen. Der Plan war, feste Plätze in Dänemark zu erobern, und man dachte an Kopenhagen. Aber statt Waldemar auf Seeland anzugreifen, segelte die Flotte nach Schonen, weil die nordischen Könige gebeten hatten, das Schloß von Helsingborg zu belagern, mit dem Versprechen, bald Hilfe zu bringen. Zwölf Wochen lang griffen die Städter mit Kriegsmaschinen die Feste an, deren Hauptturm noch jetzt steht, aber weder Schweden noch Norweger erschienen. Dagegen stürmte unerwartet der kühne Däne heran. „Da das Volk war gekommen auf das Land und ihre Schiffe in dem Sunde nicht wohl bewahrt blieben, kam der König gesegelt mit seinen Schiffen und stritt mit denen, die in den Schiffen der Seestädte waren, und gewann den Streit. Da nahm er zwölf große Hauptkoggen voll Speise und Waffen und mancherlei Zeug, das zum Krieg gehört, und fuhr fort mit den Schiffen".

Die Deutschen hatten auf den Schiffen nur wenige Besatzung gelassen. Sie wehrte sich nach Kräften, so daß auch Waldemar große Verluste erlitt, aber viele wurden gefangen, darunter alle vierzig Mann, welche Kiel gestellt hatte, noch weit mehr von den Rostockern, die auch einige Ratsherren einbüßten, und den Lübeckern. Waldemar warf die Gefangenen in das Schloß Wordingborg auf Seeland; auf den Turm, in dem sie mit Härte behandelt schmachteten, ließ er, wie erzählt wird, zum Spott der Hanse das steinerne Bild einer Gans setzen. Ungeheures Lösegeld mußte nachher bezahlt werden.

Noch blieben die Belagerer vor Helsingborg in ausreichender Macht, die Waldemar nicht anzugreifen wagte, aber er sperrte den Sund, daß sie weder Lebensmittel noch Verstärkung erhalten konnten. Da das Unternehmen gründlich fehlgeschlagen war, verhandelten die Städte, um ihre

Streitmacht ungefährdet zurückziehen zu können, mit dem Dänenkönige und schlossen im November zugleich für die Könige von Schweden und Norwegen bis zum Januar 1364 Waffenstillstand, der für alle Städte, „die in der deutschen Hanse sind", galt, weil während seiner Dauer der Handel in früherer Weise fortgehen sollte.

Der erste Waffengang war wenig glücklich gewesen, und noch lange nachher beklagten die Städte ihre schweren Verluste. Sie erhielten keine Unterstützung von den Schwesterstädten, im Gegenteil, die Kampener und andere von der Zuidersee, die zum Schutz der See beitragen wollten, hatten sich zurückgezogen. Hell brannte auch der Zorn gegen die verbündeten Könige, denen man nicht mit Unrecht große Schuld zuschrieb. Und bald zeigte sich ihre Unzuverlässigkeit in übelster Weise.

Jene holsteinische Elisabeth, die mit König Hakon von Norwegen verlobt und, wie es damals unter fürstlichen Familien öfter geschah, durch sogenannte Prokuration, d. h. in Abwesenheit des Bräutigams durch einen Stellvertreter, verheiratet war, geriet, auf der Fahrt zu ihrem Gatten durch einen Sturm verschlagen, in die Gewalt des Erzbischofs von Lund, des Freundes von Waldemar. Hakon heiratete nun sofort seine erste Braut, die elfjährige Tochter Waldemars Margarethe. Die verlassene Elisabeth beschloß ihre Tage im Kloster, und der Bund der nordischen Könige mit den Städten war zersprengt.

Zwei mißliche Jahre folgten. Ein wirklicher Friede mit Dänemark kam nicht zustande; aalglatt wich Waldemar allen Forderungen der Städte aus und ließ sie dabei seinen Hochmut fühlen. In den Bürgerschaften herrschte Unlust zu neuen Opfern; die Berechnung der Kriegskosten ergab häßlichen Streit, und die preußischen Städte wollten das Pfundgeld nicht weiter gestatten. Erst allmählich gaben sie nach, und die livländischen Städte sagten ebenfalls seine Erhebung und Geldunterstützung zu, aber lehnten bewaffnete Hilfe ab.

Das Unglück von Helsingborg hatte noch ein trauriges Nachspiel. Sei es, daß man, wie nur zu oft in alter und neuer Zeit, ein Opfer suchte, dem man die allgemeine Schuld zur Sühne aufbürdete, sei es, daß der Feldherr, der Lübecker Bürgermeister Johann Wittenborg, wirklich schwere und verhängnisvolle Fehler begangen hatte, der Rat stieß ihn gleich nach der Rückkehr aus seiner Mitte, beschlagnahmte sein Vermögen und setzte ihn gefangen. Gegen den Gestürzten scheinen noch andere Klagen erhoben worden zu sein, wie das so kommt. Eine Versammlung der Städteboten in Stralsund, vor die er geführt wurde, entschied dahin, daß Verschuldung vorliege, überließ jedoch den Lübeckern, ihre Sache mit ihm abzumachen. Vergebens suchten Freunde den Unglücklichen zu retten; Johann Wittenborg, der wie ein gemeiner Verbrecher in Ketten lag, starb 1363 auf dem Markte in Lübeck den Tod durch das Henkerschwert. Selbst sein letzter Wunsch, in die Familiengruft in der Marienkirche zur ewigen Ruhe gebettet zu werden, wurde nicht erfüllt; auch tot sollte er nicht unter Ratsgenossen sein. Im Umgange des Maria-Magdalenenklosters, in dem die Seelenmessen für arme Sünder stattfanden, erhielt Wittenborg sein Grab; neben ihm ließ sich dann seine getreue Witwe bestatten, die schon den Schmerz erlebt hatte, daß ihr Vater sein Vermögen verlor. Das Geschlecht ging bald unter.

Als der Waffenstillstand ablief, waren die Städte weder einig, noch zum Kriege gerüstet, so daß sie es mit Freuden begrüßten, als der Dänenkönig endlich im November 1365 einen wirklichen Frieden zugestand und

Hinrichtung des Bürgermeisters Johann Wittenborg auf dem Markte zu Lübeck.
(Federzeichnung in Rehbeins Chronik. Manuskript im Besitze des Vereins für Lübeckische Geschichte und Altertumskunde.)

den Städten und „allen denjenigen, die mit ihnen in ihrem Rechte sind, das die deutsche Hanse geheißen ist", die Freiheiten verbriefte.

Die Ursache zu Waldemars nur scheinbarer Nachgiebigkeit lag in den schwedischen Verhältnissen. Die mit dem unverbesserlichen König Magnus II. Unzufriedenen hatten einen Gegner ins Land gerufen, Herzog Albrecht III. von Mecklenburg, den Sohn seiner Schwester Euphemia. Sie war vermählt mit Albrecht II. dem Großen, einem vielgenannten Manne, der von König Karl IV. den Herzogstitel erhielt und die Grafschaft Schwerin erwarb. Sein ältester Sohn, Heinrich III., war mit Ingeborg, der ältesten

Bildnis Albrechts II. und III. von Mecklenburg, letzterer als König von Schweden.
(Mittelstück des Titelblattes aus der Reimchronik des Ernst von Kirchberg.)

Tochter Waldemars, vermählt und konnte, da eben Waldemars einziger Sohn Christoph gestorben war, Hoffnung fassen, dereinst den dänischen Thron für sich oder seine Söhne zu erlangen. Der Vater gab deswegen die Aussichten des anderen Sohnes Albrecht in Schweden nicht auf. Stockholm, dessen Bürgerschaft überwiegend deutsch war, empfing bereitwillig den jungen Mecklenburger, den im Februar 1364 die schwedischen Großen in herkömmlicher Weise auf der Morawiese bei Upsala zum Könige wählten. Der abgesetzte Magnus fiel bald in die Gefangenschaft seines Gegenkönigs.

Natürlich ergriff der Sohn des Magnus, der norwegische König Hakon, gegen Albrecht die Waffen, während Waldemar den Streit ausnutzen wollte, um irgendwie mehr schwedisches Land zu erwerben.

Die Gelegenheit war zu günstig, als daß sie die Städte nicht verlockt hätte, zur anfänglich vermiedenen Parteinahme überzugehen und ihre Macht in die Wagschale zu werfen. Da Waldemar zu immer neuen Klagen Anlaß gegeben hatte, drangen ohnehin die preußischen Städte auf energische Maßregeln, während auch Hakon den deutschen Kaufmann als Feind zu behandeln und zu bedrücken anfing. Über ihn beschwerten sich besonders die Städte an der Zuidersee, voran Kampen, dem seine frühere freihändige Politik nur zweifelhaften Vorteil gebracht hatte, und forderten Abwehr. Die wendischen Städte, von denen ja Rostock und Wismar mecklenburgisch waren, faßten daher den Gedanken einer großen Handlung im Bündnis mit Schweden, Mecklenburg und anderen norddeutschen Fürsten.

Die Versammlung fand in Köln statt. In dem großen Saale des Rathauses, der deshalb der Hansesaal heißt, schlossen am 19. November 1367 die anwesenden Vertreter der Städte den Bund, die sogenannte Kölner Konföderation: die wendischen Städte Lübeck, Rostock, Stralsund und Wismar, die preußischen Kulm, Thorn, Elbing, von der Zuidersee und den Niederlanden Kampen, Harderwijk, Elburg, Amsterdam und Briel. Zahlreiche andere Städte mögen Vollmacht geschickt haben. „Um mancherlei Unrecht und Schaden, das die Könige von Dänemark und Norwegen tun und getan haben dem gemeinen Kaufmann, wollen wir ihre Feinde sein". Bestimmt werden Schiffe und Mannzahl: die wendischen mit den livländischen Städten 10 Koggen, die Küstenstädte von Preußen 5, Kampen sowie die gesamten Zuiderseestädte je 1, die von Seeland 2. Zur Deckung der Kosten wurde wieder die allgemeine Erhebung eines Pfundgeldes von allen zur See ausgeführten Waren festgesetzt. Alle Hansestädte, welche sich den Bundesbeschlüssen nicht fügen, sollen zehn Jahre lang von jeder Handelsgemeinschaft ausgeschlossen sein; wer den beiden Königen Zufuhr leistet, wird als Feind behandelt. Nur gemeinsamer Friedensschluß war gestattet; noch drei Jahre über ihn hinaus bleibt der Bund rechtskräftig.

Die Konföderation, obgleich nur ein Kriegsbündnis für den gegenwärtigen Kampf, hatte darin ihren hohen Wert, daß alle Städte von der flandrischen Grenze bis Esthland, welche die hansischen Interessen teilten, zu den allgemeinen Maßregeln verpflichtet waren und sich für längere Zeit banden. Den nordischen Städten blieb überlassen, mit den Nachbarfürsten Bündnisse auf gegenseitigen Nutzen und Gefahr zu schließen; die übrigen wollten nur für ein Jahr mit den Herren im einfachen Bündnis stehen. Die hauptsächliche Leitung fiel auch jetzt Lübeck mit seinen Genossen zu.

Am 5. Februar 1368 erließen Lübeck, Stralsund, Rostock und Wismar an König Waldemar die Kriegserklärung, nachdem sie kurz vorher auf zwei Jahre, die preußisch-niederländischen Städte auf ein Jahr, Kriegs-

Der Hintergrund des Hansesaales in Köln.
(Nach der Festschrift des Architektenvereins in Köln a. Rh.: „Köln und seine Bauten".)

bündnis geschlossen hatten mit dem Könige von Schweden, den Herzögen von Mecklenburg, den Grafen von Holstein und jütischen, Waldemar feindlichen Adeligen. Das den Herren nötige Geld mußten freilich zum größten Teil die Städte darleihen.

Die Rüstung war nicht so groß wie 1362, und manche Städte, auf die man gerechnet hatte, wie Hamburg und Bremen, begnügten sich, statt tatkräftiger Hilfe, mit Einnahme und Ablieferung des Pfundgeldes. Die gegen Dänemark vereinigte Seemacht der wendischen und preußischen Städte

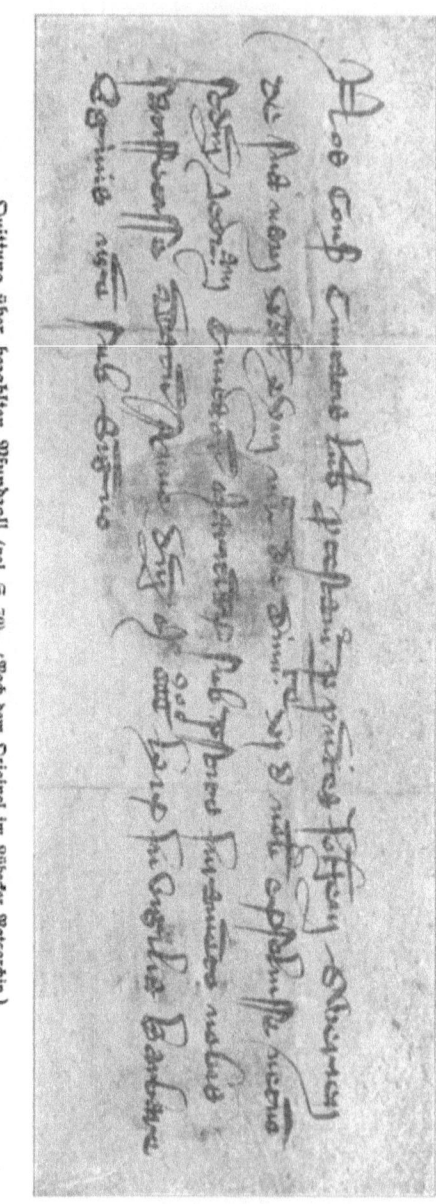

Quittung über bezahlten Pfundzoll (vgl. S. 70). (Nach dem Original im Lübecker Ratsarchiv.)

Nos consules civitatis Lubicensis protestamur per presentes Johannem Swerien de sua navi valente XVIII marcas de dimidietate VI denarios nobis exsolvisse necnon se:undum concordiam civitatum maritimarum sub prestito juramento nobis satisfecisse. Datum anno domini 1369 in vigilia Barbare virginis nostro sub signo.

betrug 17 große und 20 kleinere Kriegsschiffe mit gegen 2000 Kriegern, dazu kamen noch die fürstlichen Scharen. Den Oberbefehl zur See führte der Lübecker Bürgermeister Bruno Warendorp, neben ihm andere Ratsherren.

König Waldemar war mit seinen Schätzen dem Sturme ausgewichen und ins deutsche Reich gewandert, wohl um dort Hilfe zu suchen und die Städte im Rücken anzufallen; seine Bemühungen blieben vergeblich. Die Verbündeten eroberten am 2. Mai 1368 Kopenhagen, das sie gründlich zerstörten, dann andere Plätze und Inseln und zusammen mit den Schweden das Land Schonen. Die Holsteiner drangen inzwischen siegreich in Jütland vor, die Niederländer führten den Krieg gegen Norwegen mit so großem Nachdruck und Glück, daß sie in Bergen den königlichen Hof zerstörten. Bald sah sich König Hakon genötigt, um Waffenstillstand zu bitten. Selbst der Winter brachte keine völlige Unterbrechung der Kriegshandlungen, denn Helsingborg trotzte, wie früher, tapfer allen Anstrengungen der Belagerer. Erst im September 1369 ergab es sich, von Waldemar, der noch immer im Auslande herumschweifte, ohne Hilfe gelassen. Kurz vorher war Bruno

Warendorp im Felde gestorben; ehrenvoll bestatteten ihn die Lübecker in der Vaterstadt vor dem Hochaltar von St. Marien.

Die Deutschen hatten einen vollkommenen Sieg erfochten, und wenn Dänemark noch länger im Kriege verharrte, drohte ihm rettungslos Verderben. Darum schloß der Reichsrat am 30. November 1369 vorläufigen Frieden, der am 24. Mai 1370 in Stralsund auf zahlreich besuchter Tagfahrt endgültig festgesetzt wurde.

Die Vereinbarung geschah zwischen den „Ratgebern" des Königs Waldemar auf dessen Geheiß und Vollmacht und 37 genannten und allen anderen Städten, die mit im Kriege und in ihrem Rechte standen. Sie gewährte den freien Handel durch das ganze Reich zu Wasser und zu Lande gegen die festgesetzten Zölle, bestätigte die alten Vorrechte, stellte die Wiedererstattung schiffbrüchiger Güter nach Möglichkeit sicher und traf genaue Bestimmungen über den Verkehr auf Schonen.

Die Versicherungen galten allen hansischen Städten, bestärkten demnach die innere Einheit des Bundes.

Zur Entschädigung für die Kriegskosten und zur Sicherung des Vertrages erhielten die Städte auf fünfzehn Jahre die schonenschen Schlösser und Vogteien Helsingborg, Malmö, Skanör und Falsterbo in Verwahrung nebst dem Genusse von zwei Dritteilen der Einkünfte. Wenn König Waldemar einem anderen die Krone abtritt oder stirbt, so soll Dänemark keinen Herrn empfangen als mit dem Rate der Städte, und erst nachdem er zugleich mit den Reichs-

Grabstein des Bruno Warendorp.
Bronzeplatte mit Gravierung, in Stein eingelassen, auf dem eine spätere Grab-Inschrift eingehauen ist. Die alte Umschrift ist 1871 erneuert worden. (Nach dem Original.)

räten, die sie dazu ausersehen, ihre Freiheit durch sein großes Königssiegel bestätigt hat. Das letztere Gelübde sollte den Städten nur völlige Sicherheit für die Ausführung des Friedens bieten, nicht ihnen für alle Zukunft die Bestätigung jeder Königswahl in Dänemark zugestehen, wie es manche Forscher auslegen.

Dänemark war glimpflich aus dem Kampfe geschieden, ohne Verlust von Reichsgebiet. Den Städten hätte eine Abtretung nichts genützt, denn wie sollte sie der vielköpfige Besitzer behaupten? Sie haben gar nicht an Eroberung, an eine Herrschaft über Dänemark gedacht; ihre Politik war lediglich auf den Frieden gerichtet, und nur um seinetwillen hatten sie das Schwert gezogen. Gern hätten die fürstlichen Bundesgenossen zugegriffen, aber da die Städte den Frieden wollten, vermochten sie nicht, ihre Absichten durchzusetzen. Jene sahen lieber geordnete Zustände in Dänemark als ewigen Krieg und wünschten vollends nicht, daß die so unzuverlässigen Herren an Macht zunahmen.

Auch König Hakon von Norwegen sah sich genötigt, 1376 im Frieden zu Kallundborg alle von seinen Vorfahren gewährten Freiheiten zu bestätigen. Das neue stolze Vorrecht bedangen sich die Städte aus, mit wehender Flagge in die Häfen einlaufen zu dürfen.

Groß war der tapfer erkämpfte Triumph, eine Sühne der früheren Niederlage und des langen Schwankens nachher. Die Kaufleute mochten erkennen, welche Kraft die Eintracht verlieh. Eine neue Macht war an der Ostsee aufgestanden, den nordischen Königen vollkommen gewachsen. Keine Gefahr mehr, daß die Ostsee dänisch würde. Allerdings, diese Macht war keine politische und daher nicht dazu angetan, die bestehenden staatlichen Verhältnisse zu ändern. Ihr lag nur daran, ihren Handel zu schirmen und möglichst auszudehnen, ihm die Ostsee dienstbar zu machen. Am liebsten war den Städten, durch friedliche Staatskunst das Ziel zu erreichen, vielleicht auch einiges Geld freiwillig daranzusetzen, um es vervielfacht wieder zu empfangen. Die städtische Diplomatie hat immer Großes geleistet, und ihre beste Kunst war, die Schwächen und Fehler anderer zu benutzen, die Zwietracht deutscher Fürsten und skandinavischer Herrscher auszubeuten.

Keine Seestadt vermochte sich mit der an der Trave zu messen, wenn auch Lübeck die Hilfe der Schwestern nicht entbehren konnte. Weit überragte es Hamburg und Bremen. Damals wurden auch die beiden schlanken Türme der Marienkirche gebaut und die noch heute stehende Vorderseite des Rathauses ihr gegenüber aufgeführt. Die stattlichen Tore, das Burgtor und das Holstentor, wurden erst im folgenden Jahrhundert kunstreich ausgebaut.

Große Tage für Lübeck waren es, als nach fast zwei Jahrhunderten wieder ein Kaiser in die Stadt kam. Am 20. Oktober 1375 zog Karl IV. mit seiner Gemahlin Elisabeth von Pommern, begleitet von dem Erzbischof Friedrich von Köln und anderen Fürsten, in kaiserlicher Pracht durch das Burgtor ein. Ihm kam entgegen die Prozession der Geistlichen, Mönche und Nonnen. Sein Roß führten zwei Bürgermeister, das der Kaiserin zwei Ratsleute; beide zogen unter von vier Junkern getragenen Baldachinen einher. Vor dem Kaiser ritt ein Ratsmann und führte auf einer Lanze die Schlüssel der Stadt, daneben der Herzog von Lüneburg mit dem Reichsschwert, vor der Kaiserin ritt der Erzbischof von Köln mit dem Reichsapfel. Die Frauen standen zu beiden Seiten wohl geziert mit ihren besten Kleidern. Vom Dom zogen sie in ihre Herberge; unabläſſig ſchallten

Kaiſer Karl IV. im Ornat thronend.
(Ölgemälde des 17. Jahrhunderts im Muſeum Lübeckiſcher Kunſt- und Kulturgeſchichte.)

Pfeifen und Trommeln. Des Nachts ſtrahlten brennende Lichter aus allen Häuſern, und es war ſo hell wie am Tage. Der Kaiſer war mit den

Bürgermeistern in einer Ratssitzung, da nannte er sie „Herren". Sie sagten demütig, sie wären keine Herren; da sprach der Kaiser: „Ihr seid Herren; die alten Register der Kaiser weisen aus, daß Lübeck eine der fünf Städte ist, denen der Name Herrschaft gegeben ist, daß sie mögen in des Kaisers Rat kommen, wenn sie bei Hofe sind. Die fünf Städte sind Rom, Venedig, Pisa, Florenz und Lübeck".

Zum Andenken ließ der Rat ein Gemälde anfertigen, das den Einzug darstellte. Wahrscheinlich ist ein Abbild Karls IV., das sich in Lübeck befindet, nach einem aus jener Zeit stammenden gefertigt.

Kein Kaiser des heiligen römischen Reiches hat wieder die Meeresküsten besucht. Erst fünfhundert Jahre nach Karl IV. durfte Lübeck 1868 König Wilhelm von Preußen als Oberhaupt des Norddeutschen Bundes feierlich empfangen. Der Herrscher, der wenige Jahre vorher die alten Gegner der Hanse, die Dänen, bezwungen hatte, war zugleich der Oberbefehlshaber einer neugegründeten norddeutschen Flotte. Bald schuf er sie um zur Marine eines deutschen Gesamtreiches, und 1891 sah Lübeck wieder einen deutschen Kaiser, Wilhelm II., den ersten großen Förderer des Seewesens, den Deutschland gehabt hat, in seinen Mauern.

Sechster Abschnitt.

Die Hanse und Dänemark bis 1435.

Mit König Waldemar Atterdag, der im Oktober 1375 starb, erlosch das Geschlecht der Estrididen im Mannesstamm. Dänemark war ein Wahlreich, und die Frage entstand, ob der nächste Erbe, der Sohn der verstorbenen älteren Tochter Ingeborg, Albrecht IV. von Mecklenburg, dem Waldemar noch zuletzt Zusagen gemacht hatte, oder der Sohn der noch lebenden jüngeren Tochter Margarethe, Olaf von Norwegen, nachfolgen sollte. Damit verknüpfte sich der Streit um Schweden, denn das unsichere Königtum Albrechts von Mecklenburg hing davon ab, welcher von beiden Bewerbern in Dänemark obsiegte. Margarethe, am schnellsten bei der Hand, erreichte, daß die Dänen ihren Sohn zum Könige wählten. Die letzte Entscheidung lag in Nachwirkung des Stralsunder Friedens bei den Städten, die zufrieden waren, daß Olaf jenen Vertrag bestätigte und auch dessen Vater, König Hakon von Norwegen, ihnen ihre Bedingungen zugestand. So behauptete sich der Jüngling, und Lübeck erreichte trotz des Widerspruches der preußischen Städte, die erst Schadenersatz für dänische Seeräubereien haben wollten, daß 1385 die schonenschen Pfandschlösser zurückgegeben wurden. Im folgenden Jahre schien eine glänzende Versammlung zu Lübeck, auf der sich die nordischen Herrscher mit Gesandten des Herzogs von Burgund und der flandrischen Städte begegneten, den allgemeinen Frieden für die Dauer zu bekräftigen. Selbst mit den alten Feinden, den Holsteinern, söhnte sich Margarethe aus, indem sie den Grafen Gerhard und seine Erben für alle Zeiten mit dem Herzogtum Schleswig belehnte. Immer enger wuchsen nun Schleswig und Holstein zu untrennbarem Bunde zusammen.

Ein großer Abschnitt der hansischen Geschichte war vollendet, und die Kölner Konföderation löste sich auf; an ihre Stelle trat wieder eine losere Verbindung.

Groß stand Königin Margarethe da. „Die vorher so arm war, daß sie nicht ein Stück Brot ohne Freundeshilfe geben konnte, war nun so mächtig, daß ihr nichts gebrach in ihrem ganzen Reiche".

Da starb der vielgeprüften Frau 1387 ihr Sohn Olaf. Dankbar koren Dänen und Norweger sie zu ihrer Herrin, und wenige Wochen darauf wurde ihr die dritte skandinavische Krone angeboten.

König Albrecht von Schweden hatte Margarethe, die er als „König hosenlos" verspottete, durch Einfälle in Schonen gereizt. Bald gewann sie Freunde in Schweden, denn viele Große fielen von Albrecht ab, als er dem Adel entgegentrat, der auch die unteren Schichten zum Haß gegen die ins Land gekommenen deutschen Herren aufreizte. Im Februar 1389 verlor Albrecht bei Falköping Schlacht, Krone und Freiheit; in dem schonenschen Schlosse Lindholm sollte er sitzen, bis er dem Reiche entsagte. Nur Stockholm mit seiner zahlreichen deutschen Bürgerschaft, welche die schwedische überwältigte, blieb dem Gefangenen treu.

Grauenhafte Zustände waren die Folgen des Thronstreites.

Die Mecklenburger Herzöge griffen zu einem verzweifelten Mittel, indem sie ihre Häfen allen öffneten, welche auf eigene Gefahr gegen Margarethens Reiche Krieg führen wollten. Das hieß nichts anderes, als den Seeraub, der bereits als gewöhnliche Begleitschaft des Krieges schlimmen Umfang erreicht hatte, zu rechtfertigen, weil ihn nun jeder wüste Gesell unter dem Vorgeben, für König Albrecht zu streiten, treiben konnte. Bald wimmelte die Ostsee von Kaperschiffen, sogenannten „Ausliegern", weil sie draußen im Meer auf Fang lauerten. Viele suchten ihr Glück auf den Planken. Die meisten Piraten begnügten sich nicht mit feindlichen Schiffen, sondern nahmen auch jedes andere als gute „Prise". Gleich reißenden Bestien wüteten beide Teile gegeneinander, und keiner kannte Erbarmen. Die Seeräuber mordeten die Bemannung der eroberten Schiffe oder warfen sie über Bord; ebenso ging es ihnen selbst, wenn sie überwunden wurden, kurzerhand erschlagen oder ertränkt oder unter Qualen an das Land gebracht, um dort dem Richtbeil oder dem Strange zu verfallen. Stralsunder schlugen gefangene Seeräuber zur Vergeltung ähnlicher Schandtaten in Tonnen, so daß nur die Köpfe durch ein in den Deckel geschnittenes Loch herausragten, und stapelten das ekelhafte menschliche Frachtgut in dem Hafen für das Schafott auf. Da den Freibeutern die Aufgabe oblag, der von Margarethe belagerten Stadt Stockholm Lebensmittel (Viktualien) zuzuführen, nannte man sie Vitalienbrüder; auch Likenbeeler, d. i. Gleichteiler, hießen sie, und als „Gottes Freunde und aller Welt Feinde" haben sie sich selbst bezeichnet. Die Piraten bemächtigten sich sogar der Inseln Bornholm und Gotland; Wisby sank in seinem jähen Sturz zum Räubernest herab.

Endlich legten sich die Seestädte, deren Schadenrechnungen riesenhaft anschwollen, nachdem sie lange ungewiß über die einzuschlagende Haltung gezaudert hatten, ins Mittel. Die Königin ließ 1395 Albrecht frei, dafür übergaben die Mecklenburger als Pfand für die schuldigen Lösesummen den Städten Stockholm in Verwahrung; als der verarmte König zur festgesetzten Zeit nicht zahlte, lieferten die Städte es an Margarethe aus. Sie war jetzt auf der Höhe ihres Glückes. Nachdem sie ihrem Großneffen, dem Herzoge Erich von Pommern-Stolp, den sie zum Erben auserkor, die Huldigung verschafft hatte, vereinbarte sie 1397 die Union von Kalmar, nach welcher die drei Reiche stets nur einen König haben, sich nicht befehden, vielmehr in auswärtigen Kriegen unterstützen sollten. Die Verträge mit dem Ausland erhielten für alle Reiche gleiche Geltung. Das Band, das die drei Reiche zusammenhielt, war nur Personalunion zur Kriegshilfe; im übrigen behielt jedes Reich sein eigenes Recht.

Die Städte haben den Mecklenburgern weder in Dänemark noch in

Die Katharinenkirche in Wisby. (Nach einer Photographie.)

Schweden Hilfe geleistet, denn ihnen lag nichts daran, das benachbarte Fürstenhaus mächtig zu machen und dafür Opfer zu bringen. Wer die beste Bürgschaft für ihre Privilegien und die Erhaltung des Friedens bot, war ihnen recht. Ohnehin waren sie nicht einig. Rostock und Wismar standen zu ihren Landesherren und leisteten sogar den Vitalienbrüdern Vorschub, so daß die Hanse beinahe die beiden Städte ausgestoßen hätte.

Als trauriger Rest der nordischen Wirren blieb die Seeräuberei, die sich bis nach Finnland und in die Nordsee ausdehnte. Einige Abhilfe brachte der Deutsche Orden, dessen Hochmeister Konrad von Jungingen 1398 einen reisigen Zug nach der Insel Gotland schickte, Wisby mit Sturm nehmen und alle Seeräuber, die nicht geflohen waren, hinrichten ließ. Nach zehn Jahren, in denen seine tüchtige Verwaltung der unglücklichen Insel wohl tat, gab der Orden sie wieder an Dänemark zurück.

Aus der Ostsee verscheucht, warfen sich die Freibeuter in die Nordsee; ein buntes Gesindel, vom Ritter bis hinab zum Bauernknecht, aus aller Herren Länder, lecke Schnapphähne und verzweifelte Strolche, selbst ein gelehrter Magister und ein Harfner verirrten sich zu ihnen. Sie traten auf wie eine selbständige kriegführende Macht, gleich den großen Soldbanden, die der Schrecken Italiens waren. Grausame Fehden der ostfriesischen Häuptlinge untereinander, die Einmischung des Grafen Albrecht von Holland gaben ihnen, wie vorher ihr Dienst für die Mecklenburger, in Friesland Gelegenheit, sich unter Schutzherren als Verbündete festzusetzen und dabei ihrem Raubwerk obzuliegen. In allen Häfen lauerten ihre Schiffe, im schwer zugänglichen Sumpf gelegene Burgen schirmten Mann und Beute. Namentlich der Häuptling von Emden hegte die Frevler. Bis in den Kanal hinein fuhren die flinken Fahrzeuge, auch den Handel mit England aufs ärgste störend, wofür die Engländer den deutschen Kaufmann verantwortlich machten und an seinen Waren Ersatz nahmen.

Die von den Städten zum Schutz des Handels regelmäßig unterhaltenen Schiffe, die „Friedeschiffe", genügten nicht; wirkliche Kriegszüge zu Wasser und zu Lande waren nötig. Das Volk aber in seiner Freude an verwegener Tat und waghaftem Kampf fragt nicht viel danach, ob der Held ein Feind der Gesetze, ein Verbrecher war, und so verherrlichte sein Gedächtnis mehr die nach wildem Widerstande bezwungenen blutigen Räuber, als die kernhaften Kämpen für Recht und Ordnung. Im Frühling 1401 wurde bei Helgoland von Hamburger Englandsfahrern, deren eines Schiff „die bunte Kuh" hieß, Klaus Störtebeker im Kampfe gefangen und mit seinen Gesellen alsbald in Hamburg auf dem Grasbrook hingerichtet. Mit wohligem Gruseln erzählte sich die Nachwelt sein und seiner Gesellen Ende. In ihren besten Gewändern, ehrenvoll von Pfeifern und Trompetern geleitet, ziehen die Männer den Todesweg zum Schafott. Klaus hatte vergebens für die Freiheit aus seinen verborgenen Schätzen eine goldene Kette um die ganze Stadt angeboten, jetzt bittet er sich aus, daß die in Reihe gestellten Genossen, an denen er nach empfangenem Streich noch vorbeilaufen wird, frei sein sollen. Vom Block springt der kopflose Rumpf auf; schon ist er an fünf Männern vorbeigeschritten, da wirft ihm der Henker einen Klotz zwischen die Füße, daß er niederstürzt! So viele wurden enthauptet, daß der Nachrichter Meister Rosenfeld bis an die Knöchel im rinnenden Blut stand, doch wohlgemut äußerte er: so wenig müde sei er, daß er noch den ganzen wohlweisen Rat köpfen könnte. Diesen Übermut mußte er selber mit dem Leben büßen. Nach der rohen Sitte der Zeit wurden die Köpfe der Piraten auf Pfählen längs des Elbufers aufgepflanzt.

Alle kostspieligen Rüstungen brachten wenig Nutzen, weil die Unruhen in Friesland fortdauerten; und die bereitwillige Abnahme, die das Raubgut vielerorts fand, lohnte die freche Gesetzlosigkeit überreich. Kaum war im zweiten Jahrzehnt das Unwesen etwas gebändigt, als der zwischen Dänemark und Holstein ausbrechende Krieg die schauerliche Gesellschaft wieder in Schwung brachte. Die Holsteiner Grafen zogen Scharen der Piraten selbst zur Hilfe heran, denn auch als Verbündete im Herrensold bewährten die Vitalienbrüder dieselbe furchtlose Tapferkeit, wie als freie Raubvögel. Daneben trieben sie ihr Gewerbe, so daß die Städte wieder einschreiten mußten; aber als auch diese Dänemark den Krieg erklärten, trugen sie kein Bedenken, ebenfalls die Piraten gegen den Feind loszulassen. Manch großer Schlag glückte; Barthel Bot aus Wismar eroberte und plünderte die Stadt Bergen 1428 und holte sich dort im folgenden Jahre noch eine reiche Nachlese sogar in den Höfen des Königs und des Bischofs, nachdem er eine weit überlegene norwegische Flotte mit verzweifeltem Mute angegriffen und glänzend besiegt hatte.

Nach Beendigung des dänischen Krieges bot wiederum Friesland den Seeräubern Hort und Kriegsarbeit. Da griffen die Hamburger kräftig ein. Sie verbündeten sich mit Edzard Cirksena von Greetsiel, dem Feinde der ruhestörenden Häuptlinge. Es gelang ihnen, durch List 1433 Emden, das Hauptnest der Piraten, einzunehmen; sie befestigten den Ort und behielten ihn zwanzig Jahre. Darauf schlugen die Hamburger Truppen die Gegner in einer Landschlacht. Jetzt erst erlosch das Raubwesen in großem Maßstabe, ohne jedoch ganz zu verschwinden. Nach neuen Kämpfen gelang es dem Hause Cirksena, in Ostfriesland eine fürstliche Herrschaft zu begründen, die nach dem Aussterben des Geschlechts 1744 an den König Friedrich II. den Großen von Preußen kam.

Die unsichere Haltung der Städte und ihr Mangel an Tatkraft nach außen waren durch innere Hemmungen veranlaßt. Da gerade Lübeck ihnen anheimfiel, wurde die Sache eine allgemein hansische.

Der großartige Fortschritt, den die wirtschaftlichen Zustände seit dem dreizehnten Jahrhundert gemacht hatten, drängte auf Änderung der städtischen Verfassungen hin. Überall strebten die zu Zünften oder „Ämtern", wie man in Norddeutschland zu sagen pflegte, vereinigten Handwerker nach Anteil am Stadtregiment. Die Leitung der gesamten städtischen Geschäfte lag in den Händen des Rates, der sich selbst ergänzte und nur sich Rechenschaft abstattete. Weil die Stadt eine Art Staat war und der Rat über beträchtliche Summen zu den verschiedensten Zwecken verfügte, lag ihm in der Tat eine sehr große Verantwortlichkeit ob. Seine unumschränkte und verführerische Vollmacht erregte Anstoß bei den Bürgern, die zahlen sollten, ohne zu erfahren, wie es mit dem städtischen Säckel stand. Nicht selten verletzten die Vornehmen, besonders die eitle Jugend, das in seinem gesteigerten Selbstbewußtsein empfindlich gewordene Volk durch törichte Überhebung. Weit schärfer als heute machten sich damals die Unterschiede zwischen reich und arm, von Rang und Herkunft in Rechten und in der Kleidung, in der ganzen Lebensführung bemerklich.

Die argwöhnischen Bürger warfen dem Rate Ungerechtigkeit und Mißbrauch der öffentlichen Gelder vor oder bestritten bei neuen Auflagen deren Notwendigkeit; auch für Schaden und Unglück, die die Stadt in Fehden und sonst trafen, machten sie die regierenden Herren haftbar. Im vierzehnten Jahrhundert brachen in vielen Städten heftige Unruhen, selbst von Kampf und Blutvergießen begleitete Aufstände aus, in denen der mittlere Bürgerstand seine Begehren geltend machte. Recht und Unrecht lag auf beiden Seiten. Den Handwerkern ist gewiß nicht zu verargen, daß sie für ihre großen Leistungen zum Wohle der Stadt Berücksichtigung und Einblick in die Verwaltung verlangten, aber nur zu oft betrieben sie ihre Sache mit überreizter Leidenschaft. Die Regierenden entschlossen sich nicht immer rechtzeitig zum Nachgeben, sondern wehrten sich nachdrücklich. Menschenleben galten damals nicht viel, und so gaben die Sieger von beiden Seiten dem Henker Arbeit oder vertrieben wenigstens die Unterlegenen aus der Stadt. Indessen darf man das Ziel dieser zünftischen Bewegungen nicht modernen demokratischen Grundsätzen gleichstellen. Denn die Innungen wollten keineswegs eine allgemeine bürgerliche Gleichheit, sondern nur die Aufnahme in die herrschende Macht und dadurch Sicherung ihrer Standesinteressen. Auch wo sie siegten, blieb das Stadtregiment in den Händen weniger Berechtigten.

In den meisten süddeutschen Städten erstritten die Zünfte ohne allzu große Schwierigkeiten Sitz im Rat oder setzten dessen Erweiterung durch. Weniger leichtes Spiel hatte die Bewegung im Norden.

Dort war Lübeck wie in der Hanse, so auch in diesen Verfassungsfragen von größtem Einfluß. Nach dem Stadtrecht konnte kein Handwerker einen Ratsstuhl inne haben, da er nur den Kaufleuten offen stand. Unter ihnen gab es große Unterschiede, vom Krämer bis zum Großkaufherrn, und aus diesen letzteren ging allmählich die vornehmste Schicht der Bevölkerung hervor, die ihr Vermögen hauptsächlich in Grundbesitz und Renten anlegte, die Junker, die jedoch keinen erblichen Stand bildeten. Da ihre Familien fast ständig im Rat vertreten waren, gewannen sie genaue Kenntnis der städtischen und auswärtigen Sachen und bildeten eine feste Überlieferung aus. Daß die Stadt dabei nicht schlecht gefahren war, bewies die lübische Geschichte, auf die der Rat mit Stolz blicken durfte, aber leicht begreiflich, wenn die Gemeinde dennoch gegen ihn aufsässig wurde.

Weil in den größeren Hansestädten die Zustände ähnlich lagen wie in Lübeck, dachten die Räte an gegenseitige Unterstützung wider Aufruhr, der ihnen als das Werk des die Sinne verwirrenden Teufels erschien. Allenthalben machte sich die Gärung Luft, in Bremen, in Köln mit förmlichen Straßenschlachten, dann in Braunschweig, wo der Bürgermeister und die Führer der Ratspartei unter dem Beile endeten. Deshalb beschloß 1375 ein von Livland bis nach dem Rhein hin besandter Tag einmütig, die schuldige Stadt aus der Hanse und aus des Kaufmanns Recht und Freiheit zu stoßen; niemand sollte mit ihr verkehren, ihr Gut schutzlos sein. Erst als Braunschweig volle Sühne geleistet hatte, erhielt es Verzeihung.

Der geringste Anlaß konnte zu heillosen Taten führen. In Anklam stürmten die Knochenhauer, d. h. Schlächter, und die Bäcker das Rathaus während der Sitzung und ermordeten sämtliche anwesende Ratsleute, weil

Das Rathaus in Stralsund. (Nach einer Photographie.)

sie zur Herabsetzung der Nahrungsmittelpreise gestattet hatten, aus den umliegenden Dörfern Fleisch und Brot auf den Markt zu bringen.

Einen eigentümlichen Verlauf nahmen die Dinge in Stralsund. Bertram Wulflam hatte durch Handel hervorragenden Reichtum erworben, den die spätere Sage noch vergrößerte: als sein Sohn Wulf heiratete, ließ er den Hochzeitsweg in die Kirche mit feinstem englischen Tuche belegen. Bertram war der einflußreichste Mann in der Stadt und, nicht minder angesehen in den politischen Geschäften der Hanse während der dänischen Wirren. Wulf hatte die wichtige Aufgabe, die schonenschen Schlösser zu bewahren, dann übernahm er gegen eine Pauschsumme ein ebenso gewagtes wie gefährliches Geschäft, die Ausrüstung und Führung eines Geschwaders

6*

gegen die Seeräuber. Allmählich wurde jedoch das unbegrenzte Vertrauen, das der Vater drei Jahrzehnte lang genossen hatte, erschüttert. Die hauptsächlich von den Gewandschneidern geleitete Bürgerpartei setzte 1391 eine Verfassungsänderung durch und zog den Greis angeblicher Veruntreuung wegen zur Rechenschaft, während der durch seinen Übermut verhaßte Wulf schwerer Verbrechen beschuldigt wurde. Da entfloh Bertram mit samt seinen Söhnen, die in ihrem kecken Trotz der Stadt Fehde ansagten; der Vater rief die Hilfe der Hanse an. Er starb darüber, aber als ein inzwischen erfolgter Umschwung die Rückkehr erlaubte, führte sein Sohn die Überreste zu ehrenvoller Bestattung in die Heimat.

Wulf nahm seine Rache. Bürgermeister Karsten Sarnow, der den Sturz der Wulflams herbeigeführt hatte, wurde enthauptet, die alte Verfassung wieder hergestellt, eine entdeckte Verschwörung mit Blut unterdrückt. Zehn Jahre lang waltete nun Wulf des Bürgermeisteramtes, befreundet mit dem herzoglichen Hause und dem Adel, geehrt von fremden Königen, durch seinen fürstlichen Reichtum, die verschwenderische Pracht seines Haushalts weithin berühmt. Doch der hochfahrende Mann ließ der Tücke seines Herzens freien Lauf. Als Gast kam zu ihm ein Adeliger aus Rügen, Starke Suhm mit seinem Sohn Thorkel. Eines Tages, als beide auf dem Strom fuhren, fielen Mörder über sie her und töteten den Vater, der Sohn entkam nur durch das Mitleid des Fährmanns. Man brachte die blutige Leiche vor das Haus des Gastfreundes; der aber herrschte die Träger mit rohem Ruf an, sie wegzuschaffen. So entstand der Glaube, Wulf selber habe die grause Tat verüben lassen aus Zorn über eine Beleidigung. Niemand wagte, ihn zur Verantwortung zu ziehen, bis für Thorkel 1409 die Gelegenheit zur Blutrache kam: in Bergen auf Rügen erschlug er Wulf. Die Stralsunder bestraften den Täter durch Niederbrechung seines Hauses und führten gegen die ganze Familie Fehde, bis sie Sühne nach damaliger Sitte leistete, indem sie die Hand des Erschla-

Das Haus der Wulflam in Stralsund.
(Nach einer Photographie.)

genen in feierlicher Prozession, begleitet von 200 Rittern und 200 Frauen und Jungfrauen, nach St. Nikolai trug. Rasch brach nun das Vermögen der Wulflams unter gewaltiger Schuldenlast zusammen. Der Witwe Wulfs, Margarethe, die einst nicht genug in Üppigkeit hatte tun können, blieb nach der sinnigen Sage nur eine silberne Schale, mit der sie vor den Kirchtüren ihren Unterhalt erbettelte.

Auch in Lübeck rührte sich der Unfriede. Eine große Verschwörung 1384 scheiterte durch rechtzeitige Entdeckung und brachte elf Rädelsführer auf das Blutgerüst. Obgleich der Rat einigermaßen entgegenkam, schwand das Mißtrauen nicht, und als die Bürgerschaft 1408 einen ständigen Aufsichtsausschuß und Anteil an der Ratswahl forderte, verließen die meisten Mitglieder des Rats in Sorge um ihre Sicherheit die Stadt, unter ihnen die vier Bürgermeister, von denen Heinrich Westhof und Jordan Pleskow schon seit zwei Jahrzehnten ruhmvoll die Politik der Stadt geleitet hatten. Eine andere Wahlordnung schuf einen neuen Rat; auch Wismar, Rostock und Hamburg gestalteten nach diesem Beispiel ihre Verfassung um. Der alte Rat betrieb indessen eifrig seine Sache bei dem königlichen Hofgericht und erlangte günstige Sprüche, sogar die Erklärung der Stadt in die Reichsacht, ebenso waren die Hansestädte, welche dankbar anerkannten, wie sehr Lübeck allzeit bemüht gewesen sei, den Kaufmann zu vertreten und zu schirmen, dem neuen Rat durchaus abgeneigt, auch König Erich nahm gegen ihn Partei. So mußte er sich dem Schiedsspruch der benachbarten Hansestädte fügen, der die alte Verfassung wieder herstellte. Im Juni 1416 hielten die noch lebenden Mitglieder des alten Rates ihren Einzug in die Stadt, am Tor festlich empfangen von den gegenwärtigen Ratsherren und den Bürgern mit ihren Frauen. Auf dem Rathause legte der neue Rat seine Würde nieder und leistete Abbitte, worauf Jordan Pleskow mit herzlichen Worten die Verzeihung aussprach.

Ein schöner, damals seltener Geist der Milde hatte obgesiegt, aber der alte Rat und die ihm Gleichgesinnten wollten ähnlichen Vorgängen für alle Zeiten vorbeugen. Die beste Handhabe dazu bot der Hansebund; denn was bedeuteten alle Urkunden des machtlosen deutschen Königs, der wie Sigmund in diesem Falle schließlich nur Geld herauszuschlagen suchte, gegen das furchtbare Zwangsmittel des Ausschlusses aus der kaufmännischen Gemeinschaft? Darum faßte der Hansetag 1418 Beschlüsse, welche die Herrschaft der herkömmlichen Verfassungen für die ganze Folgezeit sicherten.

Zunächst half die Wiederherstellung der alten Ordnung in Lübeck über eine mißliche Zwischenzeit hinweg und bekundete die innere Stärke des Bundes.

Die Königin Margarethe starb plötzlich 1412 im Kriege mit den Holsteiner Grafen, denen sie die Lehensnachfolge im Herzogtum Schleswig bestritt. Ihr Erbe Erich, eine echt nordische Schönheit, stark und geschmeidig, mit goldigem Haar, schneeweißer Haut und rosigen Wangen, entzückte alle Frauen. Anfangs auch seinen Untertanen lieb als volkstümlicher Herr, zeigte er sich dann sittenlos, eigensinnig, wortbrüchig und unfähig zur festen Ausübung des königlichen Amtes. Leidenschaftlich nahm er den Kampf um Schleswig auf, der ihm schließlich die Krone kosten sollte. Der deutsche König Sigmund begünstigte als naher Verwandter Erichs Ansprüche auf Schleswig, aber schwerer als seine Sprüche und Befehle wogen die Interessen der Parteien und die Waffen. Die Hamburger leisteten den Holsteinern aus alter Anhänglichkeit Beistand; die anderen Städte hielten zeitweilig mit Erich, der zum Sturz des neuen Rates in Lübeck beigetragen hatte, Freundschaft und schritten erst zum Kriege, als Vermittelungsversuche fehlschlugen und der König übermächtig zu werden drohte, sogar die Absicht zeigte, den dänischen Handel selbständig zu machen. Erich hatte zudem in Helsingör einen neuen Zoll eingerichtet, den Sundzoll, den Dänemark bis in die neueste Zeit, bis 1857, beibehalten hat. Daher rüsteten 1426 die Städte Lübeck, Hamburg, Rostock, Stralsund, Wismar und Lüneburg zum Kriege und schlossen ein Bündnis mit Herzog Heinrich von Schleswig und Holstein bis zum gemeinsamen Friedensschluß. Die sächsischen Städte waren einverstanden, obgleich ihre Kriegserklärung an Erich nur den Zweck haben konnte, ihn einzuschüchtern; die preußischen und livländischen Städte nahmen am Kriege nicht teil, ebensowenig außer Stralsund die pommerschen.

Der Kampf begann 1427 so wenig glücklich, wie einst gegen Waldemar. Zunächst fiel Herzog Heinrich vor Flensburg, das die Dänen besetzt hatten. Den Befehl übernahm sein jüngerer Bruder Herzog Adolf, aber die städtische Mannschaft zog heim. Die Hamburger straften dafür ihren Hauptmann, den Ratsherrn Johann Kletzeke, mit dem Tode. Die hansische Flotte mit über 30 Schiffen und 8000 Mann unter dem Lübecker Bürgermeister Tidemann Steen segelte in den Sund mit der Weisung, zuerst die aus den französischen Gewässern kommenden Handelsschiffe, die sogenannte „Baienflotte" und den von der Weichsel her erwarteten Schiffszug zu empfangen und zu geleiten, ehe sie Kriegshandlung begönne. Als jedoch am 11. Juli vor Kopenhagen gleich zahlreiche dänische Schiffe in Sicht kamen und zum Gefecht klar machten, befahl Steen, den Kampf anzunehmen. Tapfer fochten die Hamburger, bis ihre Schiffe im flachen Wasser auf den Grund gerieten und sie in ihrer Hilflosigkeit den Dänen erlagen. Sie verloren 200 Tote und 600 Gefangene, weil ihnen niemand von den Freunden zur Hilfe kam. Der Admiral Steen soll sogar ängstlich einem mit ritterlichen Herren besetzten Schiffe ausgewichen sein, obwohl das seine viel größer war. Noch lange nachher haben die Hamburger den Lübeckern, denen sie die Schuld ihrer Niederlage beimaßen, Zorn und Spott nachgetragen. Andere lübische Hauptleute, die Schmach nicht duldend, griffen mutig an und eroberten feindliche Schiffe. Eine Fahne, geschmückt mit den Wappen der drei Königreiche, dem pommerschen Greif König Erichs und den Schutzheiligen Maria und Joseph, die in der Marienkirche zu Lübeck hängt, soll an jenem Tage erbeutet worden sein.

Das Schlimmste war, daß Steen den Sund verließ und ein Teil der arglos heransegelnden Baienflotte, über 30 Schiffe, trotz kräftiger Gegenwehr den Dänen in die Hände fiel. Der Mehrzahl glückte es jedoch, die Danziger Bucht zu erreichen. Den Schuldigen traf nicht so harte Strafe wie einst Johann Wittenborg. Tidemann Steen wurde angeklagt und gefesselt in das gemeine Gefängnis geworfen, doch nach drei Jahren freigelassen, nur nicht wieder in den Rat aufgenommen.

Der Krieg ging für die Hansischen unglücklich weiter, aber bestärkte den Entschluß zum tapferen Widerstande. Im folgenden Jahre lagerte sich eine starke Seemacht zweimal vor Kopenhagen und sperrte den Hafen durch versenkte Schiffe, allein es gelang nicht, die feindliche Flotte zu vernichten. Die Dänen erschienen 1429 vor Stralsund, verbrannten die dort liegenden Schiffe und tanzten den Bürgern zum Hohn vor den Mauern, erlitten aber schließlich eine arge Schlappe. Da kam der Bund der sechs Städte zum Bruch, indem 1430 Rostock und Stralsund aus Sorge vor inneren Unruhen sich mit Erich vertrugen. Die anderen, nicht zufrieden mit den geringen Zugeständnissen, welche der König machen wollte, blieben unter den Waffen, bis sie, nachdem die Lübecker 1432 noch einen gefürchteten dänischen Kaperer bei Travemünde gefangen hatten, nach einem dreijährigen Waffenstillstand zusammen mit Graf

Die Fahne vom Schiffe des Königs Erich. (Nach Petersen, Et Dansk Flag fra Unionstiden i Maria-Kirken i Lübeck.)

Adolf von Holstein, der Schleswig behielt, 1435 zu Wordingborg Frieden schlossen. Die vier Städte erhielten Bestätigung der hergebrachten Privilegien, deren Genuß auch denen, welche ihn bisher gehabt hatten, also den Mitgliedern der Hanse zugesagt wurde.

Dem König Erich, den die Kriegsnöte mit ihren schweren Steuern und viele Mißgriffe seinen Untertanen völlig verhaßt gemacht hatten, sagten schließlich 1439 alle drei Reiche den Gehorsam auf. Er nahm seinen Aufenthalt in Gotland und beunruhigte von dort aus weiter seine ehemaligen Untertanen, bis er mit seinen Schätzen in die pommersche Heimat zurückkehrte und 1459 starb.

Der dänische Reichsrat berief Erichs Neffen Christoph von Bayern auf den Thron. Ihm, der wie Waldemar Atterdag von Lübeck aus seine Herrschaft antrat, sagten die vier Städte Lübeck, Hamburg, Wismar und Lüneburg Hilfe zu. Ihre Hoffnungen gingen jedoch nicht in Erfüllung, denn der neue König suchte, sobald er sattelfest geworden war, wie seine Vorgänger die hansische Macht zurückzudämmen. Die Städte zahlten zwar den Sundzoll nicht, erlangten aber keine urkundlich zugesicherte Befreiung.

Die Einmütigkeit, die in dem Kriege gegen Waldemar den Sieg gebracht hatte, fehlte in dem gegen Erich; die Gruppen gingen in ihren Interessen auseinander. Die wendischen Städte stritten allein für die Allgemeinheit, doch sie vermochten nicht, Dänemark ihrem Willen zu unterwerfen. In dem Kriege offenbarte sich eine neue Wendung der Dinge. Die Engländer und noch mehr die Holländer, den Dänen als Gegengewicht willkommen, drängten sich in den nordischen Handel und in die Ostsee ein. Fortan wurde das Bemühen, die gefährlichen Mitbewerber wieder zu verdrängen, das vornehmste Ziel der Politik der Hanse. Dabei kam ihr zustatten, daß sie noch unentbehrlich war.

Siebenter Abschnitt.
Mitgliedschaft und Verfassung der Hanse.

Schon vor dem großen dänischen Kriege war das Bestreben bemerkbar, die Rechtsverhältnisse innerhalb der Hanse fester zu bestimmen. Als dann der Kampf große Anstrengungen erforderte, verengerte das Bedürfnis einer genaueren Abgrenzung den weiten Begriff des gemeinen Kaufmanns, man wollte nicht mehr mit Personen, sondern nur noch mit Städten zu tun haben. Den ersten Schritt dazu tat ein Lübecker Rezeß von 1366 mit der später oft wiederholten und erweiterten Satzung: Keiner darf sich erfreuen der Privilegien und Freiheiten der Deutschen, der nicht Bürger irgend einer Stadt von der deutschen Hanse ist.

Gleich darauf wurde die Kölner Konföderation vereinbart, deren Zweck nur der augenblicklich vorliegende Krieg war, und die deshalb auch Städte umfaßte, welche nicht zum hansischen Verbande zählten. Sie löste sich auf, als ihre Ziele erreicht waren, allein der glückliche Erfolg hatte die Hanse mächtig gehoben, die Zugehörigkeit zu ihr noch wertvoller gemacht. Es blieb dabei, daß die Versammlungen über alle gemeinsamen Angelegenheiten beschlossen, wie es während des Krieges geschehen war. Endlich führte gerade die durch die Bürgerunruhen hervorgerufene Gefahr der Auflösung zur Festigung. Weil die damals gefaßten Beschlüsse der Gesamtheit eine gewaltige Macht über die Mitglieder einräumten, förderten sie den Abschluß der Verfassung. Daher ging man gleichzeitig daran, die wichtigsten Satzungen zu Statuten zusammenzustellen. Schrittweise war aus dem Verbande ein Bund geworden.

Das frühe Mittelalter, namentlich in Deutschland, hat bei seinem Mangel an politischem Sinn nie eine einheitliche Ordnung des bestehenden Staatsrechts versucht. Das Reich trug davon den größten Schaden. Eine Reichsgesetzgebung, die auch nur annähernd unseren Verfassungen entsprochen hätte, ist nie vorhanden gewesen, und selbst die einzelnen im Bedürfnisfall aufgestellten Rechtssätze gerieten, weil sie nicht gesammelt wurden, bald in Vergessenheit. Als sich im dreizehnten und vierzehnten Jahrhundert auf den Ruinen des gebrochenen Kaisertums neue Zustände befestigten, entstand eine Reichsgesetzgebung nur langsam und stückweise, und auch sie ist nie zur abschließenden Bearbeitung gekommen.

Die Städte haben von Anfang an mehr Ordnung in ihren öffentlichen Angelegenheiten gehalten, Urkunden, Briefe, andere Schriftsachen und Rechnungsbücher aufbewahrt und überhaupt das Schreibwesen gepflegt.

Handelsbetrieb im 15. Jahrhundert. (Nach: Die Miniaturen zu dem Hamburgischen Stadtrechte, erläutert von J. M. Lappenberg. Hamburg 1845.)

Daher entstanden in ihnen auch große Aufzeichnungen über Stadtrecht, über Zünfte und andere ins Bereich des städtischen Lebens fallende Angelegenheiten, deren Fassung freilich oft recht mangelhaft ist. Auch für die Geschichte der Hanse blieb glücklicherweise reichste Fülle des Stoffes jeder

Art erhalten, und darunter befanden sich die Niederschriften der Rezesse. So hatte man in Lübeck und anderwärts stets die Möglichkeit, auf die früheren Beschlüsse zurückzugehen. Allein auch die Bundesgesetzgebung blieb allzeit eine zerstreute und zerstückelte, und die Hanse ist nie dazu gelangt, ein vollständiges, alles Nötige enthaltendes Gesetz- oder Verfassungsbuch zu schaffen. Die allgemein gültigen Bestimmungen, die „Ordinanzen", stehen in den Rezessen verzettelt zwischen Festsetzungen verschiedenster Art, so daß es immer schwierig war, sie herauszufinden und zu sagen, was von ihnen noch Gültigkeit hatte. Deshalb ist ab und zu der Versuch gemacht worden, wichtigeres herauszugreifen, aber auch die auf diese Weise entstandenen Statuten umfassen nie das ganze Gebiet hansischer Beschlüsse und Verordnungen, sondern immer nur einzelnes, am meisten berücksichtigend, was die jeweilige Zeitlage erforderte.

Nach einem im Vorjahr aufgestellten Entwurf haben am 24. Juni 1418 „die ehrbaren Herren Ratssendboten der gemeinen Städte von der deutschen Hanse um des gemeinen Besten willen, Gott zu Lobe, dem heiligen Römischen Reiche zu Ehren und um Wiederverbesserung und Beständnis der Städte und des gemeinen guten Kaufmanns einträchtlich gerahmet und gesetzt in Kraft diese Schrift, daß man es nach diesem Tage in aller Weise strenglich haben und halten soll". So besagt die Überschrift dieser ersten großen allgemeinen Ordinanz, welche in bunter Aneinanderreihung eine Menge Bestimmungen über die Mitgliedschaft an der Hanse und ihre Stellung zu den Außenstehenden, über Münze, Geldschulden und Borgwesen, schiffbrüchiges und geraubtes Gut, über Weise der Schiffsbeladung, über Schiffahrt und Schiffahrtsrecht enthält. Die Ordinanz wurde in den Rathäusern zur Kenntnisnahme und Befolgung angeschlagen. Ordnungen in den Jahren 1434, 1441, besonders ausführlich am 18. Mai 1447, und spätere haben diese Grundlage wiederholt und ausgebaut.

Die Gesetze gegen Aufruhr, wie sie 1418 als allgemein verbindlich ergingen, lauten sehr scharf. Wer Aufruhr oder Verschwörung gegen einen Rat macht, wer darum weiß und keine Meldung tut, soll auch als Flüchtling in keiner Hansestadt geduldet, sondern am Leben gestraft werden. Mit einer hansischen Stadt, welche solche Leute beherbergt, ist keinerlei Gemeinschaft zu pflegen. Eine Stadt, deren Rat seiner Gewalt beraubt ist, muß außerhalb der Hanse sein, bis der Rat wieder in sein Recht eingesetzt ist. Sendboten einer Stadt, deren Rat in seiner Herrlichkeit beschränkt ist, dürfen nicht in den Versammlungen des Bundes sitzen, und wenn auf Mahnung nicht Wandel und Sühne geschieht, ist die Stadt gleichfalls auszustoßen. Gesuche an den Rat einer Hansestadt sind nicht von einem Haufen, sondern nur von sechs Personen einzubringen.

Die Hanse hat von diesen selbstgegebenen Vollmachten Gebrauch gemacht, weil die innere Gärung in vielen Städten andauerte. So waren die Städte Bremen und Goslar mehrere Jahre „verhanset", andere fügten sich der Drohung.

Unzweifelhaft haben diese eingreifenden Maßregeln, so notwendig sie anfangs für den Schutz wirtschaftlicher Betriebsamkeit sein mochten, der freien Entwicklung der Städte geschadet, weil sie die Abstellung auch von wirklichen Mißbräuchen erschwerten und den allgemeinen Bürgersinn minderten. Namentlich als die Kraft der Bürgerschaften erlahmte, gereichte es zum großen Nachteil, daß die Leitung einer Aristokratie zukam, die als wichtigstes Ziel die Wahrung ihrer Stellung ansah und in hergebrachten Anschauungen befangen den veränderten Zeitverhältnissen nicht Rechnung trug.

Doch nicht allein der Selbsterhaltungstrieb des herrschenden Standes rief damals die Gesetze hervor. Städte, die weithin vielfältige Beziehungen hatten, mit dem Auslande Krieg führten und Verträge schlossen, bedurften einer obersten Leitung, deren Tätigkeit und Dauer nicht von plötzlichen gewaltsamen Veränderungen abhängig war. Eben diesen Gesichtspunkt haben die Männer des alten Rates in Lübeck hervorgehoben.

Mit diesen Verordnungen war nun zugleich ein Maßstab für die Mitgliedschaft gegeben: nur Städte, deren Räte freie Gewalt hatten, sollten sie besitzen. Eine Beschränkung konnte indessen nicht nur von der Gemeinde herrühren, sondern auch von den Landesherren. Demnach durften von Rechts wegen auch nur solche Fürstenstädte, die sich frei regierten, nicht „eigen", d. h. in inneren Angelegenheiten von ihren Herren abhängig waren, zur Hanse gehören.

Neben diesen erst gewordenen Grundsätzen bestand die geschichtliche Erbschaft vom gemeinen Kaufmann, der allerdings schon zum Bürgerrecht in einer hansischen Stadt verpflichtet war. Das Mittelalter hielt stets fest am Hergebrachten, und da es nicht liebte, neues Recht zu schaffen, verschmolz Altüberliefertes unmerklich mit den veränderten Zuständen und lebte in ihnen weiter. Daraus erklärt sich die eigentümliche Gestaltung, welche die Mitgliedschaft der Hanse annahm.

Da die Hanse von der Seefahrt ausging und nur Niederdeutsche solche betrieben, war somit die Mitgliedschaft räumlich bestimmt. Indessen galt der gesamte alte Reichsboden von Niederlothringen an über Altsachsen hin, sowie das neugewonnene Kolonialland in weitestem Sinne als Gebiet, dessen Bewohner an sich grundsätzlich zur Hanse berechtigt waren. Anfänglich kam es nicht einmal auf städtischen Wohnsitz an, denn ganze Gebiete, wie z. B. Dithmarschen, hatten den gleichen Anspruch oder erhoben ihn wenigstens. Als dann der Nachweis des Bürgerrechtes gefordert wurde, waren alle Städte in diesem langgestreckten Raume zur Mitgliedschaft fähig, und sehr viele, wohl die meisten, haben sie von alter Zeit her immer gehabt und behalten.

Viele jedoch waren so klein, daß sie weder ins Gewicht fielen, noch im stande waren, sich an den allgemeinen Angelegenheiten zu beteiligen, sei es durch Besendung der Beratungen oder auf andere Weise. Als der Verband sich mehr sammelte und größeres Interesse an der Mitwirkung seiner

Glieder gewann, entstand ein Unterschied, und es gab tatsächlich zwei Klassen von Hansestädten, solche, „die man zu den Tagfahrten zu verschreiben pflegt", und solche, denen gestattet war, sich durch benachbarte, besser gestellte Städte gegen eine ihnen geleistete Beisteuer vertreten zu lassen. Die ersteren erschienen demnach regelmäßig oder hin und wieder auf den Hansetagen und hatten Stimmrecht, sie empfingen wichtige Mitteilungen; die anderen verkehrten mit dem Hauptkörper nur durch Vermittelung ihrer Vororte und beschränkten sich auf den örtlichen Verband. Für sie kam es auch nicht darauf an, ob sie mehr oder weniger unter der landesherrlichen Gewalt standen. Man könnte sie etwa als zugewandte Städte bezeichnen. Sie genossen jedoch die allgemeinen Privilegien in gleichem Maße, und nicht wenige Städte wurden bald als Haupt-, bald als Nebenglieder betrachtet.

Eine eigentliche Aufnahme in den Bund ist daher erst spät üblich geworden. Sie fand statt bei den Städten, die neu emporgekommen waren oder ihr ursprüngliches Recht aufgegeben oder durch langen Nichtgebrauch verloren hatten. Wir sahen, wie 1358 Bremen sich aufnehmen ließ. Rügenwalde und Stolp in Pommern stellten um 1380 den wendischen Städten vor, sie seien immer gehorsam gewesen, gleich den anderen Städten, und fanden bereitwillige Gewährung ihrer Bitte. Bei Verhandlungen in Dordrecht 1387 erklärte die Stadt Nimwegen, sie habe von alters her zum Kaiserreich gehört und früher das Kaufmannsrecht gebraucht, doch es lange Zeit unterlassen. Erst 1402 erfolgte ihre Wiederaufnahme, wie bald darauf die von Zwolle, Duisburg und Wesel nach Entscheid von Hansetagen in Lübeck. Als im Bunde, genau so wie in den Innungen, der Gedanke des einseitigen Nutzens der bereits vorhandenen Mitglieder überhand nahm, erschwerte er den Zugang. Seit 1441 wurde die Entscheidung, ob der Eintritt „der Hanse profitlich sei oder nicht", den allgemeinen Versammlungen vorbehalten. Listen oder Verzeichnisse von Mitgliedern sind erst später aufgestellt worden, zum Teil auf Verlangen fremder Staaten, die zu wissen begehrten, welche Städte die von ihnen gewährten Rechte genießen sollten. Sie stimmen nicht genau überein, und außerdem ist gewiß, daß in ihnen viele kleine Städte übergangen sind.

Seit dem fünfzehnten Jahrhundert läßt sich unschwer eine Liste der bedeutenden Teilhaber entwerfen, während die niederen Grades nur für einzelne Gebiete nachweisbar sind. Auskunft geben teils die Rezesse, teils andere, auch spätere Nachrichten.

Am meisten hat die Mitgliedschaft an den westlichen Küsten der Nordsee geschwankt. Zur Zeit der Kölner Konföderation waren dort Teilhaber der Hanse: Deventer, Elburg, Hasselt, Utrecht, Zütphen und Zwolle, von denen Utrecht sich bald abgesondert zu haben scheint. Kampen ist, obgleich die Stadt stets sehr lebhafte Beziehungen zur Hanse unterhielt, bald drinnen, bald außerhalb gewesen, bis es 1441 wieder für die Dauer eintrat. Ferner waren hansische Städte Arnheim, Groningen, Harderwijk, Nimwegen und

Stavoren, dann mehrere kleine: Geldern, Roermonde, Venlo, Doesborg, Bolsward, Saltbommel, Doetinchem, Tiel. Außer einigen westfriesischen Städten gehörten sie alle zum Bistum Utrecht und zu Geldern. Die weit abseits im Bistum Lüttich gelegene wallonische Stadt Dinant, bedeutend durch Metallarbeiten, war im vierzehnten Jahrhundert zu den hansischen Rechten in London zugelassen. Die holländischen Städte Amsterdam, Dordrecht, Briel, Ziericksee, die von 1367 bis 1394 oft Tage beschickten, blieben nachher fern und gerieten schon im ersten Drittel des fünfzehnten Jahrhunderts in offene Feindschaft mit der Hanse.

Außer Köln, das trotz seiner steten Eifersucht auf Lübeck und möglichster Zurückhaltung sein Ansehen behauptete, waren von rheinischen Städten bedeutendere Glieder der Hanse Emmerich, Wesel und Duisburg, außerdem eine lange Reihe geringer Orte: Kleve, Kalkar, Xanten, Ruhrort, Dinslaken, Andernach u. a.

Ungleich stärker war das Land zwischen Rhein und Weser, Westfalen und Engern beteiligt. Zunächst alle größeren Städte: Dortmund, Herford, Lemgo, Minden, Münster, Osnabrück, Paderborn und Soest. Außerdem gehörten hier wohl sämtliche Städte fast ohne Ausnahme zum Bunde, von denen erwähnt seien: Alen, Arnsberg, Attendorn, Beckum, Bielefeld, Bocholt, Borken, Brilon, Dülmen, Geseke, Haltern, Hamm, Höxter, Iserlohn, Koesfeld, Lippstadt, Lüdenscheid, Lünen, Medebach, Meppen, Rheine, Rüthen, Telgte, Unna, Vreden, Warburg, Warendorf, Werl, Werne.

Auch rechts der Weser bis zur Elbe hin werden viele Städte berechtigt gewesen sein, die nicht genannt sind. Selbst so ist die Zahl der bekannten, größerer und kleiner, sehr beträchtlich: Alfeld, Aschersleben, Buxtehude, Einbeck, Göttingen, Goslar, Halberstadt, Halle, Hameln, Hannover, Helmstedt, Hildesheim, Merseburg, Northeim, Quedlinburg, Stade, Ülzen, Uslar. Über alle ragten Braunschweig, Bremen, Lüneburg und Magdeburg hervor. Lüneburg zählte wie Hamburg zu den sechs wendischen Städten.

Von den thüringischen Städten: Erfurt, Mühlhausen und Nordhausen, die Mitglieder der sächsischen Städtebündnisse waren, läßt sich nicht beweisen, daß sie der Hanse beigetreten sind.

Aus der Mark Brandenburg erhielten mehrere Städte Einladungen zu den großen Versammlungen und erschienen gelegentlich: Berlin-Kölln, Frankfurt a. O., Salzwedel, Stendal, Tangermünde, aber die kleineren mochten gleichfalls dem Bunde verpflichtet sein, wie wir von manchen wissen: Brandenburg, Gardelegen, Havelberg, Kyritz, Osterburg, Perleberg, Prenzlau, Pritzwalk, Seehausen, Werben u. a.

In Holstein war Kiel hansisch. Die mecklenburgischen Städte Wismar und Rostock sind zur Genüge bekannt. Von den pommerschen nahmen außer Stralsund, das auch zu den wendischen Städten zählte, weil es erst später an Pommern kam, regen Anteil an den Bundessachen: Anklam, Greifswald, Kolberg, Stargard und Stettin. Daneben waren auch die unbedeutenden, darunter Demmin, Gollnow, Rügenwalde, Stolp, Treptow Mitgenossen, wie noch mehrere Orte aus dem gesamten Gebiete.

Im preußischen Ordenslande führten die sechs: Braunsberg, Danzig, Elbing, Königsberg, Kulm und Thorn die Geschäfte. Da man stets von den preußischen Städten in Gesamtheit sprach, waren wahrscheinlich alle anderen zu den Rechten zugelassen.

Nach der Einteilung der Hanse in Drittel, die 1347 in Brügge offenkundig wird, waren die preußischen Städte mit den rheinisch-westfälischen

Das Rathaus in Münster. (Nach einer Photographie.)

zu einem Drittel unter Köln vereinigt, eine Tatsache, die noch nicht genügend erklärt ist. Auffallend ist sowohl, daß sie von dem sächsischen Drittel unter Lübeck getrennt waren, als auch, daß sie nicht zum gotländischen unter Wisby gehörten. Der nächste Grund war jedenfalls ein geschichtlicher: die preußischen Städte waren die weitaus jüngste Gruppe, die auch erst spät mit den wendischen lebhaftere und anhaltende Beziehungen angeknüpft hat. Da jene Einteilung gewiß nicht auf Zwang beruhte, mag sie Preußen selber gewünscht haben, sei es, daß der Hochmeister, sei es, daß die Städte sie begehrten. Vielleicht hat der lebhafte Handel, den die Preußen frühzeitig mit Flandern und England trieben, den Wunsch veranlaßt, im Westen an Köln Anhalt zu finden. Vielleicht war auch Eifersucht gegen Lübeck, wie gegen die livländischen Städte im Spiele. Preußen ist in Nowgorod nicht voll berechtigt gewesen; die Ordensleute wurden nie, die städtischen Kaufleute erst spät zum Kaufschlag im dortigen deutschen Hofe, doch nicht zur Verwaltung zugelassen. Die Hochmeister haben in Preußen das lübische Recht möglichst zurückgedrängt und ihr kulmisches durchgeführt; offenbar sahen sie Lübecks Einfluß in ihrem Lande nicht gern.

Der Marktplatz in Wismar. (Nach einer Photographie.)

Die Verbindung mit dem rheinisch-westfälischen Drittel machte von Lübeck wie von Gotland unabhängig, die Vorortschaft Kölns war nur ein Ehrenvorzug, so daß Preußen vollkommen selbständig war. Indessen hatte diese Drittelung wenig zu bedeuten.

In der Tat haben die preußischen Städte immer eine sehr eigenwillige Politik eingeschlagen; bald sondern sie sich in auffälliger Weise von gemeinsamen Beschlüssen ab, bald drängen sie ungestüm vorwärts. Sie waren fast ein Bund im Bunde, der nur berücksichtigte, was ihn unmittelbar anging. Ungemein häufig, oft mehrmals im Jahre, hielten sie ihre Versammlungen ab, um Stellung zu den schwebenden Fragen zu nehmen. Indem sie fest zusammenstanden und an dem Orden einen guten Rückhalt hatten, konnten sie sich mehr erlauben als andere Gruppen.

Das merkwürdigste war, daß der Orden selber in größtem Maßstabe Handel trieb. Seine Ländereien brachten mehr Getreide und andere Nahrungsmittel hervor, als die Ordensleute verbrauchten, außerdem hatte er den alleinigen Verkauf des kostbaren Bernsteins. Weithin ging der Ruf von dem unermeßlichen Reichtum des Ordens, der auch seinen guten Grund hatte, denn er war im vierzehnten Jahrhundert der größte Kapitalist in Europa. Seine treffliche Wirtschaft schlug aus den großen Einnahmen stattliche Zinsen heraus. Die „Großschäffer", denen mit ihren zahlreichen

Das Rathaus in Thorn. (Nach einer Photographie.)

Untergestellten das Geldwesen oblag, verschmähten kein gewinnbringendes Geschäft; obgleich die Kirche Zins zu nehmen verbot, kauften sie Grundstücke und Renten und liehen selbst Geld aus. Um den Handel nachdrücklich und mit wagender Anlage führen zu können, stellte der große Ordensschatz Betriebskapital zur Verfügung und ließ meist den gemachten Gewinn weiter arbeiten. Der Orden kaufte und verkaufte, was nur irgend Gegenstand des Handels war. Bis nach Spanien und Lissabon gingen seine Schiffe. Denn er trieb zugleich Reederei und Schiffsbau in großem Maßstabe.

Mit der Hanse ergab sich Berührung von selbst und durch die preußischen Städte. Der Orden war allerdings deren Wettbewerber, allein in

seinen guten Zeiten berücksichtigte er ihre Interessen, und der mächtige
Schutz, den er bot, wog andere Nachteile auf. Das Ausland sah in dem
Orden einen Beschirmer der Hanse. Er selbst oder sein Regierer, der Hoch-
meister, konnte freilich nicht Mitglied sein, doch war er mehr als bloßer
Bundesgenosse. Weil er die Gesetze der Hanse beachten ließ, durften seine
Bediensteten deren Privilegien so gut genießen, wie die preußischen Städte.
Doch wenn der Orden sich Überschreitungen erlaubte, gab es heftige Span-
nungen mit den wendischen Städten.

Auch politisch stimmten Preußen und die anderen Städte nicht immer
überein. Der Orden konnte nicht gut an den Kriegen der Hansischen teilnehmen, wenn er es auch seinen Städten gestattete. Das meiste lag den
Preußen an dem Handel mit London und Brügge, während Dänemark für
sie nur soweit Bedeutung hatte, als sie die sichere Fahrt durch den Sund
wünschten. Darum hatten auch die preußischen Städte in den nordischen
Dingen ihre eigenen Ansichten, die sie oft starrsinnig verfolgten, während
sie in anderen Fällen nicht wagen durften, ohne Verständigung mit dem
Hochmeister wichtigen Beschlüssen ohne weiteres zuzustimmen. Als Landesherr hielt er die Teilnahme an der Hanse möglichst auf Kaufmannschaft
und Schiffahrt beschränkt.

Um den Schluß des vierzehnten Jahrhunderts stand der Orden auf
seiner Höhe, ganz wie eine Großmacht an der Ostsee.

Ebenso wie die preußischen, wurden die livländischen Städte insgesamt
als Mitglieder der Hanse betrachtet. Die Führung hatten die vier: Riga,
Dorpat, Reval und Pernau, doch auch die anderen: Fellin, Goldingen,
Kokenhausen, Lemsal, Walk, Wenden, Windau, Wolmar nahmen an den
häufigen Beratungen in der Heimat teil. Der Osten machte sich mit den
hansischen Angelegenheiten ganz anders zu schaffen, als der Westen. Vorort des gotisch-livländischen Drittels war Wisby, solange es von seiner
Vergangenheit zehrend noch als Glied geführt wurde.

Da die Hanse im Norden und Osten nur nach deutschem Wesen und
Recht, nicht nach Reichszugehörigkeit rechnete, war das zu Polen gehörige
Krakau, das Magdeburger Recht hatte und auch der Sprache nach eine
deutsche Stadt war, gleichfalls Handelsstadt, ebenso Breslau, obgleich
Schlesien eigentlich erst durch den Lehensverband mit Böhmen an das
Reich kam. Stockholm hat hansische Versammlungen beschickt, und noch
andere schwedische Städte, darunter Kalmar, hielten zum Bunde. Jedenfalls durfte nur der deutsche Kaufmann in diesen Städten die Nutznießung
der Privilegien erwerben, wie der von Lödöse in Schweden, Oslo in Norwegen und Ripen in Jütland.

Wie groß der Bestand der Hanse zu irgend einer Zeit war, läßt sich
deswegen nicht genau angeben, weil die Zahl der kleinen Städte nicht zu
schätzen ist. Rechnet man nur die größeren, so ist ein Anschlag eher möglich, und mindestens einige fünfzig von ihnen haben zum Bunde gehalten.
Im vierzehnten Jahrhundert wird die Zahl auf siebenundsiebzig angegeben,

im fünfzehnten und noch im sechzehnten pflegte sich die Hanse dem Auslande gegenüber als Bund von zweiundsiebzig Städten zu rühmen.

Jederzeit stand den Mitgliedern frei, sich von der Hanse fernzuhalten, wenn sie darauf verzichteten, ihre Rechte zu genießen. Als jedoch vorkam, daß Städte oder einzelne Kaufleute, um anderweitige Vorteile, etwa in fremden

Der Remter in der Marienburg. (Nach J. Hirts Geographischen Bildertafeln.)

Ländern, zu erlangen, die Gemeinschaft zeitweilig aufgaben, wurde beschlossen, solche leichtfertig ausgetretene nicht wieder aufzunehmen.

Mit dieser Wandelbarkeit der Mitgliedschaft hing zusammen, daß auch die Zeitdauer des Bundes nicht bestimmt war. Die Ewigkeit geschlossener Verträge ist immer nur eine schöne Redensart gewesen, und der ungebundene Geist des Mittelalters liebte es nicht, sich dauernde Verpflichtungen aufzuerlegen, weshalb die Landfrieden stets nur für eine festgesetzte Zahl von Jahren vereinbart wurden. Bei der Hanse war auch das nicht der

Fall. Zwar hat man zur Zeit der Kölner Konföderation daran gedacht, das Verhältnis vertragsmäßig zu verlängern, aber schließlich davon Abstand genommen. Demnach hätte die Hanse jeden Augenblick auseinander gehen können.

Sind wir gewöhnt, uns einen Bund zu denken, ausgerüstet mit Beamten, die seine Aufgaben wahrnehmen, mit gemeinsamen Einrichtungen und Finanzen, so trifft auch eine solche Vorstellung auf die Hanse nicht zu. Lübeck hatte trotz seiner anerkannten Vorsteherschaft den Mitgliedern nichts zu befehlen, „Bundesorgane" waren nicht vorhanden. Es gab kein Bundesheer, keine Bundesflotte, keine Bundeskasse; alles besorgten die Glieder für sich selber. Auch die Dritteile hatten keine beständigen Einrichtungen. Erst später bildete sich eine Einteilung in „Quartiere" mit je einer geschäftsführenden Stadt, die für ihre Kosten kleine Beiträge einzog; in der letzten Zeit der Hanse hat man einen juristischen Geschäftsführer, einen Syndikus, angestellt und eine Kasse gegründet. Den für Krieg und Gesandtschaften erforderlichen Aufwand trugen und verrechneten die Beteiligten gegenseitig. Ebenso geschah es mit den in einzelnen Fällen erhobenen allgemeinen Abgaben vom Handelsgut, den Pfundzöllen.

Die kriegerische Macht der Hanse war demnach weder eine gemeinsame noch ständige; jedesmal mußten die Städte, die zum letzten Mittel greifen wollten, erst ihre Rüstungen treffen. Nur zum Schutz gegen die Seeräuber wurden in unruhigen Zeiten kriegsfähige sogenannte „Friedeschiffe", doch auch nur von den einzelnen Städten, für längere Zeit unterhalten. Die Schiffsmannschaft ging zum größten Teil aus der städtischen Bevölkerung hervor; den Oberbefehl führten Ratsherren. Die Landtruppen, die öfters notwendig waren, bestanden aus geworbenen Söldnern; man schloß auch wohl mit Fürsten Bündnisse und Verträge, um Krieg auf dem trockenen Lande zu führen. Nur ungern entschlossen sich die Bürgerschaften zur Anwerbung von Söldnern, da sie anspruchsvoll und unzuverlässig waren. Der Mangel an Landtruppen hat sich oft als schädlich erwiesen, weil er ein tiefes und nachhaltiges Eindringen in die überseeischen Länder verbot. Nowgorod z. B. ließ sich mit Kriegsschiffen gar nicht erreichen. Die Hanse war immer eine Seemacht, aber die nötige Ergänzung des Landheeres fehlte.

Der Bund war also ziemlich lose gefügt. Ohnehin kannten seine Mitglieder den festen Gehorsam heutiger Zeiten nicht. Sie taten nicht mehr für ihn, als unbedingt nötig war, eher möglichst weniger; sie wollten von ihm mehr empfangen als darbringen. Keins gab sich ihm völlig hin, sondern wahrte seine Freiheit nach Kräften. Nebenher Bündnisse mit anderen Städten oder Fürsten oder Reichen einzugehen, war erlaubt, wenn sie die Hanse nicht schädigten. Geld und Steuern zahlte der alte Deutsche noch unlieber als der heutige; ein Franzose, der damals unsere Heimat besuchte, hebt es als besondere Eigentümlichkeit hervor: eher müßte der Henker den Bürgern die Augen ausreißen, als daß er ihnen wider Willen einen Pfennig

Mitgliedschaft und Verfassung der Hanse.

abpreßte. Der trotzige Eigensinn erschwerte alle Handlungen, von Unbotmäßigkeit, Uneinigkeit und Eifersucht weiß die Geschichte der Hanse selbst in ihren größten Zeiten genug zu erzählen.

Der Bund hatte kein gemeinsames Abzeichen, weder Siegel, noch Fahne oder Flagge. Die wendischen Seestädte ließen beim Wiederbeginn des Krieges gegen König Waldemar für die Pfundzollquittungen in Schonen ein Siegel stechen, das mit der Umschrift: Signum civitatum maritimarum den Doppeladler zeigt. Mit dem Ende des Pfundzolls hörte sein Gebrauch auf, aber die Stadt Lübeck führte fortan statt des alten Siegels ein neues, das ebenfalls den doppelköpfigen Adler mit dem quergeteilten (weißroten) Wappenschilde der Stadt auf der Brust aufweist. Oft diente das Siegel Lübecks für den ganzen Bund. Auch die auswärtigen Kontore nahmen Wappen mit diesem Adlerbild an. Es ist kein Zweifel, daß damit der deutsche Reichsadler gemeint war, wie er sich in dieser

Siegel von Pfundzollquittungen. 1. Von Schonen. 2. Der Stadt Lübeck.
(Nach Siegeln aus den Archiven der Stadt Lübeck. Heft III.)

Gestalt auch sonst zurzeit findet. Die Könige und Kaiser haben jedoch den einköpfigen Adler in ihrem Schilde geführt, bis Sigmund ihn auf seinem Kaisersiegel mit zwei Häuptern schneiden ließ. Ein allgemein hansisches Wappen hat es nie gegeben.

Trotz seiner Gebrechen hat der Bund so Großes geleistet und solange bestanden.

Wie das Weltall durch gegenseitige Anziehungskraft zusammenhält, war es auch mit der Hanse beschaffen. Solange das gemeinsame Interesse seine Glieder verknüpfte, solange er für diese, wie auch für das Ausland ein Bedürfnis war, führte der Bund ein kraftvolles Leben.

Denn die Medaille hatte auch ihre Kehrseite. War das Fernbleiben ins Belieben gestellt, so brachte es dafür große Nachteile, und die oft gescholtene Engherzigkeit der Hanse auch den anderen Deutschen gegenüber findet ihre teilweise Erklärung in dem Bedürfnis, den Genossen, um sie zu fesseln, lockende Vorrechte zu gewähren. Daher die Bestimmungen, welche den nichthansischen Kaufmann benachteiligten und abhielten. Nach Nowgorod durfte überhaupt niemand kommen, der nicht in dem Rechte oder der Hanse der Deutschen war. Der Seeverkehr auf der Ostsee wurde gehütet wie ein unantastbares Eigentum. Als einmal die Nürnberger Kupfer zur See nach Brügge verfrachteten, erklärten das die Preußen für unerhört. Ebenso sollte in Livland kein Fremder Handel treiben, weder in Seestädten noch auf dem Lande Flachs kaufen; selbst die russische Sprache zu lernen war nur Hansischen erlaubt. Auch der gesamte Getreidehandel auf Nord- und Ostsee galt als Vorrecht. Wer Bürgerrecht nahm in einer nichthansischen Stadt, wurde vom Kaufmannsrecht ausgeschlossen. Kein hansischer Kaufmann durfte anderem Gute die ihm zustehenden Vorteile zukommen lassen oder an einen anderen Kaufmann Gut zum Verkauf senden, ausgenommen Wein, Bier und Heringe, keiner nichthansische Ware vertreiben. Hansisches Gut war lediglich in hansischen Schiffen zu verfrachten, in Hansestädten gebaute Schiffe sollten nur innerhalb der Hanse verkauft werden.

Vor allem, die einzige Waffe, die der Bund hatte, um zum Gehorsam zu zwingen, die Ausschließung, konnte nur wirken, wenn sie die ernstesten Folgen für den Betroffenen hatte.

Die Städte führten ihre Angelegenheiten gemäß den auf Versammlungen gefaßten Beschlüssen. Die Zusammenkünfte waren verschiedener Art, teils solche der örtlichen Gruppen, teils der Gesamtheit. Am wichtigsten und häufigsten waren die Tage der wendischen Städte, neben ihnen die der preußischen und livischen, während die binnenländischen Städte nur eine Art Gefolgschaft der Seestädte bildeten und auf ihren Vereinigungen mehr eigene als hansische Sachen berieten.

Die mächtige Ausbreitung des fester geeinigten Bundes machte wünschenswert, zeitweise alle Mitglieder zu berufen. Im fünfzehnten Jahrhundert entstanden für die großen Hansetage feste Regeln. Lübeck, in dessen Mauern sie gewöhnlich stattfanden, hatte als „das Haupt des Kaufmanns" das Recht, sie zu berufen. Die geladenen Städte waren verpflichtet, zu erscheinen, wenn sie nicht triftige Entschuldigungen hatten; die Säumigen wurden mit hohen Geldstrafen, selbst mit Ausschließung bedroht. Die preußischen und die livländischen Städte erhielten 1430 das Recht, sich nur durch je zwei Ratssendboten vertreten zu lassen. Jedenfalls sollten sich die Ausbleibenden den Beschlüssen der Anwesenden unterwerfen. Nur geschworene Ratmannen, die zu ihrer Unterstützung einen Schreiber mitbringen konnten, durften an den Verhandlungen teilnehmen. 1430 wurde beschlossen, künftighin, wenn nicht besondere Notlage vorliege, alle drei Jahre zu Pfingsten eine allgemeine Tagfahrt zu halten. Vollkommen wurde diese Absicht nicht ausgeführt, und eigentliche Hansetage traten meist viel seltener zusammen, so daß schon gegen Ende des Jahrhunderts die Meinung entstand, sie sollten alle zwanzig bis dreißig Jahre stattfinden. Aber gerade damals sind mehrere rasch aufeinander gefolgt. Die Zahl der Besucher schwankte sehr, und nie sind Boten sämtlicher Städte erschienen. Die größte Zahl erreichte der Tag von 1447, an dem 38 Städte vertreten waren. Den Vorsitz führte Lübeck, und da im Mittelalter noch mehr wie heute Rang und Stand beachtet sein wollten, verhinderte eine Sitzordnung Zank und Streit. Die Ehrenplätze neben dem Vorsitzenden rechts und links nahmen Köln und Hamburg ein. Die Beschlüsse mußten einhellig gefaßt sein, zweifelhafte Fragen schob man zu nochmaliger Beratung nach

Erwägung in den einzelnen Städten auf. Lübeck führte den gesamten Briefwechsel mit den Städten, den Kontoren und dem Auslande und empfing von ihnen Berichte; es erhielt sogar die Vollmacht, in der Zeit zwischen den Tagen Nötiges zu veranlassen.

Am Schluß der Sitzungen wurden die Protokolle und die mit Mehrheit gefaßten Beschlüsse, wie auf den Reichstagen, schriftlich niedergelegt und verlesen in einem „Rezeß" (Abschied). Die Mitglieder erhielten Ab-

Der Artushof in Danzig.
(Nach De politica hominum societate libri tres auctore A. A. Olizarovio. Dantisci 1651.)

schriften. An manchen Orten sammelte man die Rezesse. Sie sind die weitaus wichtigsten Quellen der Hansischen Geschichte.

Wie die Hanse aus kaufmännischen Zwecken hervorgegangen ist, sind sie stets ihr Lebensnerv geblieben. Alle ihre Tätigkeit, selbst die Unterdrückung von Aufruhr, lief auf den Nutzen des Handels hinaus. Die zu erfüllenden Aufgaben waren weitschichtig und vielseitig. Die Satzungen, deren Beachtung jedem Gliede bei Strafe der Ausstoßung oder an Habe und Gut oblag, zerfielen demnach in zwei Arten, in solche, die die Weise

des Handels unmittelbar betrafen, und diejenigen, welche seiner Aufrecht-
erhaltung dienten. Auch die ersteren hatten großen Umfang. Denn Handwerk und Industrie unterlagen strenger Regelung. Die Bereitung des
Tuches, Güte, Länge und Abstempelung der einzelnen Stücke waren ebenso
an Vorschriften gebunden, wie die Größe der Heringstonnen. Sorgsam
achteten die Städte auf die Güte der Erzeugnisse, um sich nicht den fremden
Markt zu schädigen, denn in der angeblich schlichten Vorzeit gab es un-
redliche Leute nicht weniger wie heute. Gar oft wurde geklagt, daß eine
Oberlage von guten Heringen faule verbarg; Säcke mit Baumwolle enthielten schwer machende kleine Steine, kurz, betrügerische Kunstgriffe jeder
Art kamen vor. Auch für alles, was mit Schiffahrt zusammenhing, für
Zeit und Weise der Fahrt, Verladen und Ausladen bestanden genaue Bestimmungen. Am tiefsten schnitten die vielen Ein- und Ausfuhrverbote in
das Erwerbsleben ein.

Ungleich schwieriger, als in jenen Dingen Einheit zu schaffen, war es,
äußere Beeinträchtigungen und Störungen vom Handel fernzuhalten, und
bei diesem Bestreben konnte die Hanse nur in begrenzter Weise auf die
Mitwirkung aller Genossen rechnen. Wie die Erfahrung lehrte, waren
Kriege nicht zu vermeiden, wenn auswärtige Reiche Gewalt brauchten und
die Rechte verletzten. Aber in diesen Fällen hatten die verschiedenen Gruppen
auch verschiedene Interessen, und man überließ es denen, die am meisten
beteiligt waren, ihre Sache selber zu führen. Die übrigen leisteten nur
insofern gewichtigen Beistand, als sie freiwillig oder gezwungen den
Handelsverkehr mit dem Feinde abbrachen. Manchmal lieferten sie auch
eine Beisteuer an Geld. Selbst zu dem großen dänischen Kampfe haben
bei weitem nicht alle Städte Schiffe oder Mannschaften gestellt, und so
wurden die Kriege gegen das Ausland stets nur von einem Teile des Bundes, nie von ihm als Gesamtheit geführt.

Am deutlichsten macht die Sachlage eine Erklärung, welche hansische
Boten 1473 burgundischen Gesandten gaben. Diese wollten die ganze
Hanse verantwortlich machen, weil der Danziger Freibeuter Paul Beneke
eine unter burgundischer Flagge segelnde florentinische Galeere genommen
hatte. Die Hanse sei ein Korpus und daher schuldig, alle Glieder zu ver-
antworten, behaupteten die Burgunder. Sie erhielten die Antwort: „Die
Städte von der Hanse sind ein Korpus in ihren Privilegien, die sie in
etlichen Reichen, Landen und Herrschaften haben, und wenn ihnen ihre
Privilegien gebrochen werden, so pflegen sie sich deshalb zu versammeln
und zu beratschlagen und dann für sämtliche Ordinanzien zu machen auf
alle Güter aus den Landen, in denen ihre Privilegien verletzt wurden, daß
sie in den gemeinen Städten nicht gelitten werden. Aber sie waren nicht
im Kriege gegen England, nur einige Städte der Hanse, welche von den
Engländern geschädigt waren, hatten ihn für sich auf ihre eigene Abenteuer,
Gewinn und Verlust beschlossen, was nicht im Namen der gemeinen Hanse
geschah".

Mitgliedschaft und Verfassung der Hanse.

Wie gegen das Ausland, so mußten die Städte sich im Inland wehren.

Der Sohn Karls IV., König Wenzel, hat das Reich, um das sich der Vater große Verdienste erwarb, rasch wieder verfallen lassen. Deutschland kam in eine Zerrüttung, die nicht geringer war als im dreizehnten Jahrhundert. Wenzels Gegenkönig Ruprecht konnte kaum in seiner heimischen Pfalz das königliche Ansehen behaupten, Sigmund war durch die Konzile von Konstanz und Basel, die Hussitenkriege und sein Königreich Ungarn vollauf in Anspruch genommen. Albrecht starb schnell dahin auf einem Feldzuge gegen die andrängenden Türken, und Friedrich III., in der verworrenen habsburgischen Hauspolitik aufgehend, setzte zähes Zaudern an Stelle der Tat. Die Reichsstände taten, was ihnen beliebte; heftige Fehden erfüllten alle Länder, und Deutschland erlitt die ersten großen Verluste an Gebiet.

Die Hanse ist entstanden und hat bestanden, ohne daß jemals die Rechtsfrage aufgeworfen worden ist. Die Goldene Bulle Karls IV., das große geltende Reichsgesetz, gestattete nur Bündnisse zum Schutz des öffentlichen Friedens. Stand seine Beschirmung auch in ihren Aufgaben, so ging die Hanse unzweifelhaft weit darüber hinaus. Sie war eben da, und die Tatsache genügte, weil weder König noch Fürsten sie hätten verbieten und aufheben können. Der vielseitige Sigmund hat für die Bedeutung des Bundes wohl einiges Verständnis gehabt, aber seine einzige wirkliche Handlung war, daß er von hansischen Kaufleuten Geld borgte und nicht zurückzahlte.

Die Hanse war ganz und gar ein Verein von Städten, nie hat sie Fürsten in ihren Verband aufgenommen. Nur Bündnisse wurden gelegentlich mit solchen vereinbart zum Kampfe gegen die nordischen Königreiche, wie mit den Holsteiner Grafen gegen Dänemark.

Zu gleicher Zeit sind in Süddeutschland große Städtebündnisse geschlossen worden, aber sie verfolgten andere Zwecke. Ihre Mitglieder waren sämtlich Reichsstädte, deren es im Süden und am Rhein sehr viele, gegen fünfzig, gab. Ihnen kam es vornehmlich darauf an, ihre Freiheit zu bewahren, nicht unter einen Fürsten als Herrn gebeugt zu werden, wie es in der Tat so mancher geschehen ist. Daher bildeten sie zu gemeinsamem Widerstande große Bündnisse, die zu Kämpfen mit den Fürsten führten, von denen der Städtekrieg von 1388, dessen Hauptzüge Uhland in seinen Gedichten so herrlich geschildert hat, am bekanntesten ist.

In diesen blutigen Zusammenstößen äußerte sich zugleich die Feindseligkeit zwischen den fürstlichen und adeligen Ständen und dem Bürgertum. Nicht, daß die beiden Gegner einen zielbewußten Kampf um die Herrschaft im Reiche miteinander geführt hätten. Dazu war Deutschland viel zu zersplittert, und das Bürgertum hat es niemals zu einer politischen, von gleichen Gedanken und Zielen durchdrungenen Einheit gebracht. Aber die gesamten öffentlichen und sozialen Verhältnisse riefen den Gegensatz hervor und vertieften ihn so, daß zu Ende des Mittelalters zwischen den gesellschaftlichen Klassen ein unheimlicher Haß wucherte.

Die Hanse war von den süddeutschen Bündnissen vollständig verschieden, weil sie außer Lübeck, Köln, Dortmund und Goslar keine Reichsstädte enthielt. Ihre Städte standen unter Fürsten oder Landesherren, aber viele hatten deren obrigkeitliche Rechte so gut wie vollständig abgestoßen. War es doch in manchen Städten den Fürsten nicht gestattet, ein Schloß zu haben oder ohne Genehmigung des Rates über Nacht zu verweilen. Streitigkeiten zwischen Herren und ihren Städten gab es in Hülle und Fülle. Die Hanse vermied es grundsätzlich, sich einzumengen oder gar Städte ihrer Pflicht zu entfremden. Niemals ist der Plan aufgetaucht, die Mitglieder zu freien Reichsstädten zu machen; jeder reichspolitische Gedanke lag vollkommen fern. Die einzelne Stadt hatte das Recht, bei allen kriegerischen Verpflichtungen, die sie im gemeinsamen Interesse einging, ihren Herrn auszunehmen, und oft sind der Hanse durch die Treue von ihr zugehörigen Städten gegen ihre Landesfürsten sehr ernste Verlegenheiten erwachsen.

In den Zwistigkeiten zwischen Herren und Städten war oft Recht oder Unrecht kaum nachweisbar, aber gelegentlich wurden Städte offenbar wider Recht bedrängt, und die Hanse legte besonderen Wert darauf, daß ihre Glieder sich frei regierten. Ganz und immer ließ sich also Parteinahme nicht vermeiden, und außerdem störten die Fehden, welche Fürsten und Adel leichten Herzens anhuben, gar sehr den Verkehr. Daher hatte auch die Hanse ein wachsames Auge auf die Fürsten und beständigen Argwohn gegen sie.

Alle Bündnisse hatten den Zweck, ihren Mitgliedern selbständig Rechtsschutz zu gewähren und sie von anderer Gerichtsbarkeit frei zu halten. Daher war Grundsatz der Hanse, daß keine ihrer Städte in Streitigkeiten mit einer anderen fürstliche Hilfe oder Entscheidung anrufen dürfe. Den Städten war unbenommen, sich untereinander Beistand zu leisten, und oft legten sich Befreundete ins Mittel. Nicht der ganze Bund, aber die Einzelbündnisse standen ihren bedrängten Genossen bei.

Natürlich genug, daß die Fürsten die Städtebündnisse mit scheelen Augen ansahen und die gegenseitige Spannung zunahm. In ihrem Kraftbewußtsein hat die Hanse erwogen, ob sie nicht die Befriedung des Festlandes ebenso wie die der See, in die Hand nehmen solle, um ihr Ansehen weithin zu verbreiten. Im Jahre 1430 beschlossen die Städte, „zum Frieden und Nutzen des gemeinen Guten und zur Erhaltung der Städte, und damit man wissen möge, welchen Profit und Frommen die Henze einbringe", einer widerrechtlich überfallenen Stadt mit nach Leistungsfähigkeit jeder Stadt bestimmten Wehrhaften zu helfen. Wer zu ferne sitzt, soll dafür Geld geben, die nächstgelegenen aber mit ganzer Macht herbeieilen.

Dieser weitgehende Beschluß ist nicht ins Leben getreten, aber ähnliche Pläne tauchten wiederholt auf, weil die Gefahren kein Ende nahmen. Das westfälische Soest verteidigte sich 1447 heldenmütig gegen seinen Herrn, den

Kölner Erzbischof Dietrich II., der ein mächtiges Heer der verbündeten norddeutschen Fürsten und böhmischer Söldner gegen die Stadt führte. Selbst die Frauen halfen wacker mit, den stürmenden Feinden siedendes Wasser auf den Leib zu schütten und mit Kalk gefüllte Gefäße auf die Köpfe zu schleudern. Die Stadt wandte sich zu Herzog Johann von Kleve und kam dadurch später an Brandenburg; freilich war sie des früheren Reichtums schon verlustig gegangen.

Das Stadttor (Nibelungentor) in Soest. (Nach einer Photographie.)

Der zweite große Städtekrieg in Süddeutschland, den seit 1449 der streitbare Markgraf Albrecht Achilles gegen Nürnberg und dessen Verbündete führte, flößte auch den hansischen Städten Sorge ein, und sie verabredeten wiederum ein Bündnis, eine „Tohopesate", zum gemeinsamen Schutz. Aber wenn auch Städte selbst entfernten Genossen manchmal wenigstens mit Geld beisprangen, immer blieben die Kämpfe mit den Fürsten auf die einzelnen Gruppen beschränkt; nie hat die Hanse als Bund innerhalb Deutschlands

Krieg geführt. Zu ihrem Glück, denn unaufhörliche und schwere Verwicklungen wären daraus geflossen, und da sicherlich viele Mitglieder nicht mitgetan hätten, würde eine vorzeitige Sprengung des Bundes erfolgt sein. Unmöglich war es, gegen zwei Seiten zugleich Front zu machen, und die Hauptsache blieb doch immer die Stellung auf der See. Schon allein sie zu behaupten, wurde ohnehin immer schwerer.

Obgleich Glieder der Hanse große und schwere Kriege bestanden haben, war sie in erster Stelle eine Macht des Friedens, und seiner Erhaltung galt jeder Kampf. Der Kaufmann brauchte ihn nur als letzte Maßregel, eingedenk dessen, daß das Schwert schneller gezückt als in die Scheide gesteckt, die Kriegsfahne leichter entfaltet als eingezogen wird. Daher darf man nicht das häufige Zaudern, die bereitwillige Nachgiebigkeit immer gleich als Zeichen der Schwäche auslegen. Auch die hansischen Großherren wußten, daß sich nicht immer alles erreichen läßt und Maßhalten gut ist.

In dem Zwiespalt mit den Fürsten kündigte sich bereits eine neue Zeit an. Jene gingen nicht allein aus Haß und Habgier gegen die trotzigen Untertanen vor. Das Fürstentum begann allenthalben, eine festere Ordnung zu begründen, der sich wie der Adel auch die Städte fügen mußten. Manche ist dadurch in ihrer Blüte geknickt worden, aber es war ein notwendiger Übergang aus der mittelalterlichen Auflösung in lauter Sonderrechte zu wirklichen Staatswesen. Namentlich in der Mark Brandenburg ist damals die Umbildung eingetreten. Kurfürst Friedrich I., dem Sigmund das Land übertragen hatte, durch die Hussitenkriege und die Reichspolitik in Anspruch genommen, konnte für sein nördliches Land wenig tun; erst sein Sohn Friedrich II. ging an die Arbeit. In einem heftigen Streit innerhalb der Bürgerschaft von Berlin-Kölln als oberster Richter auftretend, setzte er 1442 einen Rat ein, hob die Privilegien auf und verbot jedes Bündnis mit anderen Städten; sein an der Spree erbautes Schloß bekundete die neue Herrschergewalt. Unter diesen Umständen konnte Berlin, das nach der hansischen Auffassung aus einer freien Stadt eine eigene geworden war, nicht in der Hanse bleiben, und auch die übrigen märkischen Städte besuchten bald die Versammlungen nicht mehr. Nur Stendal und Salzwedel wurden noch 1498 geladen; 1518 galten auch sie als „abgedankt und abgeschnitten".

Das Ausscheiden der märkischen Städte war der erste große Verlust, den die Hanse auf rein deutschem Boden erlitten hat, und ist auch, wenn man von einzelnen Städten absieht, die wie Halle, Halberstadt und kleinere sächsische, dann Kiel ungefähr gleichzeitig und aus ähnlichen Gründen ausschieden, der einzige bis zum siebzehnten Jahrhundert geblieben. Folgenreicher war der traurige Umschwung, der sich damals im Osten vollzog.

Die stolze Brüderschaft des Deutschen Ordens verdankte ihr ruhmvolles Ansehen, ihre kriegerische Kraft, ihr ganzes Sein den Zügen gegen die heidnischen Litauer, den letzten Nachklängen der kirchlich-ritterlichen Kreuzzugszeit. An der Ehrentafel der preußischen Hochmeister gesessen zu haben, galt durch alle Länder Europas als höchste Auszeichnung der Ritterschaft. Da wurde Litauen christlich, als 1386 dessen Großfürst Jagiello die polnische Königin Hedwig heiratete und unter dem Namen Wladislaw die Taufe nahm. Der Verbindung, in die nun Polen und Litauen traten, war der Orden nicht gewachsen; im Jahre 1410 erlag er in der heißen Schlacht bei Tannenberg. Fast hätte der Orden schon damals sein Ende gefunden. Die tapfere Verteidigung der Marienburg durch Heinrich von Plauen rettete ihn, aber die alte Herrlichkeit kehrte nicht mehr wieder, und die freigewordenen zerstörenden Kräfte ließen sich nicht mehr bannen. Alsbald sank auch die Handelstätigkeit des Ordens tief herab.

Jetzt, wo sie nicht mehr blendender Glanz überstrahlte, wurden die Schattenseiten der altehrwürdigen Einrichtung bemerkbar, die mangelhafte Zucht der Ordensglieder, ihre sittlichen Gebrechen, die begangenen Fehler in der Regierung des Landes. Die Erschöpfung des Staates nötigte zu schweren Auflagen, gegen die auch die mitbetroffenen Hansestädte Einspruch erhoben. Adel und Städte sahen in dem Orden nur noch einen Fremdherrscher, weil er keine Landeskinder aufnahm. Beide verlangten Anteil an der Landesverwaltung, wie ihn in den anderen deutschen Landen die Stände besaßen. Als ihre Forderungen nicht erfüllt wurden, schlossen sie 1440 den preußischen Bund zum Schutz ihrer Rechte. Vergeblich versuchte der tüchtige Hochmeister Konrad von Erlichshausen nochmals die Aufregung zu beschwören: die verbündeten Landesinsassen riefen 1454 lieber den Polen ins Land, als daß sie den Orden länger ertragen hätten. Ein greuelvoller Krieg mit furchtbaren Verwüstungen

Das Wappen der Hochmeister des Deutschen Ritterordens.

brach aus, während Kaiser und Reich so wenig für diese östlichen Grenzlande sorgten, wie sie es zur Zeit ihrer Erwerbung getan hatten. Die von dem hilflosen Orden ohne Bezahlung gelassenen Söldner verkauften die Marienburg und andere Festen an Polen. Erst der Thorner Frieden vom Oktober 1466 machte dem entsetzlichen Elend ein Ende, aber er lieferte Westpreußen an Polen aus und niedrigte den Hochmeister, dem nur Ostpreußen blieb, zum polnischen Landesfürsten herab.

Die kurzsichtige Leidenschaft der Stände gereichte ihnen selbst zum schwersten Schaden; Preußen hat sich von diesen furchtbaren Schlägen nie mehr erholt. Die unter Polen gekommenen Städte bewahrten zwar ihr deutsches Wesen, aber Adel und Landvolk gaben sich mit der Zeit so dem Polentum hin, daß sie selbst seine Sprache annahmen.

Die Hanse konnte in diesem Kriege, da ihre eigenen Genossen gegen den Orden kämpften, nichts anderes tun, als dafür sorgen, daß der Handel und namentlich die Schiffahrt möglichst wenig litten; ihre Friedeschiffe hielten die Seeräuber nieder. Noch in später Stunde 1463 machte Lübeck einen fruchtlosen Vermittelungsversuch.

Die letzte Versammlung der preußischen Städte in hansischen Dingen fand 1453 statt. Von den sechs, die die Hanse vertraten, behielt der Hochmeister nur Königsberg. Die anderen, obgleich dem Reiche entfremdet, blieben in der Hanse, aber sie gingen sämtlich zurück, außer Danzig. Ihre Beratungen über Bundessachen hielten sie fortan bei Gelegenheit der Versammlungen der westpreußischen Stände ab.

Nur die Stadt Danzig, die am leidenschaftlichsten den Orden bekämpft hatte und von Polen wie ein Freistaat anerkannt wurde, stieg noch stattlicher auf. Schon im vierzehnten Jahrhundert gedieh sie mächtig, wie ihre hochragenden Kirchen und der zierliche Bau des Artushofes, des patrizischen Gesellschaftshauses, bezeugen. Jetzt fiel der gewinnbringende Weichselhandel mit Polen fast ganz an Danzig, ebenso die Ausfuhr von Getreide und Mehl nach England. Nach dem russischen Binnenlande ging lebhafter Verkehr über Kowno oder Kauen am Niemen, wo das Kontor ganz dem Danziger Kaufmann diente. Die Stadt, kaum weniger seemächtig als Lübeck, verfolgte eine große Politik und scheute sich nicht, Krieg mit Dänemark und mit England zu führen. Der Einfluß, den bisher die preußischen Städte inne gehabt hatten, ging auf Danzig allein über.

Eine Folge der veränderten Staatsverhältnisse im Osten, wo König Matthias von Ungarn auch Schlesien an sich brachte, war, daß Breslau 1474 aus der Hanse austrat, sich beklagend über Zurücksetzung in Brügge und auf Schonen. Die Stadt fand ihren Vorteil mehr in der Verbindung mit Süddeutschland. Auch Krakau hat sich wenig später von der Hanse abgewandt.

Livland behielt bei der Niederlage des Ordens in Preußen seine Selbständigkeit, und die dortigen Städte, unter denen Riga großen Vorsprung gewonnen hatte, nahmen weiter auf den großen Tagen wie in eigenen Versammlungen an den hansischen Angelegenheiten teil. Aber Polen wie Rußland lagen auf der Lauer, und die große Verschiebung der staatlichen und wirtschaftlichen Verhältnisse, die auf dem ganzen althansischen Gebiete eingetreten war, machte sich auch hier fühlbar.

Achter Abschnitt.
Nowgorod, Bergen und Schonen.

Die Hanse hatte ihr rechtes Wesen dadurch gewonnen, daß sie Osten und Westen verband, Rußland mit Brügge und England in Verkehr setzte und mit Einschluß von Skandinavien ein einheitliches Handelsgebiet schuf. Es war ein für die damaligen Verhältnisse gewaltiger Raum, den sie umspannte, und natürlich, daß sie ihn auf die Dauer nicht gleichmäßig beherrschen konnte. Bald hier, bald dort gab es Streit, und an jeder Stelle hatten die Hansischen mit anderen Verhältnissen zu tun.

Daher scheint es am besten und anschaulichsten, von den Hauptplätzen gesondert zu reden, sie zu schildern und ihre Geschichte zu erzählen, um dann wieder den durchgehenden Faden aufzunehmen.

Für die Niederlassungen im Auslande kam die Bezeichnung „Kontore" auf, die ursprünglich „Schreibstube" bedeutete. Sie waren sämtlich keine Kolonien, sondern etwa Faktoreien, aber nicht so, daß sie bestimmten Handelshäusern gehört oder für sich Geschäfte betrieben hätten. Die Kontore dienten nur als Stützpunkt und Wohnung für zeitweisen Aufenthalt, jeder in ihnen weilende Kaufmann besorgte für sich seinen Handel, nur gewissen Vorschriften unterworfen. Die Niederlassungen standen unter hansischer Aufsicht und konnten nur ihre inneren Angelegenheiten selbständig verwalten; alle wichtigen Maßregeln und Handlungen hingen seit der Mitte des vierzehnten Jahrhunderts von der Genehmigung des Verbandes ab. Daher erschienen häufig Vertreter der Höfe auf den Hansetagen, aber nur als Berichterstatter, nicht als Stimmberechtigte. Das Leben in den Kontoren regelten Hausordnungen, deren Ursprung in London und Nowgorod in früheste Zeiten hinaufreichen mochte; die Unterhaltungskosten deckten Abgaben der Besucher.

Der gefährdetste Posten war allzeit in Nowgorod, inmitten einer unbändigen, überaus zahlreichen Stadtbevölkerung. Schon die Fahrt dorthin dauerte lange und brachte viel Beschwerden, weil die großen Koggen nicht die Stromschnellen des Wolchow hinauffahren konnten und auf Nowgoroder flache Schiffe umladen mußten. Dann war noch eine weite Strecke durch ödes, oft unruhiges Land zurückzulegen. Man unterschied Sommerfahrer und Winterfahrer, d. h. solche, welche den Winter in Rußland zubrachten, und solche, die mit dem Frühjahr ankommend, zum Herbst heimsegelten. Auch zu Lande, von Livland und Preußen her, trafen Besucher ein. Die Niederlassung war eine ständige, nicht auch ihre Bewohnerschaft, die im Jahre mehrmals wechselte, denn nach Abschluß der Geschäfte zog der Kaufmann wieder heim.

Den Deutschen aus dem Reiche gehörte der Hof um die Kirche von St. Peter; nachher erwarben sie auch die Benutzung des älteren Hofes der Gotländer mit der Olafskirche.

Schon in der ersten Hälfte des dreizehnten Jahrhunderts wurde eine kurze Ordnung für den Petershof aufgestellt, die „Skra", die späterhin Änderungen und Zusätze erfuhr.

Der Petershof umfaßte einen mit Plankenwerk umzäunten Raum, in dem aus Holz gezimmerte „Kleten" standen, Häuser, die als Verkaufshallen und zum Wohnen dienten, Buden und andere Baulichkeiten, Krankenhaus, Brauhaus, Mahlstube, Backstube.

Das Hauptgebäude war die Kirche, die der Deutsche hier unter dem andersgläubigen und fremdsprachigen Volke am wenigsten entbehren konnte. Die Sommer- und Landfahrer brachten ihren Priester mit, den sie beköstigten, während der über den Winter bleibende von der Hofgenossenschaft Gehalt empfing. Die Geistlichen warteten nicht nur ihres Amtes, sondern halfen auch dem Kaufmann mit allerhand Schreibwerk. Ebenso war die Kirche als fester und vor Feuer und anderen Fährlichkeiten gesichertster Bau nicht allein dem Gottesdienst nutzbar. In ihr lagerten die Warenballen, wurden die Kleinodien des Hofes, Schriften und die Kasse, das bei Streitigkeiten entscheidende Normalmaß und Gewicht aufbewahrt. Ein Wachtmann verwehrte bei Tage den Russen den Eintritt, abends wurde die Kirche sorgfältig zugeschlossen, und zwei Männer hielten in ihr Wache, wie der ganze Hof nachts unter strenger Hut von Wächtern und bissigen Hunden stand. Jeder Hofgenosse der Reihe nach war zu diesem Sicherheitsdienst verpflichtet, doch sollten nie zwei Brüder oder Leute, die Geld gemeinsam hatten, in der Kirche wachen.

Zwei gekorene Aldermänner, die zu stellen Lübeck und Wisby das Recht hatten, übten die Oberaufsicht über Hof und Kirche, von denen der eine, der seine Gehilfen, die vier Meister, selbst ernannte, der oberste Richter, Vorsteher und Vertreter des Ganzen war, der andere die Haushaltung und die Geldsachen führte. Alle Besucher zahlten bestimmte Abgaben, die nebst den hohen Bußen zum Unterhalt des Hofes dienten und deren Überschuß in der älteren Zeit nach der Marienkirche in Wisby überführt wurde; die vier Schlüssel zu dem Kasten hatten die Städte Wisby, Lübeck, Dortmund und Soest. Über seine Insassen hatte der Hof vollkommene Gerichtsbarkeit, selbst an Leib und Leben; Streitigkeiten mit den Russen mußten vor dem Stadtgerichte, das dann Deutsche zu Beisitzern nahm, geschlichtet werden.

Der Hof war je nach der Heimat der Insassen in Haushaltungen,

„Maskopeien", eingeteilt, jede hatte ihren gemeinsamen Wohnraum und ihren Vogt und besorgte aus Beiträgen den Unterhalt ihrer Leute. Eine große Stube war allen geöffnet, die Lehrlinge versammelten sich in der „Kinderstube"; die Meister hatten ihre Trinkstube, die geringeren ihre Feuer- und Lichtstuben. Hohes Spiel um Geld war untersagt. Frauen hatten keinen Zulaß zum Hofe.

Sorglich suchte man jeden Streit mit den Russen zu vermeiden, denen größtes Mißtrauen entgegengebracht wurde. Niemand durfte mit ihnen ohne zwei Zeugen ein Geschäft abschließen, auf Borg handeln oder gemeinsames Geschäft machen oder in einem russischen Hause um Geld spielen.

Zum Verkehr war Kenntnis der russischen Sprache erforderlich. Meist halfen Dolmetscher, „Tolke", aus, doch ließ man auch Jünglinge, die jedoch nicht über zwanzig Jahre alt sein durften, sie er- lernen. Auch auf das beim niederen russischen Volke beliebte Ledergeld neben der Metallmünze mußte sich der Kaufmann einrichten.

Das Wappen des Hofes war der Kopf eines bärtigen Mannes, später, in Annäherung an die an- deren hansischen Kontore, ein Schild, der längs ge- teilt den halben Doppeladler und den Schlüssel (von St. Peter) enthielt.

Das Wappen des Kontors von Nowgorod.
(Nach dem Führer zur Hansischen Wisbyfahrt.)

Außer in Nowgorod bestanden deutsche Kaufhöfe auch in Pskow oder Pleskau, wie die Deutschen die Stadt nannten, in Smolensk und in den litauischen Städten Polozk und Witebsk. Zu ihrem Besuch benutzte man am liebsten den Winter, wenn die Sümpfe gefroren waren und der Schnee leichtere Fortbewegung gestattete. Die Fremden kauften in Rußland hauptsächlich Landeserzeugnisse und Rohstoffe ein; orientalische Waren wurden kaum gehandelt, da man sie leichter aus Brügge bezog.

Der Handel brachte großen Ertrag, weil er nicht mit Zöllen belastet war; nur eine kleine Abgabe an Geld, Tuch und Handschuhen kam den Fürsten und Obrigkeiten zu. Wenn nur nicht so häufige Unterbrechungen den Erwerb gestört hätten! Immer war hier der Aufenthalt unsicher, wie vor dem Feinde. Mit den Waffen ließ sich in dieser weiten Ferne nichts ausrichten, nur Verhandlungen und Handelssperren konnten Klagen ab- helfen. Aber die Russen waren ebenso hartnäckig wie herausfordernd, und die starke russische Kaufmannschaft in der Stadt machte sich vom hansischen Kaufmann unabhängiger. Denn der Nowgoroder Handel fand neuen Ab- satz zu Lande über Kowno, wo Danzig sein Kontor errichtete, und nahm weiterhin Fühlung mit dem süddeutschen Kaufmann. Ließ bei den häufigen Schlägereien vielleicht ein Russe sein Leben, dann brauste das Volk wütend auf und stürmte gegen den Hof. Zu wiederholten Malen blieb er jahrelang geschlossen; kam es dann zur Aussöhnung, küßten die Russen nach ihrer Sitte zur Bestätigung der Verträge das Kreuz.

Auch die Kriege zwischen dem Deutschen Orden und den Russen wirkten nachteilig ein und nötigten den Kaufmann, den Verkehr einzustellen. Andere Schwierigkeiten schuf die gegenseitige Eifersucht. Die am nächsten sitzenden Livländer, geführt von Riga, wollten den reichen Markt möglichst für sich ausbeuten. Russische Kaufleute kamen auch häufig nach Livland. Besonders die Preußen waren den Livländern unbequem und erfuhren von ihnen allerlei Hindernisse und Beschränkungen, wie sie z. B. kein polnisches Tuch verkaufen durften; am liebsten hätte Riga ihnen den Landweg ganz verwehrt.

Da brach hier die erste gewaltige Flutwoge des Unheils vernichtend ein. Rußland begann seine Welt-Laufbahn, nachdem die Moskauer Großfürsten das zweihundertjährige Joch der Mongolen abgeschüttelt hatten. Der furchtbare Iwan III. nahm seiner Gemahlin Sophie wegen den byzantinischen Doppeladler als Reichswappen und den Titel Zar und Herr an; er hat zuerst abendländische Ärzte, Bau- und Bergleute nach Rußland berufen und mit europäischen Herrschern Beziehungen angeknüpft. Als Nowgorod, um seine Freiheit zu bewahren, polnische Hilfe anrief, rückte Iwan 1471 unter furchtbaren Verwüstungen heran, nötigte die Stadt zur Unterwerfung, und als sie nochmals widerstreben wollte, zwang er sie 1478 zur bedingungslosen Ergebung. Im folgenden Jahre zog er in die Stadt ein, hielt strenges Strafgericht, nahm ungeheure Schätze in Beschlag und ließ den vermögendsten Teil der Bevölkerung ins Innere seines Reiches abführen. Mit dem alten Nowgorod war es zu Ende. Ohnehin hatte sein Stapel schon an Bedeutung verloren, weil das bequemer liegende Narwa den Hauptverkehr nach dem Inneren an sich gezogen hatte. Nur Livland zeigte lebhaftes Interesse an der Sache.

Die in Nowgorod anwesenden Kaufleute hatten Schweres zu erleiden, so daß der Handel eingestellt wurde. Der Zar gewährte zwar 1487 den hansischen Abgeordneten Frieden und Vertrag, aber König Johann von Dänemark, dessen Bündnis gegen Schweden er suchte, verlangte die Vertreibung der Deutschen aus Nowgorod, und die Revaler entflammten durch grausame Hinrichtung zweier verbrecherischer Russen den schrecklichen Zorn Iwans. Eben hatte er noch eine Gesandtschaft der Städte bei sich in Moskau empfangen, als er am 5. November 1494 den Hof in Nowgorod überfallen ließ; alle Deutschen, neunundvierzig Mann, aus livländischen, sächsischen und westfälischen Städten, wurden ausgeraubt und ins Innere geschleppt, die Warenschätze, Geräte und Kleinodien nach Moskau gebracht. Erst nach drei Jahren gab der Wüterich auf Fürbitte des deutschen Königs Maximilian, mit dem er jahrelang gegen Polen gerichtete Verhandlungen führte, die Gefangenen heraus bis auf vier, die er als Geiseln nach Moskau bringen ließ. Iwans Sohn, Wassili IV., gestattete, als er sich ebenfalls mit Maximilian gegen Polen verbündete, 1514 durch neuen Vertrag die Rückkehr in den verödeten Hof. Die alte Blüte kehrte nicht wieder. Die Livländer, um sich des russischen Handels zu bemächtigen, störten die Eintracht und hemmten die Verhandlungen, bis sie selber die schwere Hand Iwans IV. des Schrecklichen, dieses halb wahnsinnigen Scheusals, zu fühlen bekamen. Er eroberte 1558 Narwa und Dorpat und ließ 1570 in Nowgorod ein furchtbares Blutbad anrichten, das die Stadt vollends erschöpfte. Als der Hochmeister Albrecht von Brandenburg die Ordensherrschaft in Preußen 1525 in ein weltliches Herzogtum verwandelte, war der livische Landmeister Walter von Plettenberg der alten Kirche treu geblieben, doch der zerrüttete Orden war auch hier unhaltbar geworden. Der letzte Meister, Gotthard Ketteler, trat 1562 in den weltlichen Stand als Herzog von Kurland und Vasall von Polen, dem er Livland überließ. Die Insel Ösel wurde von Dänemark gekauft, Reval hatte sich an Schweden gewandt. Der Haupthandelsplatz in diesen Gegenden blieb Narwa, das 1581 die Schweden eroberten.

Nowgorod war inzwischen verfallen. Als die Lübecker 1588 von dem Zar Fedor wiederum ein Privileg für den Handel nach Nowgorod, Pskow und Moskau erhielten und die Erlaubnis bekamen, die alten Höfe wieder zu benutzen, war der Petershof in Trümmer gesunken und in den Besitz eines Bauern übergegangen. Die Hoffnungen auf gesicherte Rechte erwiesen sich als eitel.

Lübeck bemühte sich indessen eifrig weiter um bessere Bedingungen und erlangte 1603 durch eine Gesandtschaft vom Zaren Boris einen Gnadenbrief, der gestattete, in Nowgorod, Pskow und Iwangorod (gegenüber von Narwa) Häuser zu bauen und zu kaufen. Die Hansestädte wollten wohl ein Anrecht haben, aber keine Beisteuern leisten. Daher hat Lübeck allein noch einmal die alten Höfe an sich gebracht. Aber der Handel gebrauchte jetzt andere Wege, und Nowgorod, zur Kleinstadt herabgesunken, war aus dem Weltverkehr ausgeschieden; der Platz brachte keinen Nutzen mehr und mußte aufgegeben werden.

Von dem Petershof, dem man nicht ohne Übertreibung nachrühmte, daß aus ihm wie aus einem Brunnquell alle anderen hansischen Kontore geflossen seien, der einst volle drei Jahrhunderte den deutschen Kaufmann beherbergte und bereicherte, ist nur die geschichtliche Erinnerung übrig geblieben. Ein einziges Denkmal bezeugt noch heute die alte Verbindung Nowgorods mit Deutschland: die mit zahlreichen Darstellungen aus der heiligen Geschichte geschmückten Bronzetüren der Sophienkirche, ein Werk wahrscheinlich Magdeburger Erzgießer, das im vierzehnten Jahrhundert an diese ferne Stätte gelangte.

Unter günstigeren Bedingungen als in Rußland lebte der Kaufmann in Norwegen, nachdem es ihm gelungen war, fast ausschließlicher Herr des Handels zu werden. Außer den kleineren Kaufhöfen in Tönsberg und Oslo, die Rostock benutzte, war dort das große Kontor in Bergen.

Bergen, an wohlgeschützter Bucht, dem Vaagen gelegen, schon früh

von den Engländern besucht, zog seit dem dreizehnten Jahrhundert die
Deutschen an, Kaufleute und Handwerker. Letztere, wie überall in Norwegen „Schuster" genannt nach ihrer stärksten Gilde, begründeten ein
eigenes Viertel, heirateten keine Norwegerinnen und standen allzeit getreulich in Freude und Leid, oft mit ihren harten Fäusten, zu den Hansischen.
Als allmählich eine größere Zahl Kaufleute über den langen Winter blieb,
erwarben sie Häuser, und so entstand das Kontor, das zuerst um die Mitte
des vierzehnten Jahrhunderts erwähnt wird und nach der Verwüstung
Bergens durch die Piraten 1429 zur vollen Blüte gelangte. Noch heute
heißt das Gestade „die deutsche Brücke", und noch steht ein Teil der alten
Hansischen Häuser, die jedoch bald Neubauten zum Opfer fallen werden.
Sie lagen am Rande des Meerbusens Vaagen, so daß die Schiffe, an den

Der Schütting in Bergen.
(Aus: Hansische Geschichtsblätter, Jahrgang 1889.)

Landungsbrücken anlegend, mit hohen beweglichen Kranen bequem die
Warenballen aus- und einladen konnten. Dreißig Häuser, Garde oder
Garten, auch Höfe genannt, aus rohen Balken gezimmert, meist dreistöckig,
mit schmaler Front aber lang zurückgestrecktem Körper, standen dicht nebeneinander. Sie enthielten Kaufbuden, Packräume und enge, niedere Stuben,
in denen die Kaufleute, Kaufmannsgesellen, Bootsjungen und Dienstleute
in Familien unter Aufsicht der „Hausbonden" abgeteilt wohnten. Hinten
lag der „Schütting", ein schmuckloser, länglich viereckiger Raum, fensterlos
oder mit wenigen kleinen Fenstern, der im Winter die Hausgenossenschaft
um das mächtige Holzfeuer versammelte, dessen Rauch durch eine Luke im
Dach seinen Abzug nahm. Auf den ringsumlaufenden Bänken hatte jeder
seinen Platz abgeteilt, darüber ein Schränkchen in der Wand mit Eß- und
Trinkgerät. Die Speisen wurden in der anstoßenden Küche, dem Elthause,
in dem sich ein Brunnen befand, am offenen Feuer in mächtigen, von

Ansicht von Bergen im 17. Jahrhundert. (Nach Nielsen, Bergen fra de aeldste Tiden indtil Nutiden.) Die „deutsche Brücke" an der linken Seite des Vaagen (Wage), die Marienkirche mit den zwei stumpfen Türmen.

eisernen Haken herabhängenden Kesseln bereitet und durch ein Schiebefenster in den Schütting gereicht; in einem Nebenraum verzapfte der Küfer das Getränk. Hinter den Gebäuden lieferte ein kleiner Garten die iv der Küche nötigen Kräuter. Gegen hundert Mann beherbergte jedes der Häuser, im ganzen also etwa breitausend, zur Sommerszeit während des Schiffsverkehrs erheblich mehr.

Dicht gepfercht hausten die Insassen; Licht und Luft waren mehr als spärlich zugemessen, und der Geruch der getrockneten Fische, der Qualm und Dunst des Schüttings machten den Aufenthalt noch unangenehmer. Auch die in der Nähe liegenden Wirtschaften und schlechten Häuser trugen zur Verschönerung des Lebens nichts bei. Eine strenge Zucht hielt im Kontor die Ordnung aufrecht. Keiner durfte verheiratet sein, überhaupt kein Weib die deutsche Brücke betreten. Freundschaftlicher Verkehr mit den Eingeborenen war streng verpönt. Wer etwa eine Norwegerin ehelichte, verlor sein deutsches Recht. Der Tag verging in angestrengter Arbeit, die Abende brachten zur Entschädigung einen kräftigen Trunk, bis die festgesetzte frühe Stunde jeden in die dumpfe Stube zwang.

Als Börse, Amtshaus und Beratungsort diente das benachbarte Kaufmannshaus. Die kirchlichen Pflichten wurden sorgsam erfüllt, und eigene deutsche Priester walteten ihres Amtes. Die Deutschen hatten zwei Pfarrkirchen, von denen die eine, wie in Wisby der Jungfrau Maria gewidmet, nach mehrfacher Zerstörung durch Brand im fünfzehnten Jahrhundert hergestellt, noch heute steht, mit dem von den Deutschen gestifteten kunstreichen Altar. An der Kirche lag der Friedhof.

Entschädigung für das unbehagliche Dasein suchte man in allerlei Unterhaltungen und derben Spielen. Ihre Opfer wurden namentlich die Neulinge. Überall in Deutschland übte man bei der Aufnahme neuer Genossen in eine Gesellschaft gewisse Gebräuche, deren ursprünglich scherzhafter Inhalt sich in platte Rohheit umwandelte. Bekannt ist, wie schwer die „Pennäler", die jungen Studenten an den Universitäten, unter derben Witzen und Foppereien zu leiden hatten. Die grausame Behandlung der Neulinge in Bergen, wahre Folterqualen, überschritt jedes erlaubte Maß; mit Gefahr der Gesundheit, im stinkenden Rauch halb erstickt, in eiskaltes Wasser geworfen, mit erbarmungslosen Streichen bis aufs Blut gepeinigt, erkauften sie den Eintritt in das Kontor. Erst auf Befehl der dänischen Regierung hörten 1676 diese Rohheiten auf, nachdem die Hansetage lange vergebliche Verbote erlassen hatten. Doch kannte man auch eblere Vergnügungen; sogar harmlose Schauspiele wurden aufgeführt.

Die Norweger haßten die Deutschen, die rücksichtslos und gewalttätig wie Herren auftraten und sich um die Gesetze wenig kümmerten. Oft gab es blutige Händel; 1455 erwiderten die Hansischen Gewalt mit Gewalt und griffen den ihnen feindlichen königlichen Vogt an. Vergebens suchte er Zuflucht am heiligen Ort, hielt der Bischof den Wütenden das Kreuz entgegen, beide nebst vielen anderen wurden erschlagen, Kirche und Kloster gingen in Flammen auf. Die Deutschen wußten, wie wenig Norwegen sie entbehren konnte.

Das Wappen des Kontors enthielt bezeichnenderweise einen silbernen goldgekrönten Stockfisch auf rotem Grunde, gepaart mit dem halben schwarzen Reichsadler auf Gold.

Obgleich auch Bergen langsam zurückging, so daß schon nach Beginn des sechzehnten Jahrhunderts ein Teil der Kleinodien eingeschmolzen werden mußte, um aufgelaufene Kosten zu decken, hat es sich am längsten von allen hansischen Niederlassungen behauptet. Noch 1560 gestattete König Christian, daß die Kaufleute anderer Völker dort keinen Winteraufenthalt nehmen dürften. Selbst nach der Auflösung der Hanse setzten Lübeck, Hamburg und Bremen den Handel fort und erhielten eine königliche Bestätigung ihres alten Sitzes, den sie noch 1702 nach einer zerstörenden Feuersbrunst wieder aufbauten. Aber schon war die Zahl der Kontorschen sehr gering, und als auch Bremen und Hamburg sich von dem unbedeutend gewordenen Handel zurückzogen, ging das Kontor ein; 1777 wurde der letzte Rest, die Kaufmannsstube, verkauft. Ein kleines Museum birgt jetzt manche Andenken an die hansische Zeit.

Das Wappen des Kontors in Bergen.

(Nach dem Führer zur Hansischen Wisbyfahrt.)

Ein vollkommen anderes Bild als die allein dem Handel gewidmeten Kontore bieten die Niederlassungen auf Schonen dar. Der Stralsunder Friede von 1370 hatte auch hier die rechtlichen Grundlagen für die Folgezeit gefestigt. Doch galten Sonderrechte der einzelnen Städte, und wenn auch Betrieb und Verkehr nach hansischem Recht ging, so gab es hier kein allgemeines hansisches Eigentum. In Schonen war der Fang und die Zubereitung des Herings die Haupttätigkeit, die nur die Zeit des endenden Sommers und des Herbstes in Anspruch nahm. Es ist bekannt, in wie ungeheuren Massen der Hering an die Küsten zum Laichen zu kommen pflegt; Schwärme von meilenweiter Länge und Breite erscheinen so dichtgedrängt, daß sie Boote in die Höhe heben. Doch manchmal bleibt der Hering an gewohnten Stellen aus, und im Laufe der Jahrhunderte hat er die Laichplätze verändert. Das ganze Mittelalter hindurch besuchte er mit Vorliebe das schonensche Gestade; erst um 1560 zog er sich nach der norwegischen Küste zurück.

Die kleine, durch einen schmalen Streifen mit dem Festlande zusammenhängende Halbinsel ist von Nord und Süd nur etwa eine Meile, sieben Kilometer, lang; die beiden Orte Skanör und Falsterbo, von denen der eine heute 800, der andere 280 Einwohner zählt, sind nur eine halbe Stunde voneinander entfernt. Dieser enge Raum war zur Heringszeit der Schauplatz fieberhafter Arbeit. Den Fang betrieben Fischer in kleinen, fünf bis sechs Mann fassenden Booten, „Schuten" genannt; zum größten

Teil waren sie Dänen. Ihre dürftigen Hütten, für die sie an den König
Zins zahlten, standen am Strande, dem eine lange, schmale, nur wenige
Fuß hervorragende Insel und weiter südlich eine gleichgestaltete Landzunge
vorgelagert sind. Die Fischer durften jedoch nur so viel Fisch salzen, als
sie zum Unterhalt nötig hatten, denn der Handel mit dem kostbaren Gut
gebührte allein den Kaufleuten, die ihnen den Fang abkauften für Geld,
häufiger in Gegenrechnung für Lebensmittel und Waren. Das Einsalzen
besorgten Frauen; die einen weideten mit höchster Fingerfertigkeit den Fisch
aus, die anderen legten ihn in die Lake. Die Tonnen, deren Größe und

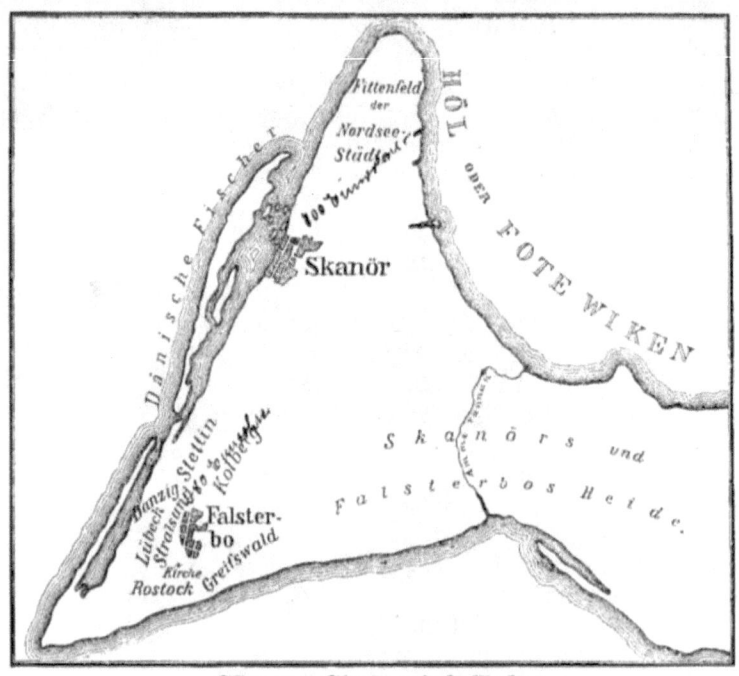

Skizze von Skanör und Falsterbo.
(Nach Schäfer, Das Buch des Lübeckischen Vogts auf Schonen.)

Gestalt Vorschriften bestimmten, brachten die Händler fertig mit; die flinken
Böttcher hatten sie nur zuzuschlagen.

Die Kaufleute hausten auf den „Fitten", Grundstücken, deren Benutzungsrecht gegen eine Abgabe an den König einzelne Städte schon im dreizehnten
Jahrhundert erwarben. Bei Falsterbo saßen die Ostseestädte, von denen
fünf, Lübeck, Stralsund, Rostock, Stettin und Danzig, im Laufe des fünfzehnten Jahrhunderts allein das Geschäft an sich brachten. Bei Skanör
hatten die Nordseestädte ihre Fitten; Kampen hat lange Zeit mit größtem
Eifer hier gearbeitet. Das nicht ferne Malmö, von den Deutschen „Zum

Ellenbogen" genannt, wo ein Kaufhaus stand, und Landskrona hatten ebenfalls Anteil an dem schonenschen Betriebe; außerdem gab es noch andere Fischplätze, wie Dragör auf der dänischen Insel Amager.

Der Salzhering, durch die von der Kirche vorgeschriebene Fastenzeit im Mittelalter noch unentbehrlicher als jetzt, hatte seinen Hauptabnehmer an Deutschland, aber er ging auch weit darüber hinaus, nach England, Flandern und Frankreich. Er war der wichtigste Gegenstand des hansischen Handels, der den Städten jahrhundertelang ungemeinen Gewinn eingetragen hat.

Der winzige Erdenfleck bot auch Gelegenheit zum reichlichen Umtausch anderer Waren, welche die ankommenden Schiffe als Fracht herbeiführten. Alle möglichen Dinge liefen auf dem Markt um, der eine glücklich gelegene Zwischenstelle zwischen Osten und Westen einnahm. Auch Handwerker, Schuhmacher, Kürschner, Fleischer, kamen von Deutschland herüber, die in besonderen Buden ihre Werkstätten aufschlugen.

Die zahlreichen hölzernen Häuser, welche die Städte auf ihren Fitten hatten — Lübeck allein fünfzig —, dienten zum Salzen und Verpacken des Fisches, zum Verkauf, zum Wohnen und auch als Schankstätten. Das weibliche Geschlecht, das in Bergen und Nowgorod aus den Höfen gänzlich verbannt war, nahm hier seinen Platz ein, weil außer den mit dem Salzen beschäftigten Frauen nach altdänischer Sitte „Trinkweiber" in den zahlreichen Schänken aufwarteten.

Tausende strömten hier jährlich für die wenigen Monate zusammen, um nach getaner Arbeit wieder heimzuziehen; im Jahre 1463 waren gegen 20000 Personen anwesend. Außer den Fischern, den Händlern, den Handwerkern waren viele Handlanger erforderlich. Hunderte von Wagen halfen zum Aus- und Einladen der Schiffe, weil diese weit von dem flachen Strande ankern mußten, zumeist in der nach Norden geöffneten Bucht. Die Wagen fuhren vom Gestade durch das Wasser bis zu den breiten Pramen, welche die Packen ans Schiff trugen. Mehrere Kirchen und Kapellen, da fast jede Stadt eine eigene hatte, standen in den Fitten, als älteste und bedeutendste die der Jungfrau Maria geweihte lübische, zugleich Begräbniskirche der Deutschen. Dominikaner und Franziskaner verrichteten den Gottesdienst. Selbst für Wundärzte war gesorgt.

Laut und lebendig genug ging es demnach auf dem von Fischduft durchsättigten, von Menschen überfüllten Platz her, und nicht immer friedlich. Deshalb durften Waffen nur bei der Ankunft bis in die Herberge und bei der Rückfahrt getragen werden.

Jeder Fitte stand als deren Vertreter ein von der Heimatstadt gesetzter Vogt vor, der weitgehende Vollmachten hatte und viel in Anspruch genommen wurde, weil er die Polizei wie die gesamten Rechtsgeschäfte zu führen hatte. Die oberste Gerichtsbarkeit, soweit sie nicht einzelnen Städten zugestanden war, verwaltete der dänische Vogt, neben dem ein zweiter Beamter die königlichen Einkünfte und die Zölle für Ein- und Ausfuhr erhob.

Die Schonenfahrt gehörte zu den wichtigsten Lebensbedingungen der hansischen Ostseestädte. Daher war ihre Unterbrechung bei den Kriegen mit Dänemark ein schweres Opfer, zu dem man sich nur im äußersten Notfall entschloß. Bei unruhigen Zeiten erging wohl der Befehl, daß der Kaufmann nur mit kriegerischer Rüstung zu diesem friedlichen Geschäft ziehen durfte.

Gegen Ende des fünfzehnten Jahrhunderts trat bereits ein Rückgang ein, und um Skanör wurde es still, weil die Nordseeleute wegblieben. Der Marktverkehr hörte auf, seitdem die verbesserte Segelkunst die weiten, unmittelbaren Fahrten bevorzugte, wie Wisby schon früher zu seinem Schaden erfahren hatte. Nur der Fischfang um Falsterbo hielt sich, bis er mit dem Ausbleiben des Herings an Wert verlor. Daher hörte der Verkehr mit Schonen, obgleich die Lübecker noch nach dem Dreißigjährigen Kriege ihn zu erhalten suchten, gegen Ende des siebzehnten Jahrhunderts auf. Noch heute trägt das Haus der Schonenfahrer in Lübeck den goldenen Schild mit drei Heringen. Jede Spur von den hansischen Niederlassungen ist verschwunden, weil die Reste der wenigen Steinbauten abgebrochen und anderweitig verwendet wurden. An Stelle der Fitten liegt jetzt dürftiges Ackerland, und am öden Strande verraten nur hin und wieder im Sande gefundene Kohlenreste die Stelle der einstmals von den Fischern aufgeschlagenen Buden.

Neunter Abschnitt.

Brügge und Antwerpen. Der Stahlhof in London. Die Holländer.

In ganz andere Verhältnisse sah sich der Kaufmann versetzt, wenn er seinen Kiel statt nach Nowgorod und Bergen der flandrischen Küste zulenkte. Umgab ihn dort die noch ungebändigte Roheit ursprünglicher Zustände, traf er hier alles, was die Welt zum behaglichen und üppigen Genuß des Lebens barbot, alle nützlichen und schönen Dinge, die Gewerbe und Kunst im Verein hervorbrachten. Welcher Unterschied zwischen dem rauchgeschwärzten Schütting Bergens und den prangenden Häusern der flandrischen Kaufherren, deren Frauen, wie eine französische Königin sagte, an überschwenglicher Fülle des kostbarsten Schmuckes alle Königinnen glichen! Im Norden war der deutsche Kaufmann der bahnbrechende Pionier, in Brügge konnte er mancherlei bewundern und lernen. An Reichtum, in der Handhabung des Geldwesens, in der geschickten Kapitalanlage, in der Ausdehnung der kaufmännischen Verbindungen waren die Flamländer überlegen. Die Deutschen hatten hier wohl mit einer fremden Herrschaft zu tun, aber in dem altflämisch redenden Brügge fühlten sie sich wie zu Hause, und der bürgerliche Stolz, den die Stadt so oft in hartnäckigen Kämpfen mit ihren Herren opfermutig betätigt hat, entsprach ihrer eigenen Gesinnung.

Das Recht des deutschen Kaufmannes, des „Osterlings", in Brügge fußte vornehmlich auf Privilegien, welche 1307 Graf Robert von Flamländer und 1309 die Stadt Brügge ausgestellt hatten. Sie verbürgten freien Aufenthalt und freien Handel im ganzen Lande, das Recht, eine Genossenschaft zu bilden und sie nach eigenen Satzungen zu leiten. Die Gesellschaft gab sich 1347 eine „Ordinanz", welche die städtischen Boten 1356 bestätigten.

In Brügge bestand kein Kauf- und Unterkunftshaus, sondern die Kaufleute wohnten und hatten ihre Niederlagsräume bei Bürgern zur Miete; der Verkauf geschah in Warenhallen, die teils der Stadt, teils Unternehmern gehörten. Doch war der Kaufmann den allgemeinen Vorschriften unterworfen, wollte er die der Hanse verbrieften Rechte genießen, und mußte sich erst gegen eine kleine Abgabe in die Genossenschaft aufnehmen und in ihr Buch einschreiben lassen. Allzugroß war der Kreis nicht, weil nur wenige ständigen Aufenthalt nahmen, dafür war der wechselnde Zufluß bedeutend. „Wir fahren täglich ab und zu, um unsere Freunde der Hansestädte und unsere Nahrung zu Wasser und zu Lande zu suchen, wo wir sollen, können und mögen", schrieb 1414 der deutsche Kaufmann zu Brügge an König Sigmund.

Der Vereinigungspunkt war das Karmeliterkloster. Die allgemeinen Versammlungen fanden in der Kirche statt, die Beratungen der Vorsteher in dem Refektorium; der Schlafsaal der Mönche bewahrte den Schrank mit den Gewichten, die Kleinodien nebst den Schriftsachen barg die Sakristei. Eine Kapelle enthielt die deutsche Erbgrabstätte. An der Spitze des Verbandes standen sechs Albermänner, je zwei von den Dritteln für ein Jahr gewählt und eidlich verpflichtet, das Recht der Deutschen nach bestem Können und Wollen aufrecht zu erhalten und einem jeden ohne Unterschied zur Erlangung seines Rechtes behilflich zu sein. Sie vertraten die Gesamtheit nach außen, soweit nicht die Hansetage die politischen und kaufmännischen Maßnahmen bestimmten, und leiteten die inneren Verhältnisse. Sie übten die niedere und die kaufmännische Gerichtsbarkeit, während die höhere den heimischen Gerichten zustand, entschieden über Verletzungen der Ordinanzien und über Streitigkeiten, erledigten Rechtsgeschäfte, erließen Vorschriften, verwalteten das Vermögen. Zu ihrer Unterstützung ernannten sie die Achtzehnmänner, mit denen zusammen sie den „Rat des Kaufmanns" bildeten. Die Schriftsachen führten zwei angestellte rechtskundige „Klerks", Schreiber oder Sekretäre. Die Kosten der Genossenschaft, unter denen die für Gesandtschaften zur Beschickung der Hansetage und ähnliche Zwecke bedeutend waren, deckten die Gelder für die Aufnahme, die Bußen und ein nach dem Wert der Waren bemessener Schoß.

Während in Nowgorod und Bergen der deutsche Kaufmann den Handel beherrschte, mußte er in Flandern mit mehreren anderen Nationen teilen. Auch die italienischen Händler von Florenz, Genua und Lucca, die spanischen aus Katalonien und Kastilien, die portugiesischen und englischen hatten geregelte Verbände. Die fremden Körperschaften hielten meist gute Freundschaft und unterstützten einander gegen Verunrechtung. Aber der deutsche Kaufmann war den Flamländern so lange der wichtigste, als er allein ihre Waren nach dem Norden und Osten verführte und die Rohstoffe dorther brachte. Flandern trieb mehr Industrie und Großhandel als Schiffahrt und konnte deswegen eine ihm so zur Ein- und Ausfuhr helfende Macht nicht entbehren. Daher mußte Brügge regelmäßig nachgeben, wenn es sich gerechten Beschwerden verschloß, die Hanse nach sorgfältigem Bedenken ihre Forderungen nachdrücklich geltend machte und den Stapel in eine andere Stadt verlegte.

In den westlichen Ländern begann um diese Zeit eine neue Staatenbildung, von mächtiger Bedeutung für Deutschland wie für ganz Europa. Der französische König Johann der Gute hatte 1363 seinem jüngeren Sohne

Philipp dem Kühnen das erledigte französische Herzogtum Burgund, die Bourgogne, übertragen. Er und seine Nachkommen schlossen überaus glückliche Heiraten, geschickte Gewalttat und rücksichtslose List taten das übrige. Mit wunderbarer Schnelle stieg das neuburgundische Reich zwischen dem deutschen und dem französischen empor. Philipp selbst erwarb die deutsche Freigrafschaft Burgund, die Grafschaften Flandern und Artois; sein Sohn Anton erbte 1406 die Herzogtümer Brabant und Limburg, sein Enkel Philipp der Gute zwang 1433 die schöne, geistvolle, mutige aber vom Unglück heimgesuchte Gräfin Jakobäa, ihm Holland, Seeland und Friesland abzutreten. So wurden diese Reichslande entfremdet.

Der blutige Krieg, den seit 1415 England gegen Frankreich führte, an dem sich Herzog Philipp anfangs auf seiten Englands beteiligte, brachte, wie stets solche Läufte, auch den hansischen Städten Nachteil und Verlust. Infolge eines mit dem Messer ausgefochtenen Streites zwischen einem Osterling und einem Flamländer wurden in Sluis über 80 Hansische ermordet. Als weder dafür noch für andere Klagen ausreichende Genugtuung zu erlangen war, räumte der Kaufmann Brügge, doch nahm er den Sitz nicht wie früher bei gleichen Anlässen in Dordrecht, sondern in Antwerpen. Denn mit den Holländern lag die Hanse in offenem Kriege, wie noch zu erzählen ist. Erst als Brügge nach einem blutigen Aufstand von dem Herzog gedemütigt, beträchtlichen Schadenersatz leistete, stellte sich das frühere Verhältnis wieder her, doch nicht für allzu lange Zeit.

Groß pflegte auch bei den fremden Kaufleuten die Freude zu sein, wenn die Versöhnung wieder erfolgte. Als 1457 die Deutschen, die eine Zeitlang erst nach Deventer, dann nach Utrecht gewichen waren, wieder in Brügge einzogen, an 200 Personen, geführt von den dazu abgeordneten Bürgermeistern von Lübeck, Köln, Bremen und Hamburg, hießen sie Bürgermeister, Schöffen und Rat, die Junkerschaft, zahlreiche Kaufleute von Brügge und anderer Nationen feierlich willkommen und geleiteten sie mit großem Spiel, Pfeifen und Posaunen durch die mit Zuschauern dicht besetzten Straßen. Einem Begrüßungstrunk folgte ein herrliches Mahl auf dem Rathause. Bis in die Nacht dauerte der Volksjubel.

Die Stadt überwies damals einen durch den Abbruch eines Hauses freigemachten Platz, in dessen Nähe der deutsche Kaufmann mehrere Gebäude erwarb. Dort erhob sich seit 1478 das osterische Haus, ein Prachtbau mit einem hohen Turm und zierlichen Ecktürmchen, das untere Stockwerk von Stein, die beiden überragenden oberen von Holz, mit Kellern und stattlichem Ratssaal. Zur ehrenvollen Auszeichnung erbaten sich die Älderleute 1486 von Kaiser Friedrich III. ein Wappen. Es zeigte auf der Länge nach geteiltem schwarzgoldenen Schilde den zweiköpfigen Reichsadler mit einem

Das Wappen des Kontors in Brügge.
(Nach dem Führer zur Hansischen Wisbyfahrt.)

sechseckigen Stern, wohl die Stella maris, das Sinnbild der Maria, auf der Brust. Das Siegel des Kontors trug das Wappen, gehalten von zwei Löwen.

Aber schon war das Kontor im Niedergang. Betrug eine Versammlung 1449 noch 600 Personen, so mußte schon 1486 die Zahl der Aldermänner um die Hälfte verringert werden.

Die nächste Ursache waren die Kriege und inneren Unruhen, welche in den Niederlanden das ruhige Gedeihen störten; Flandern erlitt insbesondere eine starke Schädigung seiner Hauptindustrie, seitdem England begonnen hatte, seine Wolle selber zu verarbeiten und die englischen Tücher den flämischen nicht nur in den anderen Landen, sondern selbst daheim den Rang streitig machten. Auch die Hanse vermochte nicht mehr die alte Zucht aufrecht zu erhalten. Die Blüte der Niederlassung in Brügge hatte auf dem Stapelrechte beruht, welches bestimmte, daß der Kaufmann dorthin alle Waren, außer denen, die schnellem Verderben ausgesetzt waren oder ihrer Natur nach nur bei raschem Absatz Gewinn ergaben, wie Wein, Bier, Heringe und Getreide, bringen mußte, ehe er sie weiter auf die flandrischen und holländischen Märkte führen durfte. Außerdem war durch die hansischen Gesetze nur unmittelbarer Verkauf, ohne Zuhilfenahme eines Nichthansischen, erlaubt. Auf die Dauer wurden diese Verpflichtungen ebenso lästig, wie der in Brügge zu entrichtende Schoß. Viele deutsche Kaufleute zogen es vor, freien Handel zu treiben oder sich selbständig niederzulassen, statt sich dem Zwange zu fügen. Brügge verlor dadurch, und zum Unglück fingen auch der Hafen und die Zufahrt zu versanden an.

Das neuburgundische Reich brachte Deutschland in große Gefahr, und auch die Hansischen gerieten in Sorge, als Herzog Karl der Kühne in unbegrenztem Ehrgeiz, der ganz Europa umspannte, gewalttätig um sich griff. Man fürchtete, er möchte sich zum Schaden der Städte und ihrer Freiheit mit König Christian I. von Dänemark verbünden. Als 1474 gegen Burgund der mit allgemeiner Begeisterung aufgenommene Reichskrieg erklärt wurde, schickten daher auch Lübeck und Lüneburg stattliche Mannschaften. Aber im Januar 1477 fiel Herzog Karl vor den Mauern von Nancy, der von ihm belagerten Hauptstadt von Lothringen, im Kampfe gegen die Entsatz bringenden Schweizer. Seine einzige Tochter und Erbin Maria reichte ihre vielbegehrte Hand dem österreichischen Erzherzoge Maximilian. Diese Ehe gründete die europäische Stellung des Hauses Habsburg. Als Maria bald starb, gelang es Maximilian unter schweren Kämpfen gegen Frankreich, dabei von den Ständen der burgundischen Länder selbst angefeindet, die Erbschaft seinem Sohne Philipp zu erhalten. Den Hansischen war es willkommen, daß nun ein Deutscher, der noch dazu 1486 zum Nachfolger seines Vaters, des römisch-deutschen Kaisers Friedrich III. gewählt wurde, Herr in den Niederlanden war. Der deutsche Kaufmann in Brügge hatte immer seine Zugehörigkeit zum Reiche betont; gern ließ er auf die Glasfenstern, die er in den Kirchen stiftete, die Wappen des Kaisers und der

Kurfürsten anbringen. Aber die Zwietracht im Lande trug schlimme Früchte. Als die übermütige Stadt Brügge 1487 sich sogar anmaßte, den in ihre Mauern gekommenen König vier Monate lang gefangen zu halten, mußte der Kaufmann wieder nach Antwerpen ziehen. Noch einmal ist er dann 1493 zurückgekehrt, um mit Mißvergnügen die Auflagen zu tragen, welche die durch schwere Schuldenlast bedrängte Stadt vom Wein erhob.

Unaufhaltsam ging Brügge weiter abwärts. Die Stadt war mehr die allgemeine Vermittlerin des Welthandels gewesen, als daß sie nach auswärts selbständig Handel trieb. Da sie keine eigene Schiffahrt besaß, wurde sie allmählich von den rührigen Nachbarn überflügelt. Eine steigende Anziehungskraft übte Antwerpen aus, auch von den burgundischen Landesherren zur Strafe des ungefügigen Brügge reich mit Vorrechten bedacht. Antwerpen, von den Deutschen Andorp oder Antorf genannt, liegt an der Schelde, noch im Bereich der zum Meer aufsteigenden Flut. Bevorzugten die Handelsschiffe in alter Zeit der Sicherheit wegen kleine, landeinwärts gelegene Häfen, so liefen sie jetzt, größer und tiefgehender geworden, lieber leicht zugängliche Plätze an. Schon 1468 hatte die Stadt den Hansischen ein Haus geschenkt, um sie zu regem Besuch anzuspornen.

Schließlich wurde die endgültige Räumung von Brügge unvermeidlich. Antwerpen, das bei Gelegenheit des dänischen Krieges in argen Streit mit Lübeck und Hamburg geraten war, zeigte sich anfangs wenig bereitwillig, während Brügge alles aufbot, um seine alte Ehre zu behaupten. Nachdem sich die Angelegenheit jahrelang hingezogen hatte, kam sie endlich zum Abschluß. Obgleich Antwerpen fortan tatsächlich der Sitz des Handels war, geschah die Überführung der Kleinodien und des Archivs erst 1553, und das neue Kontor behielt den alten Namen des Brüggischen mit dem Zusatz: zu Antwerpen residierend. Das Haus in Brügge fristete sein Bestehen weiter als Mietshaus, bis es 1698 verkauft wurde. Noch heute heißt der dabei gelegene Platz „Osterlings Plaatz".

Nochmals gründete sich die Hanse außer dem alten „osterschen" Hause ein neues Heim, zu dem Antwerpen unentgeltlich einen geeigneten Platz und ein Drittel der Kosten hergab. Für eine sehr ansehnliche Summe entstand das neue stattliche, mit kraftvoller Säulenfassade gezierte und im Innern kunstreich ausgeschmückte Haus, das die Stadt 1568 der Hanse zu „erblichem und ewigem Besitz" übergab. Es umfaßte zwei große Säle und 150 Kammern, die wunderliche Namen aus der Tier- und Pflanzenwelt, der Geschichte und dem Heiligenkalender trugen. Eine Hausordnung suchte das strenge, klosterhafte Leben der alten Kontore wieder zu erwecken.

Der Stern in ihrem Wappen leuchtete nicht über dieser letzten hansischen Gründung, und Antwerpen selbst teilte bald das Schicksal des verdrängten Brügge. Die Kammern blieben leer, weil die wenigen Kaufleute lieber die Freiheit genossen; das Haus brachte nichts ein, belud sich vielmehr mit Schulden, und man mußte Mietsleute suchen.

Ein Jahr bevor die Hanse ihren Palast bezog, war Herzog Alba nach Brüssel gekommen, fünf Jahre später brach der Aufstand der Niederlande aus. Antwerpen fiel dem Freiheitskampf zum Opfer. Erst richteten die spanischen Soldaten 1576 ein furchtbares Blutbad an, wobei das Rathaus und hunderte von Häusern in Flammen aufgingen und die deutschen Kaufleute arge Mißhandlungen erlitten, dann ertrug die Feste heldenmütig die berühmte Belagerung durch Alexander von Parma, dem sie sich nach vierzehnmonatlicher Verteidigung 1585 ergeben mußte. Unter der jedes wirtschaftliche Gedeihen vernichtenden spanischen Herrschaft bleibend, von der See abgeschnitten, weil die Holländer die Scheldemündung sperrten, verlor die Stadt vollends ihren Handel. Schon 1593 wurden der Vorsicht halber Bücher, Urkunden und Schriften nach Köln gebracht, wo sie sich noch befinden. Das Haus der Osterlinge entging der Zerstörung, aber seinem friedlichen Zwecke entgegen mußte es oft Soldaten beherbergen, die das Innere verwüsteten. Doch blieb es im Besitz der Städte, der Vorsorge Lübecks anvertraut, auch als die Hanse entschlafen war. Kaiser Napoleon schlug das Haus zu den französischen Staatsdomänen, nach seinem Sturz kam es wieder an die hansischen Städte, die durch Vermieten die Erhaltungskosten deckten. Erst 1862, vier Jahre bevor wieder eine deutsche Seeflagge sich erhob, übernahm die belgische Regierung das letzte Erbstück althansischen Besitzes für eine Million Franken, die zur Ablösung des Scheldezolls diente. So stand das stattliche Gebäude, mit der Inschrift: Sacri Romani Imperii Domus Hansae Teutonicae, den Ursprung verkündend, bis es im Dezember 1893 durch eine Feuersbrunst völlig zerstört wurde.

Das lehrreichste Stück hansischer Geschichte ist das Verhältnis zu England, der lange, harte Ringkampf des dortigen heimischen Erwerbes gegen die Fremden. Die skandinavischen Reiche haben die Hanse zurückgeschoben, indem sie ihren Nebenbuhlern gleiche Rechte und freien Zutritt gewährten, Rußland versetzte ihr vernichtende Schläge in dem Streben, das moskauische Großfürstentum zum alleinigen Herrn bis zur Ostsee zu machen, der flandrische Handel erlahmte unter veränderten politischen und Handelsverhältnissen; England dagegen hat die Hanse überwunden durch die Rüstigkeit seiner Volkskraft, seiner emporblühenden Schiffahrt und Handelstätigkeit.

Die alte Gildhalle der Kölner in London, schon im dreizehnten Jahrhundert zur deutschen geworden, wuchs durch Ankäufe benachbarter Häuser zu größerem Umfange. Von der Halle, in der die Tücher „gestalt", d. h. auf Echtheit und vorschriftsmäßige Arbeit geprüft wurden, erhielt die ganze Niederlassung in der ersten Hälfte des fünfzehnten Jahrhunderts den Namen „Stahlhof", der ihr dann geblieben ist. Er lag oberhalb von London-Bridge, der einzigen Brücke in der Stadt, an der Themse, von engen Gäßchen begrenzt und festungsartig mit starken Mauern umschlossen. Sie waren nicht unnötig, denn mehrmals haben sie den Insassen Schutz vor dem aufgereizten Pöbel geboten. Im sechzehnten Jahrhundert war das

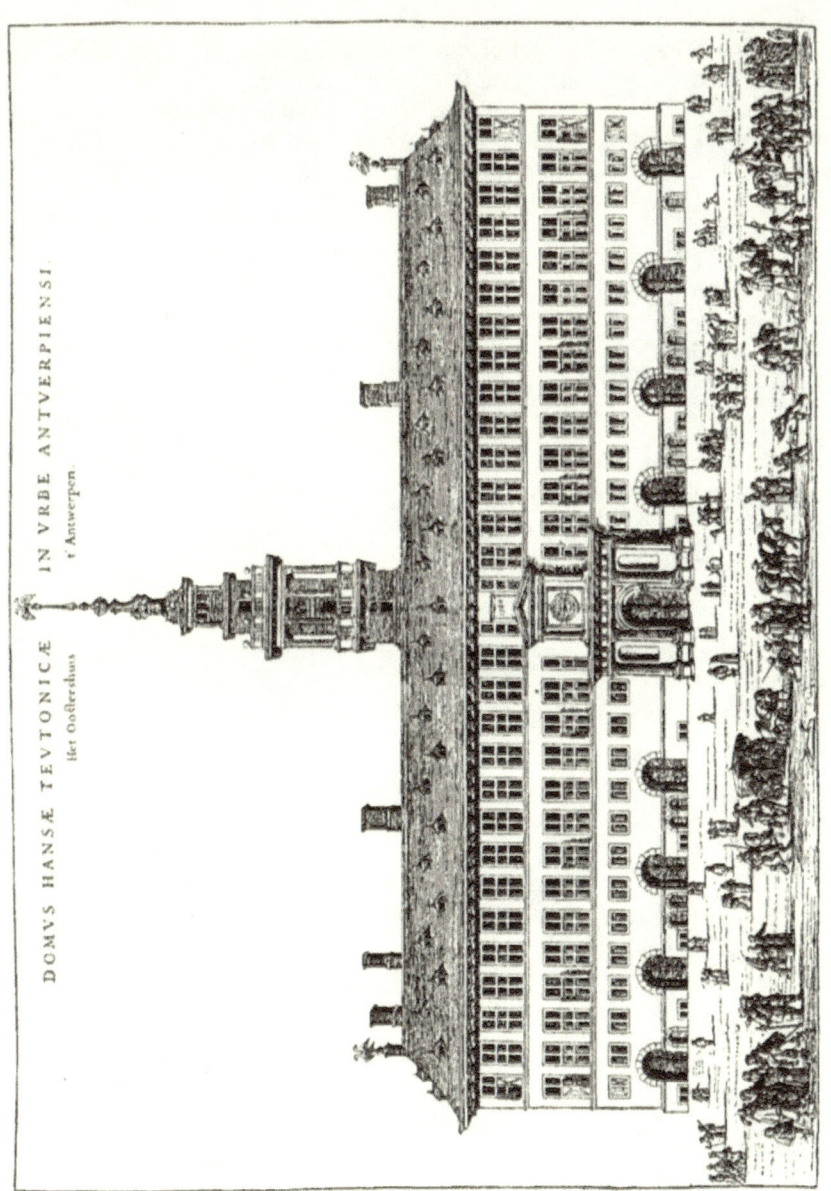

Das Haus der Hanse (Osterisches Haus) in Antwerpen. (Nach einem Kupferstich von F. de Wit.)

mehrstöckige Hauptgebäude von Stein, mit drei großen Toren nach der Straße, von denen zwei vermauert, das mittelste wohl bewacht waren, welche in lateinischer Sprache die Inschriften trugen: „Fröhlich ist dieses Haus und stets mit Gutem gefüllet, hier sind Friede, hier Ruhe und immer ehrbare Freude". Dann: „Gold ist der Vater anmutigen Glücks und der Sprößling des Schmerzes, Es zu entbehren ist hart, es zu besitzen, bringt Furcht", und: „Wer sich weigert, den Guten zu gehorchen, vermeidet den

Alte Zeichnung des Stahlhofes.
(Nach Lappenberg, Urk. Gesch. des Hansischen Stahlhofes in London.)

Rauch, aber fällt in die Flammen". Die Halle, die zu Versammlungen und als Festsaal diente, empfing außer reichem Geschirr ihren kostbarsten Schmuck in zwei Gemälden von Hans Holbein, die den Triumph des Reichtums und den der Armut darstellten. Unter den anderen Baulichkeiten, Wohnungen, Kaufräumen und Warenschuppen stand das rheinische Weinhaus, von der vornehmen Gesellschaft Londons viel besucht und auch von Shakespeare genannt. Hier gab es zu funkelndem Wein Leckerbissen des Ostens, Kaviar und geräucherte Zunge. Ein Garten, mit Weinreben und Obstbäumen bepflanzt, gewährte im Sommer angenehmen Aufenthalt und Raum für Spiele.

Auch hier waltete durch Statuten, deren älteste von 1320 stammen, festgesetzte strenge Zucht, hatten Frauen keinen Zutritt. Genaue Regeln bestimmten die Sitte, selbst den Platz bei Tisch, für Meister und Gesellen gesondert. Schwere Bußen standen auf Trunkenheit, Würfelspiel und Unsittlichkeit. Um neun Uhr wurden die Tore geschlossen. Jeder Bewohner mußte auch Waffen und Wehr bereit halten, nicht nur zum eigenen Schirm, denn der Stahlhof war verpflichtet zur Verteidigung der Stadtmauern und hatte im Kriegsfall ein besonderes Tor unter Obhut zu nehmen. Die Geschäfte führte jeder Insasse auf eigene Hand, nur den allgemeinen Bestimmungen unterworfen.

Fröhliche Feste erfrischten zur täglichen Arbeit. Jährlich am 4. Dezember fand ein feierliches Mahl statt, an dessen reichlicher Ausrüstung auch englische Gäste sich vergnügt erfreuten. Die Hansischen versäumten auch nicht, an den großen Festtagen der Londoner teilzunehmen. Bei ihnen erschienen sie als geschlossene Körperschaft und nahmen im Prunkzuge hinter den städtischen Beamten den ersten Platz ein. Abends strahlte dann der Stahlhof in dem Lichte von Kerzen und brennenden Pechtonnen, und der Londoner Kleinbürger labte sich wohlgefällig an freigebig gespendeten Stückfässern Weines oder Bieres. Auch die Vornehmeren nahmen gern die Ehrengaben an, Kaviar oder Hering oder Wachs, und in jener Zeit verschmähte auch der Höchstgestellte nicht, bares Geld als Geschenk zu empfangen, besonders wenn es zierlich in ein Paar der vielbegehrten Handschuhe eingewickelt war.

Weil der Stahlhof kein eigenes Gotteshaus hatte, benutzten die Deutschen die benachbarte Pfarrkirche zu Allerheiligen, die ihnen schönen Schmuck an Schnitzwerk und gemalten Fenstern verdankte.

An der Spitze stand der jährlich gekorene Aldermann, unterstützt von zwei Beisitzern und neun Ratsleuten; die Wahlen gingen in späterer Zeit ähnlich wie zu Brügge nach den Dritteln. Bis ins fünfzehnte Jahrhundert vermittelte noch ein zweiter Aldermann, ein angesehener Londoner Bürger, zwischen der Stadt und dem deutschen Kaufmann. Streitigkeiten unter den Deutschen schlichtete der Aldermann, zwischen Deutschen und Engländern ein aus beiden Nationen zusammengesetztes Gericht; über Verbrechen, auf die Todesstrafe stand, urteilten die königlichen Richter.

Das Wappen des Stahlhofes in London.
(Nach dem Führer zur Hansischen Wisbyfahrt.)

Das Wappen des Stahlhofes war seit 1434 ein wagerecht geteilter Schild, oben weiß, unten rot, der den schwarzen Doppeladler mit goldenem Schwanz zeigte, um den Hals eine Krone, zwischen den beiden Köpfen ein Reichsapfel.

Das englische Königtum bedurfte für seinen Schatz den reichen Ertrag, den die Zölle brachten, und begünstigte deswegen die Fremden, während die Londoner Kaufleute ihnen früh feindlich wurden. Als daher Eduard I. 1303 eine „Kaufmannscharte" erließ, welche die Ausländer gegen Zahlung neuer, höherer Steuern den Einheimischen fast völlig gleichstellte und die Beschränkungen des Handels aufhob, beklagte sich die Londoner Kaufmannschaft beim Parlament, und lange Jahre ging der Streit hin und her, bis die Krone siegte. Die Hansischen legten jedoch auf ihre eigenen Privilegien, die ihnen in erweiterter Form Eduard II. und III. 1317 und 1327 bestätigten, nicht minder Wert als auf jenes Gesetz, dessen Vorteile ihnen gleichfalls zufielen. Mit Eduard III. standen die deutschen Kaufleute im besten Einvernehmen. Großartige Summen haben sie ihm, den der Krieg gegen Frankreich in Geldnot stürzte, vorgeschossen und die bei dem Erzbischof von Trier und der Stadt Köln versetzten Reichskleinodien ausgelöst. Freilich, der Kaufmann kann nichts umsonst tun: zur Deckung erhielten die Hansischen Rechte, welche ihnen die Wollausfuhr fast ausschließlich verschafften. Zugleich gelang es den Deutschen, die vorher sehr starken Italiener, die dem Volke noch mehr verhaßt waren, zu überflügeln und fast aus dem Felde zu schlagen. Wie eine Großmacht stand fortan die Hanse zu England.

Je mehr die englische Betriebsamkeit zunahm, desto stärker empfand sie, daß die Hansischen nicht mit gleichem Maße entgegen kamen, sondern in ihrem Bezirk, wie in Schonen und Norwegen den Engländern die Rechte verweigerten, welche sie selbst in London und anderen Städten, Lynn, Boston, Bristol und sonst genossen. Tuchmacher, Spezerei- und Schnittwarenhändler schlossen sich zu einem Bunde der Merchant Adventurers, „der wagenden Kaufleute" zusammen, die auf auswärtigen Handel, auch nach Spanien, Italien und Frankreich hindrängten und den Hansischen das Recht am zollfreien Zwischenhandel bestritten.

Indessen gelang es, auch schwere Störungen zu überwinden, selbst als das Treiben der Vitalienbrüder den Engländern gerechten Grund zu Klagen bot und der von neuem ausgebrochene Krieg Englands mit Frankreich Ungelegenheiten im Gefolge hatte.

Ein besonders reger Verkehr bestand zwischen England und Preußen, das von Danzig aus seinen Getreideüberschuß dorthin lieferte, aber den Engländern als Gästen Hindernisse in den Weg legte und sie wiederholt auswies. Daher erfolgte hier der Bruch. Als der Hochmeister sich weigerte, einen 1437 geschlossenen Vertrag, der den Fortbestand der bisherigen Beziehungen bestätigte, zu genehmigen, weil viele gegenseitige Klagen zwischen Preußen und England schwebten, setzte König Heinrich VI. 1447 auf Andrängen des Parlaments die hansischen Privilegien außer Kraft. Trotz der begonnenen Verhandlungen zwangen englische königliche Schiffe bei der Insel Wight eine mit Salz beladene, aus Frankreich kommende Flotte, über hundert große Schiffe, von denen die Hälfte Hansischen gehörten, unter dem Vorwande, sie enthalte Feindesgut, in englische Häfen einzulaufen, und belegten das hansische Gut mit Beschlag. Zum Entgelt nahmen lübische Bergenfahrer ein englisches Schiff, das eine Gesandtschaft des Königs nach Preußen an Bord hatte. Lübeck, entschlossen, für seine Verluste volle Genugtuung zu erzwingen, ließ auf eigene Hand, da Köln, Hamburg und Danzig den Bruch mit England vermeiden wollten, Kaperschiffe auslaufen. Kaum war endlich durch Vermittelung Kölns ein Waffenstillstand hergestellt, als 1458 der englische Statthalter von Calais, Graf Warwick, achtzehn lübische, mit Wein und Salz beladene Schiffe nach harter Gegenwehr wegnehmen und die Waren verkaufen ließ.

England war damals von dem furchtbaren Kriege der beiden Häuser Lancaster und York, dem „Rosenkriege" unterwühlt. Eben jener Graf Warwick, der „Königsmacher", half, daß 1461 Eduard IV. von York auf den Heinrich VI. entrissenen Thron kam. Um der Volksgunst willen begünstigte er die Forderung der Merchant Adventurers auf Gewährung größerer Handelsfreiheit, namentlich in Danzig, und machte Schwierigkeiten mit Bestätigung der Privilegien. Lübeck verharrte in entschlossenem Widerstande gegen England, Köln dagegen im alten Groll gegen die Schwester an der Ostsee, unter deren Stolz die anderen nicht leiden dürften, hielt die Freundschaft aufrecht.

Es ist in der Regel schwer zu entscheiden, welche Partei bei fortwährenden Streitigkeiten recht hat. Doch diesmal lag die Schuld auf englischer Seite. Englische Seefahrer fuhren mit Verletzung bestehender Verträge 1467 nach Island zum Fischfang, erschlugen den königlichen Vogt und plünderten. Dafür ließ König Christian I. von Dänemark im folgenden Jahre vier englische Schiffe, die nach Preußen bestimmt waren, im Sunde durch Kaper, die früher im Dienste von Danzig gestanden hatten, wegnehmen. Leidenschaftlich brausten die Engländer auf und beschuldigten die Deutschen der Tat und Anstiftung, so daß König Eduard IV. im Juli 1468 alle in England weilenden Kaufleute gefangen setzen und ihre Waren mit Beschlag belegen ließ; der Stahlhof wurde geschlossen. Die Kölner, die den Absatz des Rheinweins nicht verlieren wollten und von England keine Benachteiligung erlitten, sonderten sich von der gemeinsamen Sache ab. Das königliche Gericht glaubte dem Nachweise der Unschuld, welchen die kölnischen Kaufleute führten, und gab ihnen den Stahlhof zurück, nachdem sie gelobt hatten, ihre Vorrechte nicht zugunsten anderer Hansischen zu brauchen. Die Stadt Köln gab ihre Billigung dazu, so daß sie nun wie zu Vorzeiten den Hof allein inne hatte.

Dieses Verhalten erzürnte mit Recht die wendischen Städte. Ohnehin lagen sie schon seit langer Zeit auch in Brügge mit den Kölnern im Streit, weil diese auf Grund alter Urkunden den Schoß verweigerten, welchen der Hansetag beschlossen hatte, und ganz gegen die hansischen Grundsätze einen Rechtsspruch der Landesregierung einholten. Daher ereignete sich das Unerhörte, daß nach vorheriger vergeblicher Warnung die rheinische Hauptstadt, die Urmutter des Stahlhofes, im April 1471, „um anderen ein Exempel zu geben", aus der Hanse gewiesen wurde, bis sie sich eines Besseren besonnen hätte.

Danzig, das in dem Kriege gegen die Ordensherrschaft an Stärke gewonnen hatte und über eine stattliche Flotte und zahlreiche „Auslieger" verfügte, drang auf entschlossene Maßregeln und ließ mit Hamburg und anderen Städten Kaperschiffe auslaufen, die den Engländern sehr unbequem wurden. Besonders zeichnete sich ein kühner Mann aus, Paul Beneke, „ein harter Seevogel", wie ihn ein Chronist nennt, mit seinem stattlichen Schiffe, dem „Peter von Danzig", der so manches feindliche Fahrzeug kaperte. Hochgefeiert machte er seinen Namen, als er 1473 auf eigene Hand eine viel größere florentinische Galeere, die unter burgundischer Flagge von Sluis nach England hinübersegelte, eroberte. Überreiche Schätze fand er auf ihr, und noch bewahrt Danzig ein kostbares Andenken an den glücklichen Fang, Hans Memlings berühmtes Bild vom jüngsten Gericht in der Marienkirche, das sich auf der Galeere befand, für eine florentinische Familie bestimmt.

Die Ostseestädte wurden geradezu zur entscheidenden Macht im Westen. Den von Eduard vertriebenen Grafen Warwick unterstützte der französische König Ludwig XI., weshalb ihm Herzog Karl der Kühne von Burgund den Krieg erklärte. Beide Parteien suchten die hansische Seemacht für sich zu gewinnen. Eduard mußte vor seinem verwegenen Gegner, der in England landete, nach Holland flüchten und wäre beinahe hansischen Kapern in die Hände gefallen, aber Burgund vermittelte bei Danzig, daß dessen Auslieger, unter ihnen auch Paul Beneke, mithalfen, Eduard wieder nach England zurückzuführen. Das Unternehmen war mehr ein Abenteuer, als ein Ausfluß der hansischen Politik. Der glücklichen Landung folgte 1471 der Sieg bei Barnet, durch den der furchtbare Warwick das Leben verlor.

Das seltsame Zwischenspiel brachte den Hansischen noch nicht die erwünschte Genugtuung; der Seekrieg nahm sogar einen lebhafteren Aufschwung. Daher begehrte England, dessen Industrie zugleich durch den streng innegehaltenen Ausschluß seines Tuches aus dem hansischen Verkehr an der Wurzel getroffen war, endlich den Frieden, der mit Zustimmung des Parlaments am 28. Februar 1474 zu Utrecht unterzeichnet wurde. Er gab der Hanse den Stahlhof zurück als Eigentum mit allen vermehrten und klar erläuterten Rechten und verhieß eine reichliche Geldentschädigung.

Die verhanseten Kölner durften an den Friedensverhandlungen nicht teilnehmen und mußten, vom Könige Eduard preisgegeben, den Stahlhof räumen. Erst 1476 erhielten sie gegen die Verpflichtung, den Schoß in Brügge zu zahlen, wieder Zulaß zu den Freiheiten der Hanse.

Der Utrechter Friede zählt zu den schönsten Erfolgen, welche die Hanse erzielt hat. Es war ein Sieg nach innen und nach außen. Das Unterfangen Kölns, den Bund zu sprengen, hatte die gebührende Strafe erhalten, und die mächtige Bedeutung der Hanse war klar dargetan, wenn selbst diese reiche Stadt nicht wagen durfte, ihr länger fern zu bleiben. Wenn auch die innere Lage in England den Hansischen zu Hilfe kam, nur die Stetigkeit ihrer Politik, ihr festes Zugreifen hatten den Triumph errungen.

Der englische Kaufmann und mit ihm das Londoner Volk blieben den bevorrechteten Fremden feindlich, und auch die Behörden nahmen jede Gelegenheit wahr, sie zu drücken und mit Nadelstichen zu quälen. Besser sei, nochmals Krieg zu führen, als auf diese Weise rettungslos zu verderben, hieß es. Nachdem schon 1493 ein Sturm des Pöbels den Stahlhof bedroht hatte, brach 1517 ein Aufstand gegen alle Fremden aus, den erst königliche Truppen und das Geschütz des Tower bezwangen. Aber trotz der beständig herrschenden Spannung, die langatmige Verhandlungen veranlaßte, zögerten die Könige Heinrich VII. und VIII. im Interesse ihrer Einnahmen und der Staatspolitik, dem allgemeinen Verlangen nachzugeben; die Privilegien, obgleich beständig unsicher und Schritt für Schritt bestritten, blieben bestehen. Die Forderung der Gegenleistung kam indessen nie zur Ruhe; die Hansischen führten in einem Jahre 44000 Stück Tücher aus, sie selbst nur 1100, behaupteten die englischen Kaufleute.

Erst unter Elisabeth fiel das Damoklesschwert herab. Hamburg hatte 1567 den Merchant Adventurers Aufnahme gewährt und dadurch seinen Handel sehr gehoben; auf Verlangen der Hansestädte mußte der Vertrag nach seinem Ablauf gekündigt werden. Darum hob die Königin 1578 die alten Privilegien auf und stellte die Hansischen im Zoll den anderen Fremden gleich; außerdem gestattete sie die Gründung einer englischen, nach den Ostseeküsten handelnden Gesellschaft. Die Hansestädte erwirkten Gegenmaßregeln vom Kaiser. Als Stade 1587 die englischen Kaufleute aufnahm, trat wieder die Hanse dagegen auf und schloß die Stadt aus.

Die Hansischen hatten inzwischen den Verkehr mit Spanien in unmittelbarer Fahrt erheblich erweitert; mehrere hundert Schiffe gingen jährlich dorthin. Da nahm, ähnlich wie einst Graf Warwick, Franz Drake 1589 in der Tajomündung sechzig mit Getreide und Vorräten beladene Schiffe, unter dem Vorgeben, daß sie Spanien in dem Kriege mit England unterstützten, und ließ sie in englische Häfen bringen, wo allerdings die Hansischen die Waren verkaufen durften. Beschwerden blieben fruchtlos, und so verfügte Kaiser Rudolf II. auf Wunsch der Städte und Spaniens 1597 die Ausweisung aller englischen Kaufleute aus Deutschland. Die Antwort Elisabeths war die Schließung des Stahlhofes am 4. August 1598. Das Silbergeschirr und die Bücher wurden 1604 nach Lübeck übergeführt, das die Kleinodien zum Besten der Bundeskasse verkaufte. Im übrigen hatte der Handel seinen Fortgang.

König Jakob gab 1606 den Stahlhof, den diebische Hände der Möbel entleert hatten, wieder zurück. Die Räume kamen jedoch nicht mehr zur rechten Nutzung, aber deckten durch Vermietung reichlich die Kosten. Hauptsächlich Hamburg und Lübeck hielten die Eigentumsrechte gegen alle Anfechtungen aufrecht, bis der große **Brand Londons 1666** auch diese Gebäude in Asche legte.

Damit nicht das wertvolle Anrecht an dem Grundstück verloren ginge,

Königin Elisabeth von England im königlichen Schmuck.
(Nach W. von Seydlitz. Allgemeines historisches Porträtwerk.)

übernahm es der Hausmeister, einen raschen Neubau, vorwiegend Warenräume, aufzuführen, der nach langen Prozessen volles Eigentum der drei Städte Lübeck, Hamburg und Bremen blieb. Erst 1853 verkauften sie den Stahlhof für 72500 Pfund an einen Unternehmer. Jetzt steht an seiner Stelle der Cannon-Street-Bahnhof.

Als Reliquien besitzt der Senat von Bremen ein Becken und eine Kanne, beide kunstreich aus Silber gearbeitet, die einst dem Schatze des Stahlhofes angehört haben.

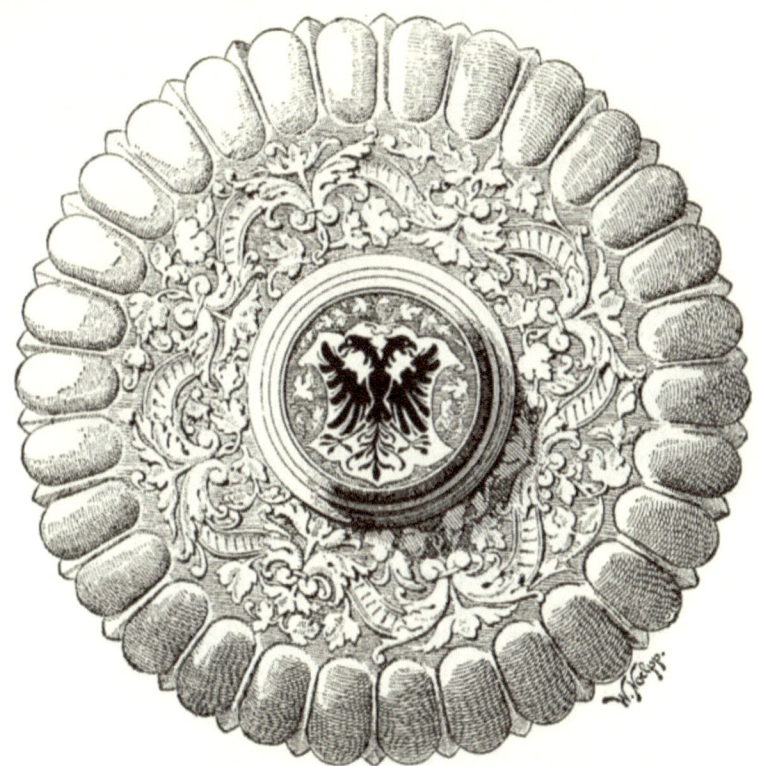

Silbergeschirr des Stahlhofes in London.
(Aus: Hansische Geschichtsblätter, Jahrgang 1887.)

Einen ähnlichen Kampf wie mit England hat die Hanse mit Holland geführt.

Zum zweitenmal suchte der Westen den Handel im Osten auf. Fand er früher dort freies Feld, so steckte er jetzt seine Sichel in fremde Ernte, stieß er auf Besitzer, die ihr mühsam erworbenes Recht nicht mit anderen teilen wollten.

Zeitweilig zurückgetreten vor Flandern, Brabant und Geldern, deren

Städte sich früh entwickelten, hatten die Holländer nie die altfriesische Seetüchtigkeit verloren. An dem Kriege gegen Waldemar von Dänemark nahmen mehrere ihrer Städte, Amsterdam, Dordrecht, Zierickfee, Briel, Arnemuiden, Middelburg und kleinere als Verbündete teil und erhielten dadurch Anrecht an den erstrittenen Zugeständnissen. Das gute Einvernehmen löste sich jedoch bald, und die Zeit der Vitalienbrüder vertiefte die Spaltung.

Der Grund für die Holländer, durch den Sund zu fahren, war vornehmlich der Wunsch, das preußische Getreide auf eigenen Schiffen zu holen. Daneben lockte der Heringsfang an den dänischen Küsten. Natürlich, daß sich zugleich ein allgemeiner Handel zur Verwertung der Hinfracht entspann. Gegenüber den Schwierigkeiten, welche die hansischen Städte machten, war die Haltung Dänemarks für die Holländer entscheidend, und es lag auf der Hand, daß sie die gute Gelegenheit, die der Krieg der Hanse gegen König Erich bot, benutzten, um sich als dessen Freunde im dänischen Handel festzusetzen. Daraus entwickelte sich eine bittere Feindschaft, die auch den Wordingborger Frieden von 1435 überdauerte und sich in gegenseitigen Kapereien Luft machte. Die burgundische Herrschaft begünstigte die Entwicklung der Seemacht, so daß die Holländer endlich zum offenen Kriege griffen, indem sie 1438 heimtückisch 23 preußische und livländische, aus Frankreich kommende Schiffe bei Brest überfielen, ausraubten und mit den Insassen in den Waal führten. Als der Thronstreit zwischen den beiden dänischen Königen Erich und Christoph ausbrach, unterstützten die Holländer den ersteren, erlangten aber auch von König Christoph günstige Bedingungen; denn es lag im Vorteil Dänemarks, die Hansen nicht als alleinige Herren der Ostsee zu dulden. Daher schlossen 1441 unter seiner Vermittelung die wendischen Städte zu Kopenhagen mit den Ländern Holland, Seeland und Friesland einen Waffenstillstand auf zehn Jahre, der den Holländern den bisherigen Verkehr in der Ostsee zugestand. Die Preußen erhielten für jene genommenen Schiffe Entschädigung.

Der Stillstand wurde regelmäßig verlängert, während beide Parteien fortfuhren, sich möglichst Hindernisse in den Weg zu legen. Der Abschluß des Friedens mit England zu Utrecht veranlaßte eingehende Besprechungen mit Holland, die, ohne die Gegensätze zu beseitigen, 1479 zu einer in Münster beschlossenen Verlängerung des Waffenstillstandes für 24 Jahre führten. Lübeck empfand am meisten die Nachteile, weil sein Stapel übergangen wurde. Doch es stand ziemlich allein. Denn die rheinisch-westfälischen Städte verloren durch die Holländer nichts, Preußen und Livland waren ihnen nicht so feindlich, weil sie von dem unmittelbaren Verkehr Nutzen zogen.

Da nun die Holländer jederzeit auf die Freundschaft Dänemarks rechnen konnten, hing der Ausgang des Streites von der Gestaltung der nordischen Verhältnisse ab.

Zehnter Abschnitt.
Die nordischen Verhältnisse bis zum Ausgang der Hanse.

Von weiter Wanderung durch den Umkreis der hansischen Macht kehren wir zu ihrem Mittelpunkt zurück. Denn so stand es bereits um die Mitte des fünfzehnten Jahrhunderts: die wendischen Städte waren mehr als der Kern des Bundes, sie waren die eigentlich erhaltende Kraft. Noch fühlten sie sich als die Herren der Ostsee und des nordischen Handels. Die rheinischen und westfälischen Städte gaben damals den östlichen Verkehr, in dem ihre Genossen sie weit überholt hatten, fast ganz auf. Die spätere Forschung erkennt den beginnenden Verfall von Staaten und Mächten bereits in Zeiten, in denen die damals Lebenden noch kein Bewußtsein des Niederganges hatten. So stand es auch mit der Hanse. Das Ganze hatte bereits Verluste erlitten durch das Ausscheiden der märkischen Städte, durch die allenthalben erstarkende Fürstenmacht. Noch schwerer wog das über den preußischen Ordensstaat hereingebrochene Unglück; von den dortigen Städten war nur Danzig noch voll lebensfrisch. Im Westen drohte die burgundische Macht, die altbefreundeten flandrischen Städte herabzudrücken, während die holländischen den gefährlichsten Wettbewerb in der Ostsee begannen. Aber Lübeck und seine nächsten Genossen standen noch so groß da, daß die Einbußen des Bundes sie nicht zu schädigen schienen, und was allenthalben an Rechten bewahrt und noch gewonnen wurde, beruhte auf den Anstrengungen der wendischen Städte. Alles kam jedoch für sie darauf an, daß sie ihre Stellung in der Ostsee behaupteten, und daß diese nicht mehr so fest war wie zu Ende des vierzehnten Jahrhunderts, hatte schon der letzte Krieg mit Dänemark gezeigt.

Für die wendischen Städte war es ein Glück, daß König Christoph, der ihnen aufs äußerste feindselig gesinnt war und mit anderen norddeutschen Fürsten Böses gegen die Städte überhaupt plante, 1448 plötzlich starb. Auf den Vorschlag des Herzogs Adolf von Schleswig wählten die Dänen seinen Neffen, den stattlichen Grafen Christian von Oldenburg, zum Könige, die Schweden aber, die Kalmarer Union zerbrechend, erhoben den reichen, hochstrebenden Edelmann Karl Knutson. Der Krieg der beiden Reiche verflocht sich mit den preußischen Händeln, da der Orden Christians Hilfe gegen die Polen und die empörten Städte begehrte. Um die wendischen

Städte von den preußischen zu trennen, bestätigte der König 1455 den vier: Lübeck, Rostock, Stralsund und Wismar „und allen, die nun sich in ihrer deutschen Hense befinden", sämtliche Privilegien. Bald darauf mußte Karl von Schweden nach Danzig flüchten, wo er sieben Jahre lang blieb, bis er 1464 von den mit Christian Unzufriedenen wieder zurückgerufen wurde. Als er 1470 starb, behauptete sich in Schweden sein Neffe Sten Sture als Reichsverweser.

Vorher hatte jedoch König Christian nach anderer Seite hin einen großen Vorteil erreicht. Als Herzog Adolf VIII., ohne einen Sohn zu hinterlassen, starb, wählten die Räte von Holstein und Schleswig im März 1460 den Dänenkönig zum gemeinsamen Herrn und Herzog, damit nicht die beiden Länder getrennt würden, und Christian bekannte feierlich, daß er nicht als König von Dänemark gewählt worden sei und die Lande ewig ungeteilt zusammen bleiben sollten. Lübeck und die anderen Städte waren über die plötzliche Wendung bestürzt und erschrocken. Den Städten wäre lieber gewesen, wenn die Schauenburger an der Weser das Erbe ihres Geschlechts angetreten hätten, und schalten die Holsteiner, sie wären Dänen geworden, was ihre Vorfahren immer verweigert hätten; aber sie konnten nicht daran denken, Widerspruch zu erheben. Hamburg jedoch, um der Oberhoheit Dänemarks zu entgehen, mußte durchzusetzen, daß es als Reichsstadt angesehen wurde.

Christian I. war den Städten nicht freundlicher gesinnt als sein Vorgänger, und die Zeit sorgenvoll und schwierig. Dänemark verlangte Abbruch des Verkehrs mit Schweden, dieses das umgekehrte, und man mußte zwischen den beiden Mühlen durchzukommen suchen. Dabei füllte sich durch den Streit der Reiche das Meer mit Piraten. Christians Nachfolger Johann zeigte entschiedene Feindschaft und begünstigte in jeder Weise die Nebenbuhler, die Holländer, im Sunde und in Norwegen. Daher brach gegen ihn 1509 der offene Krieg aus, den Lübeck, unterstützt von Rostock, Stralsund und Wismar, mit Nachdruck führte. Am 9. August 1511 erfochten die Lübecker bei Bornholm einen glänzenden Seesieg; bis in die Nacht währte der Kampf. Ihr Admiralschiff Maria trieb das dänische, den Engel, mit mächtigem Geschützfeuer in die Flucht, ein anderes Schiff, Antonius, das drei dänische Schiffe enterten, schlug zwei ab und nahm das dritte. Wenige Tage darauf zerstreuten die Lübischen eine große, aus Livland kommende holländische Flotte bei der Halbinsel Hela und verteidigten ihre Beute gegen einen neuen Angriff der Dänen. Der Wunsch, den gestörten Handel endlich wieder aufzunehmen, gestaltete jedoch den 1512 geschlossenen Frieden nicht den errungenen Siegen entsprechend, denn den Holländern blieb der freie Verkehr.

In König Christian II., der 1513 seinem Vater Johann folgte, erstand ein viel gefährlicherer Gegner. Ähnlich dem Könige Waldemar Atterdag, nur noch in höherem Grade leidenschaftlich, grausam und doppelzüngig, wollte er sein Königtum groß machen durch Unterwerfung von Schweden,

König Christian II. von Dänemark.
(Nach W. von Seydlitz, Allgemeines historisches Porträtwerk.)

durch die Niederdrückung des dänischen Adels und durch Vermehrung des Wohlstandes und Handels, zu welchem Zwecke er die anderen Völker, namentlich die Holländer und selbst die Russen, gegen die Hanse ausspielte. Kopenhagen, die einzige größere Stadt seines Königreiches mit trefflichem Hafen, sollte der Stapelplatz des westlichen und östlichen Warenumsatzes werden, die Herrschaft über den Sund zu der über die Meere führen. Wie den Vorgängern Waldemar und Erich kam dem Dänen die Acht=

losigkeit und Unkenntnis der nordischen Dinge, die den deutschen Kaisern anhaftete, zu statten. Sein Schwager, Kaiser Karl V., erteilte Christian Lehnsrechte auf Holstein und erneuerte die angeblichen alten Rechte Dänemarks auch auf Lübeck.

Dringend nötig war, endlich dem hochfahrenden Könige entgegenzutreten, und die Gelegenheit dazu kam bald. Christian befleckte seinen Sieg in Schweden durch das „Stockholmer Blutbad", die Hinrichtung und den Mord zahlreicher Edler und Bürger, und trieb das Volk zur Empörung, an deren Spitze ein Verwandter der gestürzten Sture, der ebenso tapfere wie verschlagene Gustav Wasa trat. Als Flüchtling aus der Geiselschaft in Dänemark hatte er in Lübeck gastliche Aufnahme gefunden, und auf einem lübischen Kaufmannsschiff kehrte er nach Schweden zurück. In ihm war ein Bundesgenosse gegeben. Zugleich einigten sich Lübeck und Danzig, die vorher um Handelssachen in bedrohlichem Hader gelegen hatten, zu einem Bündnis.

So fuhr 1522 eine Flotte ab, um den Schweden bei der Belagerung des noch von den Dänen verteidigten Stockholm zu helfen, eine zweite wandte sich gegen die dänischen Küsten. Auch den Herzog Friedrich von Schleswig, der sich gegen seinen königlichen Neffen erhob, unterstützte Lübeck, und als Christian nach den Niederlanden geflohen war, leisteten Schiffe von Lübeck, Rostock, Stralsund und Danzig gewichtigen Beistand zur Unterwerfung Kopenhagens. Auch Wisby, von dem aus ein tapferer Anhänger Christians Seeraub trieb, nahmen die Lübecker mit Sturm.

Die neuen Könige von Schweden und Dänemark, die beide Lübeck ihre Krone verdankten, waren gleichmäßig der Hanse verpflichtet. Gustav stattete nach dem Falle Stockholms seine Schuld durch ein Privilegium ab, das Lübeck und Danzig und den osterschen Städten, denen Lübeck die Teilnahme gewährte, den ausschließlichen Handelsverkehr im ganzen Königreiche überließ. Außerdem versprach er die Zahlung einer sehr hohen Rechnung für die Kriegskosten. Nicht das gleiche gelang mit Dänemark; König Friedrich bestätigte zwar die Privilegien der Hanse und der einzelnen Städte, doch suchte auch er den dänischen Handel selbständiger zu machen und ließ den Holländern die bisherigen Rechte. Für seine Auslagen erhielt Lübeck auf fünfzig Jahre die Insel Bornholm zum Pfande. Schweden hatte man zu schwere Verpflichtungen aufgelegt, die es erdrückten, und Gustav wußte sich von ihnen loszumachen. Er empfand es bitter, daß, wie er einmal sagte, die nordischen Kronen eine Kramware der Hansestädte geworden wären.

Es kam die Zeit, in der die Reformation nicht nur das bisherige Kirchenwesen änderte, sondern eine völlige Umgestaltung des staatlichen und geistigen Lebens vorbereitete.

In Holstein, Dänemark und in Schweden, wo Gustav die Bewegung benutzte, um dem Königtum Machtmittel zuzuführen, drang die neue Richtung rasch durch.

In den Reichsstädten und den von ihren Landesherren unabhängigen Stadtgemeinden standen die Räte an der Stelle der Fürsten. Die Hanse hatte immer dafür gesorgt, daß das aristokratische Regiment in ihren Städten erhalten blieb, und die alten Räte erblickten in jeder einschneidenden Änderung, welche die untere Bürgerschaft begehrte, eine Gefährdung ihres Be-

König Gustav Wasa von Schweden. (Nach einem Stich in der Leipziger Stadtbibliothek.)

standes. In Hamburg schlug 1528 die neue Ordnung leicht durch, anders in Bremen, und noch mehr in Lübeck.

In Lübeck kam es zu ähnlichen Vorgängen wie im Anfang des fünfzehnten Jahrhunderts. Der Rat bekämpfte eifrig die eindringende Lehre, bis ihn die durch die Kosten des letzten Krieges schwierig gewordene Geldlage der Stadt zwang, 1529 wieder die Einsetzung eines Bürgerausschusses zu gestatten, um die Rechnung zu prüfen und Vorschläge zur Besserung zu machen. Im Einverständnis mit der gesamten Bürgerschaft verlangte der Ausschuß alsbald auch die Zulassung der evangelischen Lehre, und der Rat erlaubte die Rückkehr zweier Prediger, die er vorher ausgewiesen hatte. Fortan war kein Halten mehr; der Rat gab widerwillig weiter nach, genehmigte eine evangelische Kirchenordnung und mußte dulden, daß ihm ein dauernder Ausschuß mit großer Vollmacht zur Seite trat.

Da entwichen 1531 die beiden Bürgermeister Nikolaus Brömse und Hermann Plönnies, um den Kaiser gegen die Bürgerschaft anzurufen. Ihre Flucht steigerte die Aufregung. Das größte Ansehen genoß bereits das Ausschußmitglied Jürgen Wullenwever. Macht der Persönlichkeit und der Rede

Lübeckischer Taler, geschlagen unter dem Bürgermeister Nikolaus Brömse.
(Die Vorderseite zeigt das Bild Karls V. mit der Umschrift: Imp(erator) Carolus V. Cesaru(m) nulli secu(n)dus (keinem der Cäsaren nachstehend); die Rückseite trägt das Wappen von Lübeck mit der Umschrift: Moneta Cesareae civitatis Lubecae 1537. Zwischen civitatis und Lubecae das Bild einer Bremse. Nach Max Hoffmann, Geschichte der freien und Hansestadt Lübeck.)

müssen ihm zu Gebote gestanden haben, sonst wäre der aus Hamburg gekommene und unbemittelte Kaufmann nicht so leicht zum Führer geworden.

Der flüchtige König Christian II. machte 1531 mit kaiserlicher Hilfe den Versuch, Dänemark zurückzugewinnen, und landete in Norwegen. Lübeck und seine Verbündeten leisteten gegen ihn dem Könige Friedrich Hilfe und trugen das Beste zur Vereitelung des Unternehmens bei. Als Gefangener hat Christian noch lange Jahre gelebt.

Die Bedingung des Beistandes war gewesen, daß der holländische Handel beschränkt werde. Als Dänemark seine Zusage nicht erfüllte, setzte Wullenwever, der Bürgermeister geworden war, durch, daß die Stadt allein den Kampf gegen Holland begann. Die kleine Flotte führte Marx Meyer, ein Hamburger, der sich vom Ankerschmied zum Söldnerhauptmann aufgeschwungen hatte, bestechend durch Schönheit und Stärke, keck und übermütig, voll Zuversicht auf sein Glück, das er voll auszukosten geneigt war. Als er nach Wegnahme einiger holländischen Schiffe an der englischen Küste landete, um Lebensmittel zu holen, wurde er verhaftet und vor König Heinrich VIII. geführt. Beide waren verwandte Naturen; der König erteilte dem Abenteurer den Ritterschlag und verabredete mit ihm weitgreifende Pläne, im Bunde mit Lübeck Dänemark zu erobern.

Denn dort war im April 1533 König Friedrich I. gestorben, und die in religiösen und politischen Fragen uneinigen Dänen schwankten, ob sie seinen älteren Sohn Christian wählen sollten; vorläufig übernahm der Reichsrat, in dem katholische Neigungen überwogen, die Staatsleitung. Wullenwever hoffte, Dänemark in den Krieg gegen die Niederländer hineinzuziehen, aber Christian III. zog vor, mit dem dortigen kaiserlichen Regiment ein Bündnis zu schließen. Der Bürgermeister, dem es gelang, durch eine feurige Rede von der Kanzel der Marienkirche herab eine Gegenströmung zu besiegen, hatte gemeinsam mit Marx Meyer und dem geistreichen, redebegabten Syndikus der Stadt, Johann Oldendorp, einem ausgezeichneten Juristen und Vorfechter bürgerlicher und kirchlicher Freiheit, hochfliegende Entschlüsse gefaßt. Die Verwirrung in Dänemark sollte dazu dienen, die Handelsherrschaft Lübecks zu vollenden und das Luthertum zu befestigen. Der in der Stadt herrschende demokratische Geist

Handschrift von Jürgen Wullenwever.

(Nach Waitz, Lübeck unter J. W. III. Schluß eines Briefes aus der Gefangenschaft an Herzog Heinrich von Braunschweig vom 31. Januar 1536. Er lautet: Den forse(reven) schal J. F. G. soe in der warde befinden, desz werrt der almechtige myn thuch sin. Dat Rodenborch, am madage vor lychtmyssenn. J. F. G. arme gefangen Jurgen Wullenwefer. [Dieses vergilbt(geblieben)e soll Eure Fürstliche Gnaden so in der Wahrheit finden, dessen wird der Allmächtige mein Zeuge sein. Datum Rotenburg, am Montage vor Lichtmeß. Euer Fürstlichen Gnaden armer Gefangener J. W.])

konnte auf Anklang in Dänemark rechnen, weil die Bürgerschaften von Kopenhagen und Malmö und der Bauernstand den das Reich für seine Eigensucht mißbrauchenden Adel bitter haßten. Wullenwever und seine Freunde meinten zudem, die Hanse habe durch den Stralsunder Frieden von 1370 das Recht, bei der Vergebung des dänischen Thrones mitzureden; wiederholt habe sie Könige eingesetzt und verjagt. Vorläufig gab man als Losung die Befreiung und Wiederherstellung des gefangenen Christian II. aus.

Das Unternehmen war ganz das Werk Lübecks, nur Rostock, Stralsund und Wismar haben einige kriegerische Hilfe geleistet. Im Mai 1534 begann der Krieg. Den Oberbefehl erhielt Graf Christoph von Oldenburg, ein Verwandter und Anhänger Christians II. und geübter Kriegsmann, neben ihm später ein anderer deutscher Graf, Johann von Hoya; man hat deshalb den Krieg nachher spöttisch die Grafenfehde genannt. Anfangs ging alles vortrefflich. Bald standen die Inseln, Kopenhagen voran, und selbst ein Teil von Jütland im Aufruhr und schlossen sich Christoph an. Doch nun zeigte sich, was die Vereinigung Holsteins mit der dänischen Krone bedeutete! Christian, dem die Holsteiner und Jüten als ihrem Könige huldigten, lagerte sich mit starker Macht an der Trave und sperrte Lübeck vollständig von der See ab, so daß die entmutigte Bürgerschaft die alte Ratsverfassung wiederherstellte und zu Ende des Jahres mit Holstein einen Frieden schloß, der Christians Heer für Dänemark freimachte. Die See erlag dem Lande. Auch König Gustav von Schweden und Herzog Albrecht von Preußen unterstützten Christian III. Nun kam ein Fehlschlag nach dem anderen. Im Januar des nächsten Jahres wurden die lübischen Truppen aus Schonen vertrieben und Marx Meyer gefangen, eine schwere Niederlage Johanns von Hoya, der selbst fiel, brachte die Insel Fünen in die Gewalt Christians, und auf der See siegte die dänisch-schwedisch-preußische Flotte erst bei Bornholm, dann bei Svendborg auf Fünen, wo auch das lübische Admiralschiff dem Feinde zur Beute fiel, so daß Christian nach Seeland hinübergehen und Kopenhagen einschließen konnte.

Wullenwever und die Seinen schmiedeten indessen Pläne auf Pläne, um Hilfe von auswärts zu erlangen. Überall boten sie die Krone von Dänemark und selbst die von Schweden aus, und die verschlungene große europäische Politik kam mit diesen nordischen Dingen in engste Verflechtung. Wullenwever hoffte auf die protestantischen deutschen Fürsten, mit denen Lübeck im Schmalkaldener Bunde vereinigt war, aber die wollten sich nicht mit der unruhigen Bürgerschaft einlassen, in der Furcht, die Wiedertäufer, deren Reich in Münster eben erst ihrer gemeinsamen Anstrengung unterlegen war, möchten in der Stadt Anhang finden. Nur Herzog Albrecht von Mecklenburg ging in Nachahmung seiner Vorfahren auf des Bürgermeisters Lockung ein. Auch die Städte ergriffen gegen Lübeck Partei, indem ein starkbesuchter Hansetag die Wiedereinsetzung des alten Rates verlangte. Die Bürger, der vergeblichen Opfer müde und zufrieden, daß die kirchliche Reformation in der Stadt gesichert blieb, ließen ihren Führer, der freiwillig aus dem Rate austrat, fallen und erfüllten die Forderung. Im Februar 1536 erkannte Lübeck durch den Hamburger Frieden Christian III. als König an und erhielt Bestätigung seiner Privilegien, doch vergaß es nicht, seinen dänischen Verbündeten günstige Bedingungen auszuwirken. Erst Hungersnot bewog Kopenhagen zur Unterwerfung; Graf Christoph von Oldenburg und Herzog Albrecht von Mecklenburg erhielten freien Abzug. Marx Meyer, der sich durch kecken Handstreich der Feste Warberg in Schonen, wo er in Haft saß, bemächtigt hatte, wurde nach tapferer Verteidigung überwunden, gefoltert und enthauptet.

Wullenwever, den der Rat von Lübeck, um ihn aus der Stadt zu entfernen, zum Amtmann von Bergedorf ernannte, fiel der Furcht der Fürsten vor den Wiedertäufern und dem wütenden Hasse seiner Feinde zum Opfer. Als er der sich noch verteidigenden Stadt Kopenhagen mit englischem Gelde Hilfe zuführen wollte, ergriffen ihn im November 1535 Leute des Erzbischofs von Bremen. Auf der Rotenburg legte er, von den Qualen mehrmaliger Folterung übermannt, Geständnisse ab, wie man sie forderte. Vergebens widerrief er nachher; dem Herzog Heinrich von Braunschweig übergeben, wurde er nach langer Haft am 24. September 1537 von einem Landgericht bei Wolfenbüttel verurteilt und mit dem Schwerte hingerichtet, sein Leib geviertelt und aufs Rad geflochten.

Die Zeitgenossen haben den Bürgermeister, als er erlegen war, verunglimpft und beschimpft, und auch die heutige Geschichtsschreibung erklärt ihn für einen unsteten und unselbständigen Mann, der sich von seinem Anhang mehr vorwärts schieben ließ, als aus eigenem Triebe handelte. Gewiß sind ihm Unklarheit, Überspannung, Prahlerei, Unwahrhaftigkeit vorzuwerfen. Wullenwever wagte zu viel, weil er nicht bloß Dänemark und Schweden, sondern auch den benachbarten Fürsten trotzen wollte; seine Politik war nicht die eines bei aller Kühnheit besonnenen Staatsmannes, sondern sank zu leichtsinniger Gaukelei herab. Aber wie er andere täuschte, so hat er sich selber im Übereifer betrogen und bis zum letzten freien Augenblick seine Pläne festgehalten. Der Erfolg spricht gegen ihn, aber das darf nicht allein den Maßstab des Urteils abgeben. In dem Volksmann flackerten noch einmal der alte Mut und das stolze Selbstbewußtsein des hansischen Bürgertums auf. Er war der Sohn einer wunderbaren, aufgeregten Zeit, die mit politischen Hirngespinsten verwegenes Spiel trieb und alles für möglich hielt, weil ihr das Verständnis für das Wesen der Macht fehlte.

Die Stadtbibliothek in Lübeck bewahrt ein wahrscheinlich bald nach seinem Tode angefertigtes Ölbild Wullenwevers, dessen Antlitz offenbar absichtlich verhäßlicht und entstellt ist. Nach ihm hat ein neuerer Maler, Karl Julius Milde, das Bildnis entworfen, welches den Anfang dieses Buches schmückt.

Die Vormacht Lübecks und der Hanse in der Ostsee, die Wullenwever

Ölbild Jürgen Wullenwevers. (Lübeck, Stadtbibliothek.)

herstellen wollte, war dahin und wich vor den überhandnehmenden Engländern und Holländern zurück. Auch Dänemark erholte sich nicht so bald, dafür stieg Schweden empor. König Gustav, den die Lübecker bald ebenso verwünschten, wie sie ihn vorher gepriesen hatten, stellte Schweden im

Jürgen Wullenwever
1492—1537.

(Zu Seite 145.)

Handel selbständig; schließlich hat er den Lübeckern sein Königreich ganz verschlossen.

Eine traurige Zeit kam über die Hanse. Noch war trotz des Verlustes von Nowgorod der russische Handel leidlich gegangen. Jetzt brach die alte deutsche Gründung in Livland zusammen (vgl. oben im achten Abschnitt), Russen, Schweden, Dänen und Polen rissen die Stücke an sich. König Erich XIV., der Nachfolger Gustavs, verlangte, um den Verkehr über seine Städte Reval und Wiborg zu leiten, Abbruch des Handels mit Rußland, das den nunmehr wichtigsten Hafen Narwa erobert hatte, und ließ hansische Schiffe wegnehmen. Da verbündete sich Lübeck allein, um den unerträglichen Zwang abzuschütteln, mit König Friedrich II. von Dänemark gegen Schweden. Es war sein letzter Seekrieg. Ende Mai 1564 stießen die Flotten aufeinander zwischen Gotland und der schwedischen Küste. Das lübische Admiralschiff Engel unter dem Ratsherrn Friedrich Knebel nahm das viel größere schwedische Makeloes, auf dessen Bord nach heftiger Beschießung die Mannschaft hinüberdrang. Doch schon stand der Makeloes in Brand: kaum hatten ihn die Sieger mit ihren Gefangenen, darunter dem schwedischen Admiral, verlassen, als der mit 174 schweren Kanonen bewehrte Koloß unter furchtbarem Krachen in die Luft flog. Noch mehrere Seegefechte fanden in den nächsten Jahren statt. Ein schwerer Sturm vernichtete 1566 auf der Reede von Wisby drei lübische Schiffe; mit dem Admiralschiff Morian fand der Bürgermeister Bartholomäus Tinnapel den Untergang. Sein Grabmal in der Marienkirche zu Wisby ist dort das letzte Zeugnis hansischen Ruhmes. Ein ehrenvoller Friede zu Stettin beendete 1570 den Krieg, durch den die Lübecker sich ein Handelsprivileg für Schweden erstritten hatten. Leider half es nur kurze Zeit, und die Lübeck verheißenen Entschädigungen wurden nicht gezahlt. Als zwischen Schweden und Rußland neuer Krieg ausbrach, erfuhren die Hansischen schwere Unbill; sie waren angewiesen auf die Gnade Schwedens, das 1581 Narwa eroberte. Dänemark trug gleichfalls kein Bedenken, die Fahrt durch den Sund mit neuen Lasten zu beschweren.

Schlimmer noch als im Osten ging es im Westen. Der Aufstand der Niederlande gegen Spanien, die Entstehung der freien Staaten von Holland hat den gesamten deutschen Handel tödlich getroffen. Nicht nur, daß Antwerpen aufhörte, Weltmarkt zu sein, und Amsterdam an seine Stelle trat, die Holländer sperrten die Mündungen des Rheins und der Schelde. In wahrhaft riesiger Gestalt erhob sich der holländische Handel, und eines seiner gewinnbringendsten Absatzgebiete war die Ostsee. Auch den Heringsfang rissen die Holländer fast ganz an sich, seitdem der kostbare Fisch nicht mehr die schonenschen Küsten aufsuchte.

England endlich hatte mit der Schließung des Stahlhofes 1598 den längst bevorstehenden Bruch vollzogen. Die englischen Tuche hatten völlig die anderen verdrängt und waren überall begehrt und in hohem Preise.

Wie die Holländer setzten sich nun die Engländer überall fest. Ein

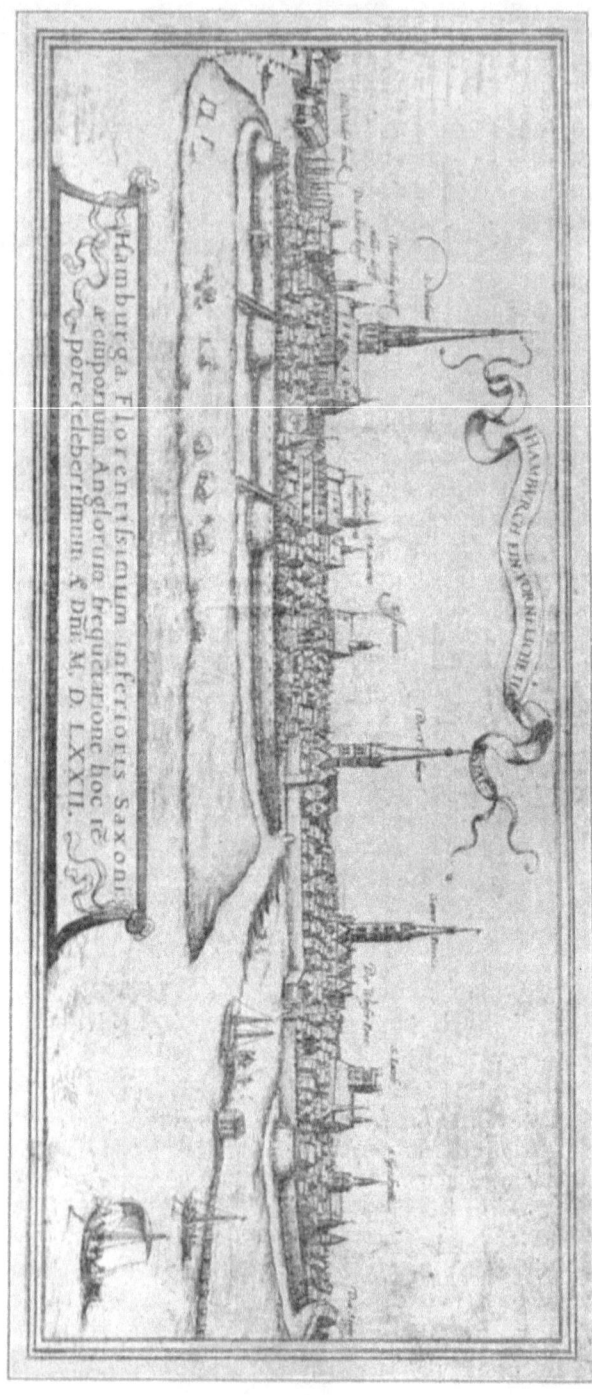

Hamburg im Jahre 1572.

Nach: Civitates orbis terrarum (Coloniae 1572).

neuer Handelsweg nach Rußland tat sich auf, als die Engländer 1553 die Mündung der Dwina im Weißen Meer entdeckten und von Archangel aus einen regen, von dem Zaren begünstigten Warenvertrieb in das Innere Rußlands eröffneten. Die Königin Elisabeth behauptete die gewinnbringende Fahrt gegen den Widerspruch Dänemarks, die hansischen Städte aber in ihrer Schwäche mußten auf sie verzichten. Nur Hamburg bei seiner freieren Lage an der Nordsee hat mit Archangel lebhafte Verbindung gepflegt.

Denn obgleich Lübeck noch immer einen beträchtlichen Handel durch den Sund behielt, kam jetzt die Zeit Hamburgs, das wohl stets ein wichtiges Mitglied der Hanse gewesen war, aber bisher nicht im Vordergrund gestanden hatte.

Seit dem sechzehnten Jahrhundert regte sich in der Elbestadt der Kaufmannsgeist immer selbständiger, wie auch die gewerbliche Betriebsamkeit rüstig fortschritt. Die zahlreichen Gewandschneider übernahmen die Aufbereitung und Färbung der rohen englischen Tücher, die bisher die Niederländer mit besonderer Fertigkeit betrieben hatten. Für Hamburg trat der Nordseeverkehr in den Vordergrund, und damit gewannen die Beziehungen zu England vorwiegenden Wert. Infolgedessen entschloß sich Hamburg nach langem Zögern und Schwanken 1611, die englischen Merchant Adventurers trotz des Widerspruchs der anderen hansischen Städte aufzunehmen. Damit wurde die Stadt fortan der Hauptplatz für den Handel mit England, und durch regen Verkehr mit Amsterdam zog sie auch den Vertrieb von Gewürz- und Kolonialwaren an sich. Nach allen Seiten, auch nach Spanien und Italien fuhren hamburgische Schiffe. So stieg Hamburg rüstig empor, und ihm gelang es auch, seinen Wohlstand über den Dreißigjährigen Krieg hinaus zu retten. Die Bevölkerung nahm stattlich zu; außer Engländern ließen sich viele Niederländer und auch portugiesische Juden in dem zum europäischen Emporium gewordenen Nordseehafen nieder.

Hamburg lenkte entschlossen von der mittelalterlichen Beschränktheit in die Bahnen der neueren Zeit; auch der Geld- und Wechselverkehr nahm eine entsprechende, das übrige Deutschland überflügelnde Gestalt an. Freilich litten unter diesen Umwandlungen zunächst die hansischen und andere deutsche Städte, und die Hamburger mußten in ihren Beziehungen zu den fremden Ländern manche Demütigung hinnehmen und bewahrten oft nur durch schweigende Geduld ihren Vorteil. Doch die einzelne Stadt, ohne jede Unterstützung vom Reiche, konnte nicht anders verfahren, und es war für die deutsche Zukunft, wie besonders das neunzehnte Jahrhundert bewies, von höchstem Wert, daß wenigstens Ein Handelsplatz Weltstellung und Weltruf besaß.

Doch kehren wir wieder zur Hanse und ihrer Lage zu Ende des sechzehnten Jahrhunderts zurück. Der Bund führte in seinen Listen noch fast sämtliche Städte, einige fünfzig oder sechzig, die er zu Anfang des sechzehnten Jahrhunderts umfaßt hatte. In Wahrheit konnte auf wenig mehr als ein Dutzend gerechnet werden, aus dem Binnenlande Magdeburg,

Braunschweig, Hannover, Hildesheim und Lüneburg; Köln bezeugte nur noch aus Herkommen einige Teilnahme. Lübeck, Hamburg, Bremen, Danzig, dann Rostock, Stralsund, Wismar waren die wichtigsten Mitglieder. Noch einmal faßte 1579 ein Hansetag die Statuten zusammen, ganz nach den alten Grundsätzen. Sogar die Unterstützung befehdeter Städte nahm man in Aussicht. Aber kläglich stand es mit den regelmäßigen Beiträgen für das Ganze, die so zusammenschrumpften, daß der Syndikus und die Kontorbeamten kaum ihren kärglichen Gehalt erhielten. Für außerordentliche Zwecke waren Mittel eher aufzubringen. Noch zu Anfang des siebzehnten Jahrhunderts leistete die Hanse der von ihrem Landesherrn bedrängten Stadt Braunschweig Beistand und unternahm, diesmal im Bunde mit den Niederlanden, erfolgreiche Rüstungen gegen Dänemark.

König Gustav Adolf von Schweden.
(Nach dem Gemälde von Miereveld.)

Die alte Nebenbuhlerschaft zwischen Dänemark und Schweden kam nochmals zum heftigen Ausbruch. Christian IV., dessen Andenken noch heute im dänischen Nationalliede lebt, hegte persönlich große Liebe zur See. Er gab der dänischen Marine erst Bedeutung, beförderte den inländischen Handel und städtisches Wesen, nahm die Erwerbung von Kolonien in Angriff und rüstete sogar Entdeckungsreisen aus. Die hansischen Privilegien bestätigte er nicht mehr. Christians Unglück war, daß Schweden einen noch größeren König hatte. Gustav Adolf, nicht minder tätig für die Hebung des Volkswohlstandes, ging an das große Ziel, die östliche Küste des Baltischen Meeres für Schweden zu erobern. Er, der zuerst die von Rußland drohende Gefahr richtig erkannt hat, wollte diese Macht von der Ostsee absperren und entriß ihr Karelien und Ingermanland, von Polen eroberte er Livland und Kurland, das noch stattliche Riga wurde schwedisch.

Der Streit zwischen Dänemark und Schweden ging um das „Dominium maris Baltici", wie man damals zu sagen pflegte, um die Herrschaft über die Ostsee, die bereits der Hanse entfallen war.

Die Weltverhältnisse brachten es mit sich, daß dieser Wettbewerb sich mit einem viel größeren verflocht, mit dem Gegensatz zwischen dem Protestantismus und dem Katholizismus. König Philipp II. von Spanien stellte sich die große Aufgabe, seine katholische Überzeugung überall zum Siege zu bringen und zugleich eine spanische Weltherrschaft zu begründen. Gegen ihn empörten sich die Niederlande, dann wollte er England unterwerfen. Aber die Engländer besiegten und zerstreuten 1588 die große Armada und

Der Marktplatz in Hildesheim. (Nach einer Photographie.)
Rolandsbrunnen 1540. Tempelhaus, 1547 erbaut. Wedekindsches Haus.

von den niederländischen Provinzen behaupteten unter der Führung Hollands sieben die Freiheit als Republik der Generalstaaten. Jetzt erst erhob sich England zur Seemacht. Schneller und großartiger entfaltete sich der Seehandel und der Reichtum Hollands.

Eine neue Ära des Welthandels begann. Erst spät hat der große Kampf um die beiden Bekenntnisse Deutschland ergriffen. 1618 begann der Dreißigjährige Krieg in Böhmen, der dann in seinem weiteren Verlauf vom südlichen Deutschland nach dem nördlichen übersprang. König Christian IV. von Dänemark nahm an ihm tätigen Anteil, um dabei Bremen zu gewinnen.

Die Dänen wurden von Tilly und Wallenstein besiegt. Dieser Feldherr trug sich mit großartigen Plänen, das Haus Habsburg zu erhöhen und die kaiserliche Macht in Norddeutschland auf neue Grundlagen zu stellen. Ernstlich gedachte er den Fehler, den das alte Kaisertum begangen hatte, gutzumachen, auf den Meeren an Deutschlands Küste eine kaiserliche Seemacht zu begründen. Die Anregung dazu hatte Spanien gegeben, das die Quelle von Hollands Reichtum, den Seehandel zu vernichten wünschte. Daher sollte der Kaiser sich an der Ostsee festsetzen; man hoffte auch Polen und die von Holland schwer geschädigte Hanse heranzuziehen, der man dafür Handelsvorteile anbot. Wallenstein ging auf diese Pläne ein, die auch gegen Dänemark und Schweden gerichtet waren. Der Gedanke an sich war großartig! Um des Oberbefehls sicher zu sein, ließ sich Wallenstein im April 1628 zum „General des ozeanischen und baltischen Meeres" ernennen.

Die Hanse hatte, so schwach sie war, die Klugheit, den Lockungen zu widerstehen, und Wallenstein war ohne Flotte. Daher wurde der Besitz der Stadt Stralsund, die sich geweigert hatte, Besatzung aufzunehmen, für ihn wichtig. Im Mai 1628 begann der kaiserliche Feldmarschall Arnim die Belagerung. Doch die Stadt war vom Lande her schwer angreifbar und wurde tapfer verteidigt, und weil die Seeseite nicht gesperrt werden konnte, kamen Zufuhr und Truppen von Dänemark und Schweden. Im Juli erschien Wallenstein selbst, aber er verzweifelte bald an der Eroberung und zog im August seine geschwächten Truppen zurück. Stralsund behielt schwedische Besatzung. Es war der letzte ruhmreiche Akt in der hansischen Geschichte, aber nur Einer Stadt. Dafür erlag Magdeburg 1631 den stürmenden Scharen Tillys. Die hansischen Genossen, die vor der Belagerung Stralsunds eine Gesandtschaft an Kaiser Ferdinand II. geschickt und nichts als schöne Worte heimgebracht hatten, begnügten sich voll Furcht mit Vermittelungsversuchen.

Die Sturmeswogen der furchtbaren Zeit schlugen über dem alten Bunde zusammen und schwemmten ihn auseinander. Auf der letzten Zusammenkunft, die nach alter Weise stattfand, 1630, erhielten Lübeck, Hamburg und Bremen den Auftrag, die gemeinsamen Interessen zu überwachen, und schlossen zugleich ein Verteidigungsbündnis, das 1641, gerade vierhundert

Jahre nach jenem ehemaligen Bunde zwischen Lübeck und Hamburg, erneuert wurde.

Als endlich das Maß der über Deutschland ausgegossenen Leiden erschöpft war und der Westfälische Friede notdürftige Erholung brachte, hatten die alten Städte ihren Reichtum eingebüßt. Ihr lebensfrischer Trieb war gebrochen, und er erhob sich nicht mehr zu neuer Kraft.

Dennoch lebte noch einmal die geschichtliche Erinnerung auf. Im Jahre 1669 kamen in Lübeck Ratssendeboten von Bremen, Hamburg, Braunschweig, Danzig und Köln zusammen, um über eine Wiedervereinigung der Hanse zu beraten. Einige Städte, Rostock, Minden, Osnabrück und Hildesheim schickten Vollmacht, Stralsund, Wismar und Dortmund entschuldigten sich. Achtzehn Sitzungen fanden statt, bittere Worte flogen hin und her, aber trotz der vielen Vorschläge kam kein Beschluß zustande. Der Rezeß verhüllte schamhaft seine inhaltlose Nichtigkeit in zierliche Redensarten; das letzte Wort der Hanse war in leere Luft verhaucht.

Aber ihr Name fiel nicht der Vergessenheit anheim!

Die drei Städte Hamburg, Lübeck und Bremen führen noch heute den Namen „Hansestädte". Sie waren die Erben der dürftigen Hinterlassenschaft, und manche ihnen gemeinsame Einrichtungen erinnern noch heute an den ehemaligen Verband. Aber die alte Hanse, die ganz Norddeutschland zusammenhielt, stellten sie nicht mehr dar.

Elfter Abschnitt.

Handel und Schiffahrt.

In dem mehr als vier Jahrhunderte betragenden Zeitraum, den die hansische Geschichte umspannt, haben die Waren und Erzeugnisse, welche der Kaufmann vertrieb, und noch mehr die Formen, in denen er es tat, manchen Wechsel erfahren. Verschieden war ferner der Anteil, den die einzelnen Städte und Gruppen an der Kaufmannschaft besaßen. Das alles läßt sich hier im einzelnen nicht ausführen, und noch steht der Forschung ein weites Feld offen, so dankenswerte Untersuchungen wir bereits besitzen. Immerhin ist es lehrreich, zu sehen, an welchen Gegenständen der Fleiß der alten Kaufleute seine Befriedigung suchte.

Der hansische Handel hatte außer dem Vertriebe der heimischen Erzeugnisse zwei Hauptbetätigungen. Einmal führte er Rohstoffe von Norden und Osten nach dem Westen, nach Brügge, England und bis nach Spanien; dann holte er aus dem Westen orientalische Spezereien und seine Manufakturwaren und führte sie nach Deutschland, Skandinavien und Rußland.

Diese Vermittelung war jedoch nicht Frachtverkehr, sondern Zwischenhandel, weil der hansische Kaufmann hier einkaufte, dort verkaufte, also zwischen den ersten Verkäufern und den letzten Abnehmer trat. Ebenso geschah es mit den Erzeugnissen gewerblicher Tätigkeit. Flandrische oder englische Tuche z. B. sandte nicht der Verfertiger selbst nach Deutschland, sondern sie gingen erst durch das Geschäft des Kaufmanns. Der Zwischenhandel gab die vornehmlichste Erwerbsquelle ab. Er war zugleich Aktivhandel, weil Ein- und Ausfuhr durch eigene Kaufleute erfolgten. Dieses Verhältnis zu wahren, bildete das Hauptziel des Bundes, namentlich seines Hauptes Lübeck.

Der Handel trug einfache Gestalt, da er wenigstens lange Zeit „Properhandel", d. h. Eigenhandel war, indem der Kaufmann persönlich seine Waren einkaufte, sie nach auswärts geleitete und dort mit dem Käufer abschloß. Vielfältig ging eine Art Tausch vor, in dem Ware gegen Ware gegeben wurde, wobei freilich rechnerischer Überschlag zugrunde lag. Allmählich nahm das reine Geldgeschäft zu, kam Kommissionshandel auf und spielte Kredit eine große Rolle. Die Zahlungsanweisung, der Wechsel, zu-

Handel und Schiffahrt. 157

Der Marktplatz in Lübeck mit Rathaus und Marktbrunnen. Im Hintergrunde die Marienkirche. (Nach einer Photographie.)

erst in Italien ausgebildet, fand im deutschen Verkehr früh Eingang. Vielfach traten Kaufleute zu einer Gesellschaft zusammen, wobei die Anteile oft recht klein waren; solche Vereinigungen besaßen auch Schiffe gemeinsam.

Der Kauffmann.

Als der Handel wuchs, mußte der Großkaufmann Untergebene zur Hilfe heranziehen. Die „Lieger" waren bevollmächtigt, selbständig Geschäfte abzuschließen und Schulden einzuziehen, sie saßen entweder am fremden Platz oder begleiteten die Ware an ihren Bestimmungsort, um sie dort zu verkaufen und andere zu erwerben. Oft hatten sie auch Anteil am Geschäft. Sie genossen in den hansischen Kontoren Kaufmannsrecht. Die Knechte oder Gesellen besorgten Verkaufsladen und Speicher, Verpackung und Verladung. Selbst begüterte Kaufmannssöhne verschmähten nicht, ihre Lernzeit von der untersten Staffel anzufangen.

Ich aber bin ein Handelsmann/
Hab mancherley Wahr bey mir stan/
Würtz/Arlas/Thuch/Wolln vñ Flachß/
Sammat/Seiden/Honig vnd Wachß/
Vnd ander Wahr hie vngenannt/
Die führ ich eyn vnd auß dem Land/
Mit grosser sorg vnd gfehrlichkeit
Wann mich auch offt das vnglück reit.

Ein Kaufmann im 16. Jahrhundert.
(Nach: Jost Ammans Stände und Handwerker; aus Liebhaber-Bibliothek alter Illustrationen usw. München 1884.)

Glänzende und lockende Läden oder Verkaufsgewölbe kannte die frühere Zeit nicht. Der Handeltreibende hatte seine Ware in Vorratshäusern, Speichern oder auf Bodenräumen des eigenen Hauses und begnügte sich zur Buchführung und zum Geschäftsabschluß mit einer engen Schreibstube; einzelne Städte hatten dafür Räume in gemeinsamen Häusern der Gilden. Die Krämer benutzten Keller, Vorbauten oder Stuben, gemietete oder im eigenen Hause.

Seine Tonnen, Säcke und Warenballen machte der Eigentümer kenntlich durch eine Marke, die in ihrer aus geraden oder gebrochenen Linien zusammengesetzten Form als Besitzzeichen schon in alte Zeiten hinaufreichte. Die Marke stand unter rechtlichem Schutz und hatte beweisende Kraft; sie vertrat etwa das, was heute die Firma ist. Daher wurde sie auch in Geschäftsbriefen gebraucht, und der Kaufmann ließ sie in seinen Siegelring eingraben, den er stets bei sich führte in dem den Stand kennzeichnenden breiten Gürtel, der auch das Geld bewahrte.

Über die Münze und Geldwert näheres zu berichten, ist untunlich. Denn das Münzwesen hat in Deutschland von frühester Zeit an in arger Verwirrung gelegen, die sich beständig steigerte. Fast jedes noch so kleine Land, sehr viele Städte schlugen eigenes Geld. Das Münzrecht war sehr einträglich durch den Unterschied des wirklichen und des Umlaufswertes und wurde daher in Ungebühr ausgebeutet; oft zogen die Münzherren die gehende Münze ein, um mit der neu ausgegebenen wieder Gewinn zu machen. Das Ende war eine fortwährende Münzverschlechterung. Die Grundlage bildete ursprünglich das Pfund Silber, das in 240 Denare, auch Pfennige genannt, ausgemünzt wurde. Später galt meist die Mark Silber, das halbe Pfund, als Norm, nach der sich Zahl und Gehalt der Münzsorten richtete. Unterschieden von dieser Gewichtsmark ist die Mark als Rechnungswert. An der Ostsee war viel gebräuchlich und durch Münzverträge mit Hamburg, Wismar und Lüneburg geregelt die lübische Mark, die an Silberwert zehn bis zwölf

Handelsmarken.
(Nach Stieda, Hansisch-Venetianische Handelsbeziehungen im 15. Jahrhundert.)

heutige Reichsmark darstellte, an Kaufwert jedoch sehr viel mehr, weil das Geld damals weit höher galt. Wurden ursprünglich im dreizehnten Jahrhundert aus der Mark Silber nur zwei und eine halbe Mark Pfennige gemünzt, ergab sie im fünfzehnten neun Mark. Die Mark zählte sechzehn Schillinge, doch wurden anfänglich nur Pfennige, zwölf auf einen Schilling, geschlagen. Erst seit dem vierzehnten Jahrhundert prägte man den schweren Silberschilling, der seiner Dicke wegen auch Groschen hieß. Gleichzeitig kamen Goldmünzen, dem italienischen Dukaten entsprechend, die „Gulden" auf, die nach der Stadt Florenz, deren Münze durch die ganze Welt liefen, auch Florenen genannt wurden. Lübeck erhielt 1340 von Kaiser Ludwig dem Bayer das Recht, sie zu prägen. Wie die silbernen Pfennige, Kreuzer und Heller zu Kupfermünzen herabsanken, ist auch Gulden schließlich Benennung schwerer Silbermünzen geworden. Taler kamen als silberne Großstücke im sechzehnten Jahrhundert in allgemeine Aufnahme.

Außer dem heimischen Münzgewirr hatte der Kaufmann mit den Geldsorten der fremden Reiche zu tun. Daher ließen sich Wechsler nicht entbehren, die den Umtausch besorgten und an ihm reichlich verdienten, auch andere Geldgeschäfte machten. Da viele von ihnen aus Italien stammten, hießen sie Lombarden. Sie waren allenthalben verhaßt, und die hansischen Städte ließen sie nicht gern zu; von den Kontoren waren sie gänzlich ausgeschlossen.

Münzen von Lübeck.
(Nach Max Hoffmann, Geschichte der freien und Hansestadt Lübeck.)

1. Ältester zweiseitig geprägter Pfennig aus dem 14. Jahrhundert. Die Rückseite ist gleich.

2. Lübischer Goldgulden oder Dukaten, seit 1341 geprägt. Nach dem Muster von Florenz, auf der Vorderseite die Lilie mit der Umschrift: Flore(nus) Lubic(ensis), auf der Rückseite Johannes der Täufer: S. Johannes B(aptista). Am Ende der Umschrift der lübische zweiköpfige Reichsadler.

3. Doppelschilling, seit 1463 geprägt. Vorderseite der lübische zweiköpfige Reichsadler auf Kreuz: Crux fugat omne malu(m). (Das Kreuz vertreibt alles Übel.) Rückseite die Wapen von Hamburg, Wismar und Lüneburg, um eine Rosette im Dreieck gestellt: Mone(ta) nova Lubic(ensis). Vgl. auch den Taler oben S. 144.

Der Kaufmann hatte demnach so manche Mühe und Not, die ihm heute bei dem geregelten Weltgeldverkehr erspart ist. Man hat ihn glücklich gepriesen im Vergleich mit dem heutigen Kaufmann, der durch die Blitzesschnelle der Nachrichten von den entferntesten Enden der Erde keinen ruhigen Augenblick habe und einer ständigen Aufregung, einer nie abreißenden und aufreibenden Gedankentätigkeit zum Opfer gesetzt sei. Ob das so ganz richtig ist? Der mittelalterliche Kaufmann mußte mit unendlich schwererer Sorge sein Schiff den Hafen verlassen sehen. Wie leicht fiel es, wenn nicht dem Sturm, Seeräubern zur Beute; es konnte in der Fremde vieler Unbill ausgesetzt sein, vor der jetzt das Völker- und Handelsrecht schirmt. Beanspruchten doch die Staaten im Kriegsfall, auch fremde Fahrzeuge für sich zu verwenden. Wochen, selbst Monate vergingen, ehe er Nachricht erhalten konnte, und die gemachte Rechnung schlug vielleicht fehl, weil sich die sehr stark schwankenden Preise inzwischen verändert hatten. Gelang alles glücklich, dann war allerdings der Gewinn einer einzigen Fahrt meist sehr viel höher, als er heute zu erzielen ist. Aber das Rad der Fortuna drehte sich damals nicht langsamer. Bekanntlich sind große Geldvermögen nicht sehr dauerhaft und halten kaum Geschlechter lang aus. Schnell genug machten große Häuser anderen Platz, und nur selten haben durch ihren Reichtum berühmte Familien lange dem Schicksalswandel getrotzt. Oft geschah es nur durch den Grundbesitz, den sie als Kapitalanlage erworben hatten.

Dafür machten strebsame arme Jünglinge ihr Glück. Die auswärtigen Kontore, namentlich die mühevollsten in Bergen und Nowgorod, waren nicht nur die hohe Schule für den Kaufmannsstand, dort gelang es am ehesten, zum wohlhabenden Mann zu gedeihen. Diener konnten nach einer gewissen Zeit sich selbständig machen und ein eigenes Geschäft begründen. Selbst Seeleute hatten oft Anteil an dem Gewinn oder durften mit den Fahrten eigenen kleinen Handel verbinden.

Trotz der Beschwerden, mit denen das Reisen verknüpft war, ist in den letzten Jahrhunderten des Mittelalters Europa viel durchwandert worden. Es war nichts Seltenes, daß deutsche Studierende italische und französische Universitäten besuchten. Dem Kaufmann gebot die Weise des Handels, sich aus der Heimat herauszuwagen, und Anfänger sind, den Packen auf dem Rücken tragend, die Donau hinunter oder nach Italien und Frankreich gezogen, bald dies, bald das als Hausierer vertreibend. Für die Ratsherren kam die Notwendigkeit hinzu, mit den fremden Mächten an ihrem Sitz über wichtige Sachen zu verhandeln, und derselbe Mann vollzog seinen Auftrag bald in London, bald in Dänemark und in Nowgorod. So sammelte sich in den Personen und in den Städten Länder- und Völkerkenntnis, eine reiche Welterfahrung, die in großen Familien die Väter den Söhnen vererbten. Den besten Nutzen zogen davon die Gemeinwesen, und die wohlüberlegte, rührige, doch nachhaltige Staatskunst, die in den politischen Geschäften der Hanse hervortritt, bezeugt die durch Überlieferung und Übung gewonnene Sicherheit ihrer Leiter.

Ungemein mannigfaltig waren die Gegenstände, die gehandelt wurden. Man kann sie in große Gruppen zerlegen, die sich auch geographisch in den Osten und Westen scheiden, und etwa sagen, was im Osten eingekauft wurde, diente zur Ausfuhr nach dem Westen, und umgekehrt. Der Osten und Norden lieferten Rohstoffe, der Westen, namentlich Brügge, kaufte diese und stellte zum Ankauf seine eigenen Marktschätze, teils Industrieerzeugnisse, teils Weine und südliche Waren. Doch dienten die Rohstoffe auch in den östlichen Städten zum eigenen Verbrauch und zur Verarbeitung, um in Nutzsachen umgewandelt wieder in ihre Heimat zurückzukehren.

Alle Reiche der Natur mußten ihre Gaben dem Kaufmann spenden.

Der wertvollste Rohstoff des Ostens und Nordens war das Pelzwerk, das sich in der ganzen Kulturwelt, selbst im Orient bei den Muhammedanern, als Kleidung oder Schmuck der größten Beliebtheit erfreute. Die frühen Handelsbeziehungen der Araber zu Rußland bezweckten hauptsächlich seine Erwerbung. Im Abendland war kostbares Pelzwerk Abzeichen der Vornehmheit oder des Reichtums; daher wurde manchmal den unteren Ständen geradezu verboten, es zu tragen, und kein anderer Schmuck reizte so sehr die eitle Gefallsucht. Eine Erinnerung an jene mittelalterliche Hochschätzung ist noch heute der Hermelinmantel als Abzeichen fürstlicher Würde.

Eine unerschöpfliche Quelle für das Pelzwerk (Rauh- oder Rauchwerk, auch Haarwerk) war Rußland, daneben Schweden und Norwegen.

Die Russen, bei denen es die Stelle von Geld einnahm, trieben mit großem Eifer die Jagd. Auch verstanden sie sich auf das Zubereiten der Felle, die Gerberei und Kürschnerei, und der Kaufmann mußte darauf achten, daß nicht betrügerische Hantierung unterlief; daher bevorzugte er ungegerbte Ware. Der Handel fand hauptsächlich in Nowgorod statt, soweit nicht Livland den Vermittler machte. Am meisten gingen Hermelin und Wiesel, Eichhorn (Grauwerk oder Buntwerk), dann Bär, Biber, Bisam, Fuchs, Iltis, Luchs, Marder, Otter, Zobel. Auch die geringen Pelze hatten Abgang: Hasen, Kaninchen, Lamm, Wolf, dann die hochgeschätzten Bälge der Tauchervögel. Übrigens kam aus Lissabon auch orientalisches Pelzwerk: Leopard, Fuchs, Kaninchen u. a.

Lebendes Vieh oder frisches Fleisch konnten nur in der Nachbarschaft verwertet werden; gedörrtes und später gepökeltes Fleisch, Zungen u. dgl. fanden überall Käufer. Pferde wurden jedoch von Preußen und Schweden bis nach England gebracht. Einen eigenen Ausfuhrartikel bildeten die damals durch die ganze Welt beliebten Jagdfalken, auf deren Abrichtung man sich besonders in Preußen verstand. Kein schöneres Geschenk konnte der Hochmeister Fürsten machen. Die Vögel gingen im Handel nach Flandern und Venedig, von wo sie auch der Orient gern bezog.

Vielfältige Verwendung fanden andere Ergebnisse der Tierzucht: Häute, roh und gegerbt, gewöhnliches und Juchten-Leder, Felle, Talg, Speck, welche Rußland, der Norden und auch Deutschland lieferten, ebenso Butter und Käse aus Norwegen und Schweden.

Die hohe Bedeutung, welche England durch seine Wolle hatte, kennen wir bereits. Die Städte verarbeiteten sie bei sich zu Hause, noch größere Posten führten sie nach Flandern, das sie lange Zeit hauptsächlich versorgten. Geringere Sorten kamen auch aus anderen Ländern, wie Schottland. In späterer Zeit lieferte Spanien feine Wollen.

Auch des Herings als einer der wichtigsten Reichtumsquellen der Hanse ist schon gedacht worden. Die Ausfuhr umfaßte ganz Europa, selbst die Mittelmeerländer. Kaum geringer war der Handel mit gedörrtem Fisch. Zum größten Teil versandte ihn Bergen, aber die ganze Ost- und Nordsee bis nach Island, das im fünfzehnten Jahrhundert reger besucht wurde, gaben ihren Beitrag. Auf den Shetlandsinseln hatten die drei hansischen Städte bis 1712 den Fischhandel ausschließlich inne. Die Hauptmasse stellte der Stockfisch, außerdem Stör, Lachs, Schellfisch, Dorsch; von den nordfranzösischen Küsten kam die leckere Lamprete; gesalzener Fischrogen behagte schon damals den Feinschmeckern. Ein wertvolles Nebenergebnis der Meerfischerei waren Tran und Seehundsspeck.

Die große Bezugsquelle für Wachs war Rußland, wo die „Wachsbäume", die Stöcke der Waldbienen, unendliche Mengen mühelos eintrugen. Auch Livland, dann Spanien brachten Wachs in den Handel. Die Kirchen verbrauchten sehr viel, denn die Widmung von Kerzen war eins der üblichsten Gelübde. Auch die Kanzleien konnten es nicht entbehren, denn sie hängten an die Urkunden wächserne Siegel. Im Hause brannten nur die Reichen bei hohen Festen Wachskerzen; sonst begnügten sie sich mit Unschlittkerzen, und die Ärmeren mit der qualmenden, an der Wand hängenden Tranlampe. Das Wachs wurde in großen Blöcken verkauft. Da die Russen allerhand Fälschungen versuchten, prüften besondere Kenner das zum Verkauf angebotene und stempelten es. Man kaufte das Wachs geschmolzen, aber ungereinigt.

Der Honig, der Gefährte des Wachses, ersetzte dem Volke den noch sehr teuren und seltenen Zucker als Nahrungs- und Leckermittel, viel verwandt zu Gebäck. Aus ihm bereitete man noch in alter Weise den Met, den namentlich Riga vortrefflich herstellte und weithin versandte.

Aus dem Pflanzenreiche kam vor allem das Getreide in Betracht, Roggen und Weizen, die Norddeutschland in reichster Menge hervorbrachte, während Rußland noch nichts zur Ausfuhr stellte. Die nordischen Lande, zum Teil auch England und die westlichen Küsten, waren von der deutschen Versorgung durchaus abhängig. Je nach dem Ausfall der Ernten schwankten die Preise sehr viel stärker als gegenwärtig. Auch Malz, Mehl und Grütze wurden bis nach Spanien hin verhandelt. Der Feldbau lieferte für die Ausfuhr auch Zwiebeln, den wichtigsten Farbstoff, den Waid, und Würzkräuter, wie Thymian.

Sehr gewinnbringend war die Brauerei, in der damals Deutschland unübertroffen dastand. Das Bier hatte im Mittelalter eine noch viel größere Stellung im Lebensunterhalt als jetzt, weil es nicht nur Genuß-, sondern auch Nahrungsmittel war und viel zur Bereitung von Speisen diente. Unzweifelhaft war auch die Trinklust größer; staunenswert sind die Mengen, welche selbst für weibliche Dienerschaft oder für Klosterfrauen ausgesetzt wurden. Es gab unzählige Arten; fast jede Stadt hatte ihr besonderes Getränk. Manche waren sehr dünn und leicht, viele dickflüssiger und gesättigter als unsere und darum schwerer. In einigen Gegenden bestand für sie eine eigenartige Probe. Das Bier wurde auf einen hölzernen Schemel gegossen, auf den sich ein Mann mit Lederhosen setzte. Stand er nach einiger Zeit auf, mußte der Schemel festkleben. Das deutsche Bier genoß Weltruf: kein Land, in dem man es nicht trank; daher machte man selbst bei Handelssperren oft mit ihm eine Ausnahme. Von den hansischen Städten hat besonders Hamburg sein Aufblühen dem Brauhandwerk zu danken, sein und Wismarsches Bier verluden die Danziger bis nach Lissabon. Hopfen, den man jedoch nicht allgemein zum Brauen verwandte, der aber erst das Bier ausfuhrfähig machte, bauten die Ostseeländer an, noch mehr West- und Südeuropa.

Flachs wurde aus Rußland und Skandinavien eingeführt und auch in Deutschland reichlich gezogen, doch wenig ausgeführt. Mehr war das der Fall mit Hanf und Werg für den Schiffbau.

Trotzdem es viel Platz in dem Schiffsraum einnahm, lohnte das Holz den Vertrieb. Alle Länder um die Ostsee brachten es in reicher Fülle hervor; dazu trat noch die mächtige Zufuhr aus Polen auf der Weichsel nach Danzig, das wie Livland umfangreichen Holzhandel hatte. Der Schiffbau blühte nicht nur für den eigenen Bedarf, sondern gab auch seine Werke nach auswärts ab, obgleich die hansischen Gesetze die Arbeit für Fremde zu hindern suchten. Danzig war berühmt durch seine Schiffswerfte. Schiffbauholz, Segelstangen, Dielen für die hohen Borde, Mastbäume, Ruder, anderes Bauholz fanden in Brügge und bis nach Spanien lohnenden Absatz. Dafür brachte man von der iberischen Halbinsel Kork zurück. In späterer Zeit hatte Hamburg eine beträchtliche Ausfuhr von Ausrüstungsgegenständen für Schiffe.

Den für die Schiffe und andere Zwecke unentbehrlichen Teer, dann Pech und Harz erzeugte namentlich Skandinavien. Holz und Pottasche zur Seifenbereitung schickte auch Preußen nach dem Westen. Ebenso hatte Preußen den einträglichen Handel nach England mit Holz für die Bogen, in deren Handhabung die Engländer groß waren. Die Bogen, mit denen sie sich im vierzehnten und fünfzehnten Jahrhundert den Franzosen furchtbar machten, waren in den Bergwaldungen Österreichs gewachsen. Das Eibenholz kam von dort über Krakau und Thorn an das Meer.

Ein gewaltiges Geschäft machte der Deutsche Orden mit dem Bernstein, seinem Monopol. Das fossile Harz stand noch in derselben Schätzung wie im Altertum, zum Räuchern, noch mehr zur Anfertigung von allerhand Gegenständen, namentlich von Rosenkränzen, die die ganze Christenheit brauchte. Ein guter Abnehmer war auch das Morgenland bis nach China. Der Orden sandte das kostbare Gut dorthin lange Zeit über Lemberg, bis Lübeck, das für die Bearbeitung ein Vorrecht beanspruchte, und Brügge den Zwischenhändler nach Venedig machten. Fast zu viel wurde auf den Markt geworfen; im fünfzehnten Jahrhundert lagerten einmal zweitausend Pfund Rosenkränze unverkauft in Venedig.

Für die menschliche Nahrung ist der notwendigste Bestandteil das Salz. Deshalb sind schon in den ältesten germanischen Zeiten blutige Kriege um die heiligen Salzquellen geführt worden. Das Einsalzen des Herings erforderte große Vorräte, außerdem waren die salzarmen Länder, besonders Rußland, begierige Abnehmer. Da sich die Ostsee mit ihrem geringen Salzgehalt wenig zur Gewinnung eignete, bergmännischer Abbau der Steinsalzlager in Deutschland wenig üblich war, mußte das Salz entweder aus Gegenden, wo es der Erdboden durch Quellen spendete, oder aus den südlichen Meeren bezogen werden. Die größte Salzstätte Deutschlands war Lüneburg, mit welcher Stadt Lübeck seit der Mitte des vierzehnten Jahrhunderts in bequemer Wasserverbindung durch den oberhalb Lauenburg von der Elbe abgehenden Stecknitzkanal stand; vielleicht war diese enge Beziehung die Ursache, daß Lüneburg zu den wendischen Städten gerechnet wurde. Auch Halle schickte an die See sein Salz. Da Lübeck dieses binnenländische Erzeugnis über See ausführte, hieß es Travesalz. Die Hauptmenge war jedoch das sogenannte „Baiensalz", das alljährlich große Flotten, die „Baienflotten", der flämischen wie der hansischen Städte weither aus einer kleinen Bucht südlich von der Mündung der Loire und aus Brouage (Browasie) an der Küste von Poitou holten. Auch Spanien und Portugal trieben Salzhandel.

Erze flossen ebenfalls von verschiedenen Seiten herzu. Das meiste Eisen, Osemund genannt, trugen die reichen Gruben in Schweden, die teilweise im lübischen Besitz standen. Ebenso ergaben sie Kupfer, das in beträchtlichen Massen nebst Blei auch aus Ungarn nach Danzig kam. England lieferte neben Eisen vornehmlich das zu allerhand Geschirren zu verarbeitende Zinn. Andere Erdschätze, mit denen sich der Handel befaßte, waren Schwefel, Arsenik, Zinnober, Mennig, von der Miniaturmalerei verwendet, Alaun und Borax. Selbst ungemünztes Gold und Silber in Barren wurden ausgeführt. Als Ballast nahm man auch gute zum Bauen geeignete Steinarten, wie Granit aus Schonen oder Kalkstein von der Insel Bornholm.

Zu den Naturgaben des Nordens fügte der Handel zahlreiche des Westens, des Südens und des Orients.

In erster Stelle ist der Wein zu nennen. Das Mittelalter hat ihn viel mehr verbraucht als wir. Der Weinbau war erheblich weiter verbreitet; in der Mark um Berlin, in Preußen, sogar in Dänemark und Norwegen hat man die Rebe gepflanzt. Eine Nötigung gab das Bedürfnis, für die Kirche zu Messe und Abendmahl stets, auch wenn Kriegszeiten den Bezug hemmten, Wein zu haben. Daher ging später der Anbau an vielen Orten wieder ein, so daß er sich nur in wenigen Gegenden Norddeutschlands hielt. Der nordische Rebensaft, der gewiß nicht allzu gut schmeckte, fand meist erträgliche Benutzung für den auch außer Krankheitsfällen gern, namentlich beim Schlafengehen getrunkenen Würzwein, den heutigen Glühwein. Aber außer dem billigen Säuerling fand der Weinfreund wohl in jeder größeren Stadt des Nordens alle edlen Marken, die Europa hervorbrachte. Weinstuben gab es in reicher Menge, doch durften sie, um Fälschungen zu hindern, meist nur eine Sorte verzapfen, und mußten ihren Stoff genauer Prüfung unterwerfen. Erfreuen sich doch so manche Ratsweinkeller, wie die von Bremen und Lübeck, noch in unseren Tagen ehrenvoller Schätzung.

Als edelster der Weine stand der vom Rhein in größtem Ansehen. Das ganze Ufergelände bis in das Elsaß und die Schweiz führte seinen Überfluß den Strom hinab nach den Niederlanden, von wo er über die anderen Lande verteilt wurde, meist durch hansische Kaufleute. Viel Wein, doch dem vom Rhein nicht gleich geachtet, trug auch Frankreich, namentlich Poitou und Gascogne, ferner Spanien mit dem edlen Malvasier und dem süßdicken Sekt, der seinen Namen „vino secco" daher trägt, weil er aus getrockneten Trauben bereitet wurde. Erst in allerneuester Zeit ist der Name auf den Champagner übertragen worden. Auch italische Weine kamen nach Brügge. Üppige Festlichkeiten und reiche Hochzeiten boten diese Getränke im Überschwang. Gebrannter Wein, Branntwein oder Aqua vitae, war ursprünglich nur in den Apotheken als Arzneimittel zu haben.

Ebenso erforderte die verschwenderische Sitte, daß die Speisen reich an Gewürzen waren, vielleicht weniger des Wohlgeschmacks, als des Prunkens halber. Doch reizte frühzeitig die Eintönigkeit der täglichen Nahrung zur Anwendung von Würzen, die anfänglich das Hausgärtlein in mancherlei Kräutern, die heute fast vergessen sind, hervorbrachte, bis die ausländischen kräftigeren Zutaten ihnen den Rang abliefen. Unser Pfefferkuchen erinnert noch daran, daß man ehemals alle Gewürze schlechthin Pfeffer nannte. Der große Markt dafür war die längste Zeit Brügge, wohin sie Italiener und Spanier brachten. Auch kostbare Früchte und andere Stoffe für den Gaumenreiz und für die Arzneikunde trugen von dort die hansischen Schiffe davon. Lange Zeit bereiteten die Apotheker auch süßes Konfekt, das dem Gaste vorzusetzen Anstandspflicht war. Meist kostete es recht viel, und Zucker stand noch im fünfzehnten Jahrhundert so hoch im Preise, daß der Schlecker damit ein ganzes Vermögen vergeuden konnte.

Das feine Olivenöl aus Italien, Südfrankreich und Spanien kam in großen länglich-spitzen Fässern, die Pipen hießen, oder in Steinkruken, andere Waren in großen Packen. Schier unendlich wäre die Liste, alles aufzuzählen. Orangen, Granatäpfel, Kastanien, Feigen, Datteln, Rosinen, Mandeln, Reis mögen genannt sein als unmittelbare Genußdinge, als Gewürze und Heilmittel: Nelken, Zucker, Senf, Pfeffer, Ingwer, Paradieskörner, Muskat als Nuß und sogenannte Blüte, Safran, Zimt, Kardamom, Kubeben, Anis, Aloe, Myrrhe, Kampfer, Rhabarber, Wurmkraut. Für den Gottesdienst bezog man Weihrauch, für die Färbereien Indigo und mehrere Hölzer.

Der Orient und der Süden sandten außerdem kostbare Ware in den Edelsteinen, den noch höher angeschlagenen Perlen, auch in fertigem Geschmeide. Von dorther stammten auch die prachtvollen Stoffe der Seide, roh, farbig und in ihren mannigfachen Gebilden: Atlas, Damast, Samt. Auch für goldburchwirkte Stoffe waren trotz des hohen Preises Käufer vorhanden. Ebenso nahmen rohe Baumwolle aus Syrien und kattunene Gewebe den Weg nach Norden.

Nicht allein also die natürlichen Hervorbringungen der fremden Länder, sondern auch deren Kunst- und Gewerbfertigkeiten füllten die hansischen Schiffe und Niederlagen. In reichstem Maße tat das die Weberei, und Tuche kann man als einen der wesentlichsten Bestandteile des hansischen Betriebes bezeichnen. Ihrer gab es außerordentlich viel Arten, je nach dem Ursprung. Bis ins sechzehnte Jahrhundert hat kein Volk die Flam=

länder in der Tuchbereitung übertroffen. Besonders in farbigen Stoffen zeichneten sie sich aus, ebenso in feinen Gespinsten; für auserlesene Stücke wurden geradezu fabelhafte Preise bezahlt. Jede Stadt in Flandern und noch weiter nach Nordfrankreich hinein wirkte ihre besonderen Sorten, die der Handel sorgfältig mit Namen unterschied. Auch der deutsche Niederrhein, Köln und Umgegend, stellte seine Wollstoffe her, besonders schwarze für die priesterliche Gewandung. Als England dazu überging, selber seine Wolle zu verweben, eroberten sich die englischen Laken bald ihren vollen Platz, namentlich die scharlachroten. Auch durch ganz Deutschland war die Tuchmacherei in vollem Schwange und erzeugte große Vorräte für die Ausfuhr. Ein Dorn im Auge waren der Hanse die polnischen Laken, die ihren teureren flämischen und englischen leicht den Preis verdarben. Tuch war derjenige Absatzgegenstand, der in allen nordischen Ländern gleich unentbehrlich und willkommen war. In den Handel kam es in großen Stücken von verschiedener Länge, je nach dem Ursprungslande. Damit sie überall innegehalten und die Güte gesichert wurde, fand sorgfältige Schau statt und trugen die Stücke ein Bleisiegel. Flandern wob auch kunstvolle Teppiche, mit denen in vornehmen Häusern die Wände behangen wurden, bis die ebendaher stammenden kostbaren Ledertapeten aufkamen, und Decken für allerlei Schmuck und Zweck.

Leinwand wurde wohl auch eingeführt, doch meist für die Ausfuhr in Deutschland erzeugt. Berühmt war bereits die westfälische Leinwand, die sich selbst Hochmeister nach Preußen für ihre Leibwäsche kommen ließen. Seitdem leinenes Tischzeug, das der Hausfrau Ehre machte, wenn es so steif gestärkt war, daß es „krachte", zum besten Schmuck des Haushaltes gehörte, kam die Kunstweberei in Aufschwung. Die fleißigen Hände der Frauen schmückten das Linnen mit bunten Stickereien, für die der Handel Garn feilbot. Schwere Segeltücher (Cannefas, daher unser Kanevas für Stickereien) wurden auch aus Nord- und Westfrankreich bezogen.

Die geringe Entwicklung des Handwerks und der Industrie in den nordischen Ländern und anfänglich in England ließ für die Einfuhr der geringfügigsten Bedürfnisse des täglichen Lebens und der Kramwaren, wie der Gegenstände, die nur höhere Kunstfertigkeit erzeugen konnte, gleich großen Raum. Heimische wie auswärtige Gewerbtätigkeit empfingen ihren Anteil. Alles Denkbare benutzte der Kaufmann zum Gewinn: Mützen, Hüte, Hosen, besonders aus Leder, Hosennesteln, Schuhe aus Leder und Kork, Stiefeln, Gürtel und Beutel, Seife, Säcke, dann Glassachen, namentlich Perlen, Werkzeuge und Hausgeräte aus Eisen, Zinn und Messing, wie Äxte, Türschlösser, Messer, Schüsseln, Nägel, Draht, Nadeln, Spielwaren, bis hinauf zu Waffen und Panzern. Kostbare Geräte in Edelmetall für den Schatz der Gesellschaften, Städte und Kirchen arbeiteten die sehr zahlreichen Goldschmiede. Italien und Flandern standen darin voran. Der kirchlichen Andacht dienten Rosenkränze, Bilder, ganze Altäre, Glocken, geschriebene Gebetbücher. Auch Pergament, das in Deutschland und Italien bereitet wurde, und Papier, das zuerst aus Italien kam, bis in Deutschland Fabriken entstanden, war beim hansischen Kaufmann zu haben.

Welch großen Teil Europas der unmittelbare Handelsverkehr der Hanse umfaßte, beweisen die Niederlassungen in Nowgorod, Bergen, Brügge und London. Sie bezeichnen jedoch keineswegs die äußersten Linien. Abgesehen davon, daß die Fahrten des Fischhandels wegen bis nach Island reichten, gingen sie die französische Nordküste und die Bretagne entlang an die Atlantischen Küsten. Die häufigen Kriege Frankreichs mit England störten den dortigen Verkehr oft sehr schwer, und Frankreich wachte dann streng darüber, daß nicht englische Waren eingeschleppt wurden. Sonst waren die Beziehungen nicht ungünstig. Schon König Philipp IV. der Schöne von Frankreich (1285—1314) erteilte den Städten zwar nicht besondere Vorrechte, aber den nötigen Schutz für den Handel durch ganz Frankreich, Ludwig XI. erließ 1464 und 1483 Privilegien namentlich zur Abhilfe gegen Seeraub; Ludwig XIV. hat 1655 den drei Städten Lübeck, Bremen und Hamburg seinen Schutz zugesagt. Von den Häfen an der Westküste wurde außer der „Baie" La Rochelle fleißig besucht.

Durch den wegen seiner Stürme berüchtigten Golf von Biscaya ging die Fahrt nach Spanien und Portugal. Bereits im dreizehnten Jahrhundert sollen die Deutschen in Lissabon eine Kapelle mit Begräbnisplatz besessen haben; noch heute besteht diese deutsche Bartholomäusbrüderschaft.

Die alten Könige von Kastilien behüteten eifersüchtig den Handel ihres Landes und hielten fremden Wettbewerb möglichst fern. Die englisch-französischen Streitigkeiten übten bis hierher ihre störende Wirkung, und so kam es, daß 1419 die Spanier auf der Höhe von La Rochelle einige vierzig Schiffe der Deutschen als Freunden der Engländer kaperten. Als nun zum Entgelt hansische Schiffer, die bei jener Gelegenheit ihre Habe verloren hatten, in der Nähe von Brügge eine spanische Holk (ein schweres Lastschiff) überfielen, entstand in den flandrischen Gewässern ein langwieriger Kaperkrieg zwischen Spaniern und Hanseleuten, den erst 1443 ein Handelsvertrag beendete.

Die Auffindung des Seeweges nach Ostindien und die Entdeckung von Amerika haben dem deutschen Handel nicht den tödlichen Stoß versetzt. Nordamerika erreichte sehr langsam Wichtigkeit, während Südamerika nur durch die starke Einfuhr von Silber, die in Spaniens Gewalt stand, seit der Mitte des sechzehnten Jahrhunderts eine allgemeine Umwälzung der Preise hervorrief. Handelswaren kamen vornehmlich aus Ostindien, und für sie war Lissabon der große Weltmarkt, außerdem Sevilla. Venedig erfuhr den größten Schaden; die deutschen Kaufleute verstanden es, die große Wendung mitzumachen und in Lissabon ihre Tätigkeit zu entfalten. In reichstem Maße taten es die Süddeutschen, die schon lange auf dem Landwege über Barcelona Spanien und Portugal besuchten. Auch die Hansischen blieben nicht zurück; Bremen und Danzig haben mit Lissabon rege

Beziehungen unterhalten. So blieb der alte Stand noch Jahrzehnte erhalten, bis einmal die verkehrte Wirtschaftspolitik Philipps II., noch mehr der Aufstand der Niederlande schnelle Minderung brachten. Das Königreich Portugal, seit 1580 mit Spanien verbunden, teilte die Schicksale des Hauptreiches und litt gleichfalls unter dem Kriegszustande mit den Holländern. Diese schlugen mit Umgehung von Lissabon den unmittelbaren Weg in die südlichen Ozeane ein, und da ohnehin Antwerpen seit 1585 gebrochen war, zog Amsterdam den Verkehr an sich. Rührig gingen die Holländer daran, durch Gesellschaften und neu eröffnete Wege ihren Handel zu vermehren, und dasselbe Schauspiel, das die Ostsee schon geraume Zeit bot, verbreitete sich über die ganze Welt: das unwiderstehliche und erdrückende Übergewicht der Holländer.

Der hansische Handel kam überall ins Hintertreffen, doch gab er Portugal und Spanien nicht auf. Schiffe von Lübeck und Hamburg fuhren nun auch durch die Meerenge von Gibraltar in das Mittelmeer. Dort begegneten sie wieder der in den europäischen Gewässern längst vernichteten Seeräuberei, den Korsaren von Algier und Tunis, in deren Gefangenschaft mancher Seemann fiel, so daß Lübeck eine eigene Kasse zum Loskauf gründete.

Vor dem sechzehnten Jahrhundert sind niemals oder nur vereinzelt hansische Schiffe nach Genua und Venedig gesegelt. Den Riesenhandel Venedigs vermittelten die süddeutschen Städte. Von den hansisch-norddeutschen Städten haben allerdings die beiden, Köln und Lübeck, ihren Sitz gehabt auf den Ratsbänken des großen deutschen Kaufhauses, des Fondaco bei Tedeschi, dessen 1505 an Stelle des durch Feuer zerstörten älteren Gebäudes in einfacher Renaissance aufgeführter Neubau noch jetzt am Canale grande steht. Der Fondaco war nicht, wie die hansischen Höfe, Eigentum der Deutschen, sondern er gehörte der Republik Venedig, die ihn auch verwaltete; der Kaufmann benutzte Wohnung und Warenraum nur gegen Zins und mußte sich den Anordnungen der Gastgeberin fügen. Bis 1806 verkehrten dort Deutsche, freilich in geringer Zahl; jetzt ist in dem verwahrlosten Gebäude die Finanzbehörde untergebracht. Wohl machten hansische Kaufleute Geschäfte in Venedig, allein der Großhandel hatte dorthin nur spärlichen Zug. Die Warenschätze Venedigs gelangten zum allergrößten Teil von Brügge und Antwerpen aus, wohin sie italische und spanische Schiffe trugen, in den hansischen Verkehr.

Daraus ergibt sich die auffällige Tatsache, daß überhaupt Süd- und Norddeutschland im Handel gerade so gesondert nebeneinander standen wie im Reichsleben. Nur selten und unklar gedenken süddeutsche Geschichtsaufzeichnungen der Hanse, während die lübischen Chroniken mancherlei auch von den Gebieten südlich des Mains berichten, ein Beweis, wieviel weiter dort der Blick reichte. Dennoch war der süddeutsche Handel dem nordischen überlegen. Sein Feld erstreckte sich von Portugal und Spanien durch Frankreich bis nach Ungarn, Polen und Rußland. Vorwiegend Landhandel, vertrieb er viel weniger Rohstoffe als Kolonialwaren und

Erzeugnisse des Handwerks und der Kunst. Beide waren in Süddeutschland höher entwickelt als in den hansischen Städten und spielten daher eine viel größere Rolle. Das reine Geldgeschäft schlug hier frühzeitig durch und bildete höhere Formen aus, darunter auch die schädlichen der großen, ganze Warengattungen beherrschenden Ringe. Süddeutschland war viel reicher als der Norden und hatte bei den sprichwörtlich gewordenen Fugger und den Welser in Augsburg und anderen riesige Vermögen aufzuweisen, denen die hansischen Reichtümer nicht entfernt gleichkamen.

Der Schütting (Kaufmannshaus) in Bremen.
(Nach einer Photographie.)

Warenaustausch zwischen dem Norden und Süden fand allerdings reichlich statt. Schon für die Hauptware der Ostseestädte, den Hering, war der süddeutsche Absatz unentbehrlich, während ihre Kaufleute besonders die Werke der süddeutschen Kunstfertigkeit, die feinen Erzeugnisse der Metallschmiederei bezogen. Doch dieser gegenseitige Umtausch war meist kein unmittelbarer, sondern die lohnende Arbeit der thüringischen Zwischenstädte, oder er nahm den weiten Umweg über Brügge. Eine der hemmenden Ursachen, die sich auch in der gesamten Entwickelungsgeschichte Deutschlands fühlbar machte, mochte sein, daß Ober- und Niederdeutschland keine Wasserverbindung miteinander hatten, und an den Flanken des durch Wälder und Gebirge gespaltenen Mittellandes große Ströme, Rhein und Weichsel, den Verkehr an sich lockten. Für den deutschen Handel erwies es sich später überaus nachteilig, daß seine Körperhälften nicht einig waren.

Der süddeutsche Handel zog seine beste Kraft aus der Verbindung mit Italien, mit Venedig und Genua. Die dorther geholten Waren nebst den

eigenen Erzeugnissen gingen auf der Donaustraße und durch Böhmen und
Mähren nach dem Osten, dem Hauptabsatzgebiete, ebenso auf dem Rhein
nach Flandern. Der süddeutsche Kaufmann durfte sich jedoch in Brügge
nicht der hansischen Privilegien bedienen und wurde sehr mißgünstig betrachtet. Köln beklagte sich 1452 bitter bei Lübeck, wie „Nürnberger,
Schwaben und andere fremde Leute" in Brügge sich in des hansischen
Kaufmanns Handlung und Nahrung eindrängten. Besonders die Nürnberger — vielleicht manchmal nur Gesamtname für Süddeutsche überhaupt —
stellten sich überall ein, auch in England; damit sie dort nicht die deutschen
Freiheiten genießen konnten, verboten die Hansestädte ausdrücklich, sie als
Bürger aufzunehmen. Am lautesten klagten die Preußen, wie der Nürnberger bei ihnen zu Lande Kaufmann und Handwerker verderbe, und erreichten schließlich vom Hochmeister das Gebot, daß er nur einmal im Jahre
den großen Markt in Marienburg und Danzig besuchen durfte. Am
lästigsten fiel der Nürnberger Handel mit Messern und Spezereien. Von
Preußen drang er auch nach Livland ein, wo ihm die Städte gleichfalls
die größten Beschränkungen auferlegten. Dagegen ließ sich nicht hindern,
daß Nürnberg von dem polnischen Handel sein reiches Teil erwarb, das
Breslau vermittelte. Schließlich blieb die Weichsel nur die Frachtstraße
für Getreide und Holz nach Danzig, die feineren Waren gingen zu Lande.
In den letzten Stunden der Hanse ist eine Verständigung mit den süddeutschen Städten Frankfurt, Straßburg und Nürnberg angeregt worden,
doch der glückliche Gedanke kam zu spät.

Bau und Ausrüstung der Schiffe haben im Laufe der Jahrhunderte
viele Veränderungen erfahren. Aus der älteren Zeit bis ins fünfzehnte
Jahrhundert sind keine zuverlässigen Bilder vorhanden, die uns das Äußere
der Schiffe veranschaulichen könnten. Die nordischen Schiffe waren auf
den stürmischen Ozean berechnet, breit und kurz, vollbäuchig, gegen Wogen-
schlag widerstandsfähig, und benutzten nur Segel zur Fortbewegung. Natürlich gab es je nach Größe und Zweck vielfältige Formen, für die wir mannigfache Namen begegnen. Der altertümliche Brauch, das Steuerruder an
der rechten Seite anzubringen, wie ihn das alte Siegel von Lübeck (oben
S. 39) zeigt, kam erst im vierzehnten Jahrhundert außer Übung, und das
Steuer wurde hinten am Achtersteven mit Zapfen in Ringen fest eingehängt.
Am häufigsten werden die großen Schiffe, die „Koggen" genannt. Aus
festem Eichenholz gebaut, hochbordig, vermochten sie wildem Sturme zu
trotzen. Vorder- und Hinterteil waren abgerundet, so daß der dicke Leib
viel Raum für Mannschaft und Waren enthielt. Sie führten einen oder
höchstens zwei Masten. Ihre Größe war nur mittelmäßig, etwa die eines
modernen Schoners. Die Koggen dienten gleichmäßig für Krieg und
Frieden, wie es die harte Zeit erforderte, doch wird man solche, die ausdrücklich zum Kampfe bestimmt waren, dafür noch besser ausgerüstet haben.
Vorder- und Hinterdeck trugen kastellartige Erhöhungen, von denen aus
die Mannschaften stritten. Auf dem Mittelteil standen Wurfmaschinen.

Ebenso schleuderten Schützen vom großen, mit Zinnen versehenen Mastkorb ihre Geschosse. Im Kriege gegen Dänemark 1428 ragten die hansischen Schiffe über die leichteren dänischen, „wie Kirchen über Klausen". Man suchte das feindliche Schiff mit Enterhaken heranzuziehen, um hinüberzuspringen; besonders starke Schiffe rannten wohl auch dem Gegner das Vorderkastell ein. Im fünfzehnten Jahrhundert wurden die Schiffe größer und beweglicher, namentlich die „Krawelen".

Kleinere Schiffe waren die „Sniggen", lang, schmal und offen, und die noch jetzt gebräuchlichen „Schuten", einmastige Segelschiffe. Pulver und Feuerwaffen, zu Ende des vierzehnten Jahrhunderts in den Hansestädten bekannt, fanden so schnell Verwendung, daß 1428 bei der Belagerung von Kopenhagen gegen 200 „Büchsen" gleichzeitig arbeiteten. Mittlerweile hatte die Schiffahrt belangreiche Fortschritte gemacht; das ängstliche Festhalten an der Küste, das Aufsuchen möglichst vieler Häfen wichen vor der freien Fahrt durch das offene Meer, die lange Strecken in einem Zuge zurücklegte. Die Schiffe nahmen an Größe erheblich zu. Zugleich erfuhren die wissenschaftlichen Hilfsmittel zur Bestimmung der Richtung und des Ortes wesentliche Verbesserungen. Wann der Kompaß sich in den nordischen Gewässern einbürgerte, ist nicht genau bekannt; vollendete Gestalt erhielt er erst im fünfzehnten Jahrhundert.

Altes Schiff. (Nachstich einer Vorlage von 1489.)
(Vgl. auch S. 90.)

Das Erfordernis starken Geschützes und schnellerer Beweglichkeit übte seinen Einfluß auf den Schiffbau; mehr und mehr unterschieden sich die eigentlichen Kriegsschiffe, mit einem holländischen Worte „Orlogschiffe" genannt, von den Kauffahrteifahrzeugen. Die Kriegsschiffe erhielten drei Masten und ein doppeltes Deck. Statt der wuchtigen Kogge durchschnitten nun die „Karavellen" oder „Krawelen" die Wogen. Man strebte danach, sie möglichst groß herzustellen. Das schwedische Admiralschiff 1564 faßte 700 Mann Besatzung und 174 Geschütze. Die Lübecker bauten in demselben Kriege ein noch viel mächtigeres Schiff, den Adler, der 1020 Mann Besatzung erforderte und außer den kleinen Stücken 122 Kartaunen, darunter 8 Vierzigpfünder, Feldschlangen und Mörser führte. So wuchs das Kriegsschiff allmählich zu dem gewaltigen „Linienschiff", das bis in die neueste Zeit hinein seine Herrschaft behauptete.

Die Sitte, den Schiffen Namen zu geben, schon im Altertum üblich, läßt sich im Norden früh nachweisen. Beliebt waren als Paten die Heiligen, doch finden sich allerhand andere Benennungen, von denen uns schon manche begegneten.

Lübeckisches Kriegsschiff von 84 Kanonen, genannt „Die Hoffnung von Lübeck", um 1600.
(Nach einer Photographie des im Museum Lübeckischer Kunst- und Kulturgeschichte in Lübeck aufbewahrten Modells, welches, von G. Thode verfertigt, ehemals in der Börse in Lübeck hing.)

Da die Hanse kein gemeinsames Abzeichen besaß, führte sie auch keine einheitliche Flagge. Ursprünglich trugen die Schiffe nicht wie jetzt eine die Nation und das Reich bekundende Flagge an dem Hintersteven, sondern nur an der Mastspitze, wo heute der Wimpel weht, den „Flüger", eine kleine viereckige Fahne. (Vgl. das Bild S. 39.) Die Farbe war nach den Städten verschieden, bei den Hamburgern rot, bei den Lübeckern weiß-rot, in Riga schwarz mit weißem Kreuz. Im Kampfe und wo das genaue Erkennungszeichen der Herkunft notwendig war, wurde das Banner oder das Wappenschild des Fürsten oder der Stadt auf den Schiffskastellen oder dem Mastkorb aufgepflanzt.

Außenansicht des Hauses der Schiffergesellschaft in Lübeck. (Nach einer Lithographie.)

Die Schiffsmannschaft, die „Schiffskinder", ging aus der städtischen Bevölkerung hervor. Die Mannschaft bildete auf See eine Familie unter dem Gebot des Kapitäns und selbstgewählter Vertrauensmänner. Es war üblich, bei dem Auslaufen ein gemeinsames Gebet zu sprechen und die Vor-

Handel und Schiffahrt. 175

schriften einzuschärfen; vor dem Einlaufen in den Hafen wurde die Mannschaft ermahnt, allen Groll für etwa erlittene Strafen und andere Vorfälle nicht mit ans Land zu nehmen.

Das ganze Schiffswesen unterlag festen Bestimmungen, die bis ins kleinste eingriffen. Es stand nicht einmal frei, zu jeder beliebigen Zeit die

Innenansicht des Hauses der Schiffergesellschaft in Lübeck. (Nach einer Photographie.)

See zu besuchen. Von Martini ab bis zum 22. Februar sollte die Schiffahrt ruhen, forderte 1401 ein nachher mehrmals wiederholter Beschluß. Später gab die Witterung das Maß ab. Auch Einzelfahrt, namentlich bei Kriegszeiten und nach fernen Häfen, war untersagt. Aus hergebrachten Gewohnheitssätzen und Beschlüssen der Hansetage entstand allmählich ein Seerecht.

Hamburg schuf schon im dreizehnten Jahrhundert ein Seerecht, das die anderen Städte annahmen. Andere aus mittelmeerländischem Gewohnheitsrecht entstandenen und nach der Insel Oléron bei La Rochelle benannten Aufzeichnungen kamen durch flandrische Vermittelung in die Ostsee und erlangten dort in umgearbeiteter Gestalt Gesetzeskraft. Eine auf dieser Vorlage beruhende Weiterbildung war das sogenannte Wisbysche Seerecht. Gelehrte Bearbeitungen von 1591 und 1614 haben bis in die neueste Zeit Geltung behalten.

Brauchbare Seekarten sind erst entstanden, als die Hanse zu Ende ging, und um ihre Verbesserung hat Deutschland durch den berühmten Gerhard Mercator, der 1594 zu Duisburg starb, hervorragendes Verdienst. Früher dienten dem Schiffer „Seebücher". Eines, dessen Ursprung ins vierzehnte Jahrhundert hinabreicht, belehrte den hansischen Schiffsmann über die europäischen Küsten und Meere von der Gibraltarstraße bis an den Finnischen Meerbusen, unterrichtete ihn über die Gezeiten, Stromläufe, Häfen und Reeden, Klippen und Bänke, über die Merkmale, die für glückliche Landung zu beachten waren, über Tiefe und Beschaffenheit des Meeresgrundes.

Daß Umsatz und Wert des hansischen Handels auch in der Blütezeit bei weitem nicht an heutige Verhältnisse heranreichten, ist ohne Zweifel. Freilich, ein Überschlag, wie hoch er sich zu bestimmten Zeiten in dem Gesamtgebiete belaufen haben mag, ist unmöglich. Für einzelne Städte liegen Angaben vor, die einigermaßen ein Urteil gestatten; nur ist die Umrechnung auf heutige Werte sehr schwierig. Man darf jedoch sagen, daß der Handel so groß war, wie er es in jenen Zeiten sein konnte, und daß die hansischen Kaufleute nichts außer acht ließen, was Nutzen brachte.

Wie alle Verhältnisse zur Genossenschaft drängten, bildeten sich in den Hansestädten auch solche für die einzelnen Handelsplätze, kaufmännische Kollegien oder Kompanien mit eigenen Rechten und Satzungen. In Lübeck bestand eine große Zahl solcher Gesellschaften: für Schonen, Bergen, Nowgorod, Narwa und Reval, Stockholm, Island, Spanien, Riga, die sich zum Teil bis in unser Jahrhundert erhalten haben. Ähnliche Gesellschaften gab es in den meisten größeren Städten. Noch heute sitzt der Gast in dem traulichen Seemannshaus in Lübeck auf den alten, mit den Wappen der Riga- und Bergenfahrer geschmückten, massigen Eichenbänken, auf denen einst die beratenden Kaufleute Platz nahmen. Schiffsmodelle und andere Altertümer erinnern an die vergangenen Zeiten.

Zwölfter Abschnitt.
Rückblick und Ausblick.

Eine geschichtliche Entwicklung von fünf Jahrhunderten haben wir vor unseren Blicken vorüberziehen lassen. Nach vollen Tönen klingt sie allmählich aus, bis sie mit einem schneidenden Mißton abbricht. „Des Reiters Koller, Stück für Stück, fiel ab wie mürber Zunder", könnte man auch von der Hanse sagen. Das ist das Los alles Irdischen, mag der Gleichmut meinen. Aber der Trost ist ein dürftiger und zum Glück unnötiger. Wenn alles in der Geschichte dahingehen sollte, würde sie nur ein großer Kirchhof sein. Wohl wandeln sich Völker und Zeiten, aber was des Lebens wert war, geht nicht verloren, seine Spur leuchtet stets wieder auf.

Die geschichtliche Untersuchung hat mit ihrer ätzenden Schärfe oft altüberlieferte und liebgewordene Vorstellungen aus der Vergangenheit zerstört, an die Stelle farbenreicher Bilder nüchterne Umrißzeichnungen gesetzt. Die Hanse hat der eindringenden Forschung standgehalten; ihre Hochschätzung ist eher vermehrt als vermindert worden. Sie bleibt immerdar ein ruhmreiches Stück deutscher Geschichte, doch der Ruhm ist hohl und eitel, wenn er nicht auch Segen schafft. Das hat die Hanse getan, nicht allein für Deutschland. Ihr Einfluß auf die Milderung der Sitten kam der allgemeinen Kultur zustatten, durch ihre Arbeit für die Beseitigung des Strandrechtes und die Unterdrückung des Seeraubes, für den Schutz des Kaufmanns in der Fremde, für Sicherung von Hab und Gut, für Ausbildung von See- und Handelsrecht. Als die Hanse dahin schwand, blieb in der Welt der von ihr geschaffene und erweiterte Verkehr der Völker obgleich er sich schließlich gegen sie selbst gewandt hatte, ihr ehrenvollstes Denkmal.

Vollends reichsten Dank schuldet Deutschland. Die Hanse gehört eigentlich nur der Geschichte unseres Volkes, nicht der unseres alten Reiches an. Reich und Hanse hatten wenig miteinander zu tun, und im Grunde kümmerten sich beide nicht umeinander, bis in den letzten Zeiten die zur Greisin gewordene Hanse vergeblich Schutz unter dem durchlöcherten Kaisermantel suchte. Der Bund ist nicht ein Bestandteil der alten Reichsverfassung gewesen, und die Kaiser haben ihn nie gefördert, eher gelegentlich zu hindern gesucht. Die Hanse führte große Kriege, ohne nach dem Reichsoberhaupt zu fragen, und dieses nahm weder am Gewinn noch am Verlust teil. Wie seltsam standen doch damals die deutschen Verhältnisse!

Suchte auch der Bund den Handel für sich zu monopolisieren, er nützte damit dem gesamten Volke, von dem er ein Teil war. Aber erworbener Reichtum kam auch der Bildung zustatten. Die Räte der Städte waren nicht gleichgültig gegen das Wissen, sondern wußten dessen Wert zu schätzen; einige legten Büchersammlungen an und die Städte Köln, Rostock und Greifswald gründeten Universitäten. Im Bereich hansischer Betriebsamkeit stellte später Kopernikus in Frauenburg seine die gesamte Weltanschauung umwälzende Lehre von der Bewegung der Himmelskörper auf. Im siebzehnten Jahrhundert erbaute der Danziger Kaufmann Johann Hevelius die am reichsten ausgestattete Sternwarte der Zeit und berechnete zuerst Kometen. Er starb 1687 gebrochen vor Gram, weil Feuer ihm die Bauten und die kostbare Bibliothek vernichtete.

Wieviel haben die hansischen Städte für die Kunst getan. Wer sie heute durchwandert, staunt noch allenthalben über die großartigen Kirchen, die innen und außen reich geschmückten Rathäuser und über die stattlichen Vorbauten, die hohen und behäbigen Bürgerhäuser. Der Norden erzeugte den gewaltigen, echt deutschen Backsteinbau, Mitteldeutschland den zierlichen und zugleich kräftigen Holzbau mit seinem von Phantasie und Gedanken überquellenden Schnitzwerk. Hildesheim bekundet, wie selbst das mittlere Bürgertum empfänglichen Sinn für fröhlichen Hausschmuck besaß, Lübeck zeigt die Stufen, auf denen die Stadt und mit ihr die Künste emporstiegen, Danzig trägt neben den mittelalterlichen Bauten seine lange Nachblüte in dem stolzen Barock zur Schau.

Die Hanse hat ihren Angehörigen lange das Reich ersetzt, ihnen gewährt, was dieses versagte. Leistete sie dadurch Wertvolles, so hat sie auch dem Reiche, obgleich sie von ihm keinen Vorteil zog, stattlich gedient. Sie hatte die Wacht an der Ostsee und hielt sie getreulich. Von der Schlacht bei Bornhöved an waren es die Städte, die dafür sorgten, daß der vom süddeutsch gewordenen Kaisertum fast aufgegebene Norden nicht mit Gewalt vom Reiche abgerissen wurde. Sie haben nicht verhindert — und es wäre über ihre Kräfte gegangen, selbst wenn sie es gewollt hätten —, daß Preußen und die Ostseeprovinzen verloren gingen, aber daß Vorpommern mit Stralsund und Stettin, Wismar und die Bistümer Bremen und Verden schwedisch wurden und die Mündungen aller großen deutschen Ströme unter fremde Gewalt kamen, dies traurige Ergebnis des Dreißigjährigen Krieges trat erst ein, als die Hanse am Boden lag. Auch sie hat politische Sünden begangen, aber zu einer Zeit, da in Deutschland niemand war, der Gutes tat, auch nicht einer.

Deutsch gefühlt hat die Hanse immer und den Zusammenhang mit dem Reiche nie verleugnet, im Gegenteil, er war eine der idealen Grundbedingungen ihres Bestandes. Die freilich spärlichen Reichspflichten haben ihre Städte nicht verweigert. Von Anfang an die Vertreterin des deutschen gemeinen Kaufmanns, nannte sie sich später selber die deutsche Hanse, und mit vollem Bewußtsein. Nicht nur führte Lübeck als Reichsstadt den Reichsadler, alle Kontore zeigten ihn in ihren Wappen. Wo der norddeutsche Kaufmann den Fuß hinsetzte, brachte er den deutschen Namen zu Ehren, und er flößte zusammen mit dem süddeutschen dem Auslande noch lange Zeit hohe Bewunderung der deutschen Volkskraft ein, als das Reich schon zur Ohnmacht herabgesunken war. Erst als der deutsche Handel erlahmte, erkannten die auswärtigen Mächte klar die Schwäche Deutschlands. Überall hielten die Hansischen heimische Sitte und Sprache fest und duldeten keine Mischung mit den Fremden. Klagten doch die in Skandinavien angesessenen Deutschen, daß die Hansischen sie nicht für voll ansehen wollten. Ortsnamen der fremden Länder wurden dem deutschen Munde zurecht gemacht. Als die Lübecker einmal den englischen König Heinrich VI. ärgern wollten, schrieben sie ihm einen Brief in deutscher, statt der im staatlichen Verkehr damals üblichen lateinischen Sprache. Was die Hansischen auch leisteten, führten sie stolz auf ihre deutsche Art zurück und sahen in ihr die starken Wurzeln ihrer Kraft. So senkte die Hanse ein Reis deutschen Sinnes in das Herz unseres Volkes, das auch die traurigsten Zeiten nicht gänzlich ausrotten konnten.

Freilich, unser heutiges Nationalbewußtsein dürfen wir bei den Vorfahren nicht suchen, denn es ist erst ein Erzeugnis der neuesten Zeit. Sein Grundwesen ist politisch, und es drängt auf staatliche Verkörperung hin, auf alleinige Herrschaft der Sprache, auf vollständige Zusammenfassung der gleichen Stammesart. Die Vorzeit kannte nur Volksgefühl, im Sinne einer Familie, die ihre ererbte und geliebte Weise wert hält und das Fremde geringschätzt. Daher war die Wirkung weniger eine staatliche, als eine geistig anregende. Auch in dieser Gestalt vermochte kräftiges nationales Wesen nach außen hin Eroberungen zu machen. In der steten Verbindung, welche die Hanse mit Skandinavien unterhielt, wurde sie dort zur Kulturschöpferin. Sie hemmte zwar durch ihr Handelsübergewicht die Entwicklung des Städtewesens, weshalb ihr die skandinavischen Geschichtsschreiber noch heute heftigen Groll nachtragen, aber sie brachte nützliche Kenntnisse und Fertigkeiten. Die dortige Kunst stand unter deutschem Einfluß. Wie tief er griff, offenbarte die Reformationszeit, in der Wissenschaft und Literatur des Nordens deutschen Ursprungs waren. Gustav Adolf hat den deutschen Protestanten einen Teil dieser Dankesschuld abgetragen.

Vieles von dem, was die Hanse geleistet hat, ist zugleich Verdienst des deutschen Gesamtbürgertums und an allen Städten zu preisen: die vielseitige Hebung der Lebensführung, die Entfaltung des Handwerks, die Förderung der Kunst und der geistigen Kraft. Die Hanse stützte diese gewaltige Arbeit in Norddeutschland und festigte den Grundkern des Bürgertums, so daß er unzerstörbar die Not späterer Zeiten überdauerte. Was wäre in Westpreußen und in den Ostseeprovinzen vom Deutschtum übrig geblieben, wenn es nicht die Bürgerschaften allzeit bewahrt hätten? Und haben nicht einzelne hansische Städte das Werk des Bundes fortgeführt, so daß Hamburg und Bremen dem neuentstehenden deutschen Seehandel förderlich sein konnten?

Die Erinnerung an bessere Geschicke gehört zu den Kräften, welche Menschen und Völker im Unglück aufrecht erhalten. Als das deutsche Volk in Sehnsucht entbrannte nach neuer Größe, nach einem mächtigen Vaterlande, lenkte es die Blicke zurück auf seine Geschichte und fand in ihr Trost und Hoffnung, die Bürgschaft einer neuen Zukunft. Da war es vor allem die Hanse, die wie ein Leitstern in dunkler Nacht strahlte. Was die Vorfahren vermocht hatten, konnte den Enkeln nicht versagt sein, denn ihr Fleisch nnd Blut war noch dasselbe. In einer Zeit, in der die See allen anderen Völkern, nur nicht den Deutschen gehörte, lehrte das Bild der Hanse, was vor allen Dingen not sei. Das Begehren nach einer deutschen Flotte stand obenan in den nationalen Wünschen, und so oft die Begeisterung emporflammte, ging sie daran, den kühnen Traum zu verwirklichen, und jeder Fehlschlag bestärkte nur die vorwärts führende Überzeugung.

Wunderbar, wie die natürliche Anlage der Völker unter allen Wandlungen und Irrgängen ihrer Schicksale bestehen bleibt. Sie bereichert sich, verarmt auch zeitweilig, sie paßt sich neuen Zuständen an, entwickelt die eine Seite stärker als die andere, nimmt auf und scheidet aus, aber der Volkscharakter kommt unter allen Überschüttungen stets wieder zum Vorschein. Daher ist jedem Volke die eigene Geschichte die beste Lehrmeisterin.

Die Hanse ist so recht das Erzeugnis des deutschen Volkes, wie es sich zum selbständigen Sein herausarbeitete aus der Fülle fremder Einflüsse, die ihm die erste große Kaiserzeit zugeführt hatte. Die trotzige Kraft der Urzeit war geläutert und gestählt zum freien Schaffen. „Hilf dir selber, so hilft dir Gott", war die Überzeugung des Bürgers, und was der Einzelne nicht vermochte, vollbrachte er in der freien Genossenschaft. So wurden die Städte stark, durch sich und durch gemeinsamen Verband. Jahrhundertelang reichte ihre Kraft aus, doch endlich erlahmte sie.

Welches waren nun die Gründe des Verfalls?

Die Hanse blieb bis zu ihrem Ende das, was sie zu Anfang gewesen war: eine mittelalterliche Bildung. Sie war ein Bund von mehr oder minder selbständigen Städten, die über ein weites Gebiet zerstreut lagen, voneinander getrennt durch fürstliches Land. Ein einheitliches Machtgebiet stellte die Hanse also nie dar. Daher hat sie auch ihre Grundsätze nie vollkommen durchführen können. Immer gab es Städte in ihrem Bereich, die nicht zum Bunde hielten, nicht einmal alle Landungsplätze standen in ihrer Gewalt, so daß oft sogenannte Klipphäfen mit dem Gegner Verbindung hielten. Lücken waren demnach vorhanden, und sie erweiterten sich mit der Zeit, als der Bund seine Anziehungskraft verlor, und die Landesherren ihren Städten die alte Unabhängigkeit nicht mehr gestatteten. Die fürstliche Gewalt hat der Hanse großen Abbruch getan und bis zum letzten

Augenblick sie mit Abneigung betrachtet. Mit der wachsenden Landesherrlichkeit sank das Ansehen der Hanse in Deutschland selbst in dem Grade, wie ihre bisherigen Mitglieder abfielen oder leistungsunfähig wurden. Ihr fehlte die streitbare Macht zu Lande, nur soweit ihre Schiffe wirkten, konnte sie kräftig auftreten.

Als reiner Städtebund zu wirtschaftlichen Zwecken war die Hanse keiner Umbildung fähig, eine Verschmelzung mit fürstlichen Herrschaften unmöglich. Sie konnte nur leben, solange die Umstände vorhielten, die ihr Ursprung und Wesen gegeben hatten. Selber zum Staat zu werden, war für sie ganz undenkbar.

Mittelalterlich war ferner die Verfassung der Hanse, ohne Einrichtungen, wie sie eine dauernde Kraftentfaltung erfordert hätte. Ihre einzige Zwangsgewalt, die Ausschließung, versagte, wenn das betroffene Glied dadurch keinen Nachteil mehr erfuhr. Das Mittelalter war durch und durch eigennützig; jeder Teil begehrte nur Rechte und Vorteil und schreckte vor Gegenleistungen zurück, wo der Gewinn nicht offen zutage lag. Daher überall Uneinigkeit und Streit. Dem Bunde hat es daran nicht gefehlt, und seine eifrigsten Anhänger, die noch zuletzt die auseinanderbröckelnde Masse zu halten suchten, wie der treffliche Syndikus Heinrich Sudermann, der bei seinem Tode 1591 auf getreuliche, aber schmerzvoll vergebliche Arbeit langer Jahrzehnte zurücksah, haben der herrschenden Zwietracht alle Schuld des Niederganges zugeschrieben. Aber sie war nicht die einzige und lag an dem mangelhaften Zustand des Bundes, der unter geschichtlichen, aber unreifen Verhältnissen entstand und bestand. Nicht nur einzelne Städte, auch ganze Gruppen lagen oft im Gegensatz, weniger aus bösem Willen, als weil die Verfeinerung und Steigerung des Handels auch verschiedene Interessen hervorrief, die sich mit der anfänglichen Gleichförmigkeit nicht mehr vertrugen.

Die Gerechtigkeit erfordert anzuerkennen, daß unter allen Mißständen noch der Rumpf der Hanse mannhaft gestrebt hat, sich zu behaupten, und daß die Bemühungen nichts erreichten, beweist nur, daß ihre Zeit vorüber war.

Das Übergewicht im Auslande konnte nur so lange vorhalten, als die anderen Staaten es ertragen mußten und den hansischen Handel nicht entbehren konnten. Der Bund strebte deshalb danach, keinen anderen aufkommen zu lassen, fremden, wie deutschen. Solche einseitige Berechnung lag in der allgemeinen Anschauung, sie galt als Notwehr, und sämtliche anderen Völker sind genau so verfahren, sobald sie es vermochten. Als sie stark wurden, versiegte die auf ihre Schwäche gegründete Macht der Hanse. Was nutzten noch die ohnehin zweischneidigen Handelssperren, wenn sie selbst ausgesperrt wurde?

Die europäischen Reiche rafften seit dem Ausgang des Mittelalters ihre Kräfte ebenso zusammen, wie es die deutschen Fürstentümer taten. Aber während diese, nur auf ihren eigenen kleinen Kreis bedacht, das deutsche Reich noch mehr lockerten und das Volk in lauter Einzelstücke zerrissen, gediehen alle Nachbarstaaten, selbst die skandinavischen Königreiche, zu innerer Einheit.

Ein englischer Staatsmann hat über die gealterte Hanse gespottet: sie könne nicht mehr beißen, denn die Zähne seien ihr ausgefallen. Gerade so war es dem Reiche gegangen. Während die einzelnen Staaten sich den neuen Verhältnissen anpaßten, blieb das deutsche Reich ebenso im Mittelalter stecken, wie die Hanse. Als sie dringend des Rückhaltes bedurfte, war Deutschland durchaus nicht imstande, ihn zu geben, überhaupt unfähig, seinen Kaufmann im Auslande zu schirmen, eine Flotte zu schaffen. Während die anderen Mächte die Welt unter sich teilten, gingen die Deutschen leer aus.

Durch die Veränderung der Welthandelswege hörten Nordsee und Ostsee auf, ein abgeschlossenes Handelsgebiet zu bilden. Der deutsche Kaufmann versuchte mit richtigem Blick, durch den Verkehr mit Lissabon sich schadlos zu halten, aber die wettbewerbenden Völker holten die ausländischen Waren an der Quelle und gründeten Kolonien. So großen Schritten vermochten die Deutschen nicht zu folgen.

Gewiß ist den Hansestädten der Vorwurf zu machen, daß sie im altgewohnten Geleise verharrten. Sie blieben hängen an den vererbten schlichten Formen des Handels und des Geldwesens, die für den Welthandel nicht zureichten. Sie machten sich nicht los von dem Banne einer großen Vergangenheit, der sie festhielt; die vergilbten Pergamente, die sie als ruhmreich erworbene nicht fahren lassen wollten, wurden ihnen zur Fessel, zur freie Bewegung raubenden Kette.

Doch wären sie stark genug gewesen, um so weitausschauendes Werk mit Erfolg zu krönen? Man muß es bezweifeln. Wenn die im Zusammenhang mit Spanien versuchten Koloniegründungen der Augsburger Welser in Südamerika fehlschlugen, wenn nachher selbst Brandenburg-Preußen seine wohlgemeinten Bestrebungen als aussichtslos aufgab, so konnten einzelne Städte nicht daran denken, mit den anderen Völkern in Wettbewerb zu treten, und zu Anfang des siebzehnten Jahrhunderts, wo Holland, England und Frankreich die Jagd nach Kolonien begannen, waren sie bereits der Hanse weit überlegen. Ihre Schiffe fuhren zu den Eroberungen aus unter dem Banner ihrer Staaten; aber was hätte den Lübeckern, den Hamburgern, den Bremern und den anderen Städten der Reichsadler geholfen? Da wären ihre eigenen Flaggen noch angesehener gewesen, als diese paar Ellen bunten Tuches, die nur der Wind, nicht der Odem einer Staatsmacht flattern ließ.

Es ist nicht wohlgetan, unsere Altvordern anzuklagen, lernen wir lieber von ihnen!

Wie hat sich in den letzten Jahrzehnten die Welt für Deutschland gedreht! Im achtzehnten Jahrhundert galt unser Volk im Auslande nichts. Wohl benutzte man den Einzelnen; das englische Kolonialsystem wurde damals zum guten Teil mit deutschem Blute gegründet und die amerikanischen Staaten erstritten ihre Freiheit mit starker Hilfe von Deutschen und Abkömmlingen von solchen. Aber das Mutterland hatte nichts davon und seine Söhne draußen waren nur Weltkulturdünger. Zu Anfang des neunzehnten Jahrhunderts geschah gar das Entsetzliche, daß die Deutschen aus der Reihe der staatenbildenden Völker gestrichen wurden. Aber im letzten Jahre des Jahrhunderts standen Truppen fast aller europäischen Völker, der Russen, der Nordamerikaner und der Japaner auf chinesischem Boden unter einem deutschen Oberbefehlshaber!

Dieser unerhörte Umschwung war die Folge der Gründung des neuen deutschen Reiches durch die einmütige Erhebung des Jahres 1870/71. Sie war bereits glücklich vorbereitet durch die vorangegangene Wiederbelebung und Einigung des deutschen Volkes in Handel und Gewerbe, und das neue Reich gab die Möglichkeit zur weiteren glänzenden Entfaltung in geradezu unvergleichlichem Umfange.

Wer hätte noch vor wenigen Jahrzehnten geahnt, daß deutscher Gewerbefleiß mit dem Englands, unter dem auch die Hanse in ihren letzten Zeiten so schwer litt, in Wettbewerb treten könnte? Galt früher in Deutschland nur die englische Ware für gut, nahm sogar die daheim erzeugte den fremden Titel an, um besser verkäuflich zu sein: heute ist drüben das Made in Germany eine Empfehlung.

Der Fortschritt in Handel und Gewerbe ist nicht nur erfreulich, sondern auch dringend nötig zum Bestande unseres Reiches. Nur die Industrie vermag seine täglich wachsende Bevölkerung zu ernähren, die ausreichenden Machtmittel zu seiner Erhaltung zu schaffen. Sicherlich ist der Landbau unentbehrlich, zugleich eine Gesundheitsquelle für die Gesamtheit, aber er kann nicht einen Staat reich und mächtig machen. Daher muß Deutschland stetig Handel und Industrie weiter entwickeln, und das ist nur möglich, wenn der auswärtige Absatz nicht nur erhalten bleibt, sondern andauernd wächst. Der Hanse wurde er abgeschnitten und sie starb darüber.

Wie klein war verhältnismäßig der Raum, den die Vorväter zu verteidigen hatten. Heute ist die Grundbedingung des Großhandels, daß er die ganze Erde umspannt. Doch wohin auch der Kaufmann sein Schiff leitet, er muß wissen, daß ein starker Arm es schützt.

Ihn bietet unsere Kriegsflotte. Schwarz-weiß-rot weht ihre Flagge, verbindend die Farben des Staates, der durch seine Landmacht Deutschland einigte, mit denen der alten hansischen Freistädte.

Eine Weltmacht bedarf der Stützpunkte; wie wenig bloße Handelsplätze im Auslande helfen, zeigt ebenfalls die Hanse. So hat unser Reich auch Kolonien erworben und geschaffen. Mag sein, daß sie vorläufig noch nicht viel einbringen. Aber sie haben auch anderen idealen Wert! Wie oft haben wir Alten, wenn wir in der Schule die schweren Namen aller der fremden Kolonien lernen mußten, geklagt, daß keine deutschen darunter waren. Die jetzige Jugend erfährt den erhebenden Eindruck von der Größe und Weltstellung ihrer Nation. Mag der „Felsen" Helgoland teuer bezahlt sein, nicht mehr sitzt der Fremde vor der Tür unseres Hauses.

Kein Wunder, wenn die übrige Welt Deutschland, diesen unbequemen Emporkömmling, mit Neid und Eifersucht betrachtet. Wie die alten Engländer gegen den hansischen Kaufmann eiferten, so riefen dort auch in der letzten Zeit erregte Stimmen gegen den Deutschen auf. Daher muß er dafür sorgen, daß er der errungenen Stellung würdig bleibt. In der Welt wird nichts geschenkt und jedes Volk behält in ihr nur genau so viel Platz, als es zu behaupten vermag.

Auch die Hanse war friedlich gesinnt und ihre Mitglieder griffen nur im Notfall und ungern zum Schwerte. So denken auch die heutigen Deutschen und ihr Kaiser. Was sie wollen, ist nur friedliches Gedeihen; sie fordern nur das Recht, das der Fortschritt der Zeiten jedem Volke zugesprochen hat, das Recht, die eigenen Kräfte frei entfalten zu dürfen. Wie es die Deutschen keinem anderen Volke verweigern, werden sie es auch für sich zu verteidigen wissen. Ihre Sache allein ist es, zu bestimmen, welche Kräfte sie dazu für erforderlich halten.

Nicht im Kampfe, sondern im friedlichen Wettbewerb gedeihen die Völker am besten. Wie damals gilt auch jetzt der Satz, daß der Handel nur nach Vorteil gehen könne; die Frage ist nur, wie er am besten gewonnen wird. Die Hanse gleich der ganzen damaligen Welt, strebte ihm nach, indem sie andre ausschließen wollte. Sie kam dabei in die Lage eines Schachspielers, der seine Züge macht, ohne zu bedenken, daß ein Gegner vorhanden ist. Wer alles gewinnen will, läuft Gefahr, alles zu verlieren. So steht es im Leben der Einzelnen, wie der Völker. Indem sie einseitig die nationale Arbeit schützen wollen, zwingen sie die anderen es gleichfalls zu tun, und so zieht die verderbliche Zollschraube ohne Ende an. Nur ein gerechter Ausgleich kann rechtzeitig allseitige Schäden verhindern. Dringend notwendig wird er dem alten Europa werden, wenn der großartige, jetzt beginnende Weltprozeß weiter fortschreitet, wenn die Völker der andern Erdteile wieder ihre Selbständigkeit erobern.

Indessen die äußere Macht ist es nicht allein, die ein Volk aufrecht erhält, dazu gehört auch die innere Tüchtigkeit. Jede Nation hat sich geschichtlich entwickelt. In diesem Werdegange offenbaren sich die Charaktereigenschaften eines Volkes. Es gibt kaum ein getreueres Bild von der dem Deutschen eigentümlichen Art, als die Hanse; sie zeigt klar seine Stärke und seine Schwäche. Die Stärke liegt in der Befähigung und in dem Trieb, die Kräfte frei zu gebrauchen; das ist der echte deutsche Individualismus. Der Wagemut, die Selbstverantwortung waren die Gaben, durch welche die hansischen Kaufleute sich zur ersten Handelsmacht im Norden emporschwangen. Aber sie reichten nicht aus, um das Erworbene zu bewahren.

Denn die Schwäche der Deutschen war von jeher, eben diesen Selbstverantwortungstrieb zu überspannen in Sondertum. Sie hatten keinen Begriff von dem Werte, den eine große staatliche Gemeinschaft besitzt, und waren nicht geneigt, für sie Opfer zu bringen. Die Hansischen dachten wie alle Deutschen, und während die anderen europäischen Völker sich innerlich zusammenschlossen, siechte das deutsche Reich in der steigenden Zertrennung dahin und so konnte es auch der Hanse keinen Schutz gewähren. Die Deutschen waren geborene Selbstverwalter, aber auch geborene Partikularisten.

So ist der Weg für die Zukunft deutlich vorgezeichnet: die Tugenden der Voreltern neu zu beleben, ihre Fehler zu vermeiden. Zu bestärken ist die im absoluten Staat lange daniedergehaltene, erst neuerdings wieder erwachte Zuversicht auf die eigene Kraft der Person. Jeder Stand erreicht das Beste nur durch sich selber und versagen die alten Mittel, muß er neue suchen. Der Staat kann und soll wohl unterstützen, aber er vermag nicht alles allein zu tun. Das alte Wort: „Hilf Dir selber, so hilft Dir Gott", gilt für alle wirtschaftliche Tätigkeit. Zum Unterschied von dem mittelalterlichen Staat hat der moderne die schwere aber schöne Aufgabe, jedem gerecht zu werden und den Ausgleich der sich bekämpfenden Einzelinteressen zu übernehmen.

Aber der Mensch ist Mensch nur durch die Gemeinschaft und so hängt an ihr auch die Wohlfahrt des Einzelnen. Jeder Mitarbeiter an dem nationalen Werk soll willkommen sein. Er soll seine Kräfte möglichst der Eigenart gemäß ausbilden, doch zu dem Zweck, sie in den allgemeinen Dienst zu stellen; er muß ihm freiwillig die erforderlichen Pflichten leisten. Reich und Volk müssen eins werden. Politisch ist glücklicherweise die alte Trennung zwischen Nord und Süd aufgehoben, trotzdem bestehen noch zwischen beiden mancherlei Schranken, die sich in der letzten Zeit zu verstärken scheinen. Sie sind zu überwinden zu einer harmonischen Mischung, welche die beiderseitige Art zusammenwirken läßt.

Das Ganze für den Einzelnen, der Einzelne für das Ganze, freie Tat in einem starken Reich, über allem der Einheitsgedanke, das ist die deutsche Losung für die Zukunft!

Personen- und Ortsverzeichnis.

A.

Adolf I., Graf von Holstein 35.
Adolf II., Graf von Holstein 38.
Adolf III., Graf von Holstein 35. 42. 55.
Adolf VIII., Herzog von Schleswig-Holstein 86. 88. 139. 140.
Adolf I., Erzbischof von Köln 14.
Äthelred II., König von England 25.
Alba, Herzog 128.
Albert I., Bischof von Riga 41. 52.
Albrecht II., Deutscher König 105.
Albrecht Achilles, Markgraf von Brandenburg 107.
Albrecht der Bär, Markgraf von Brandenburg 40.
Albrecht, Graf von Holland 80.
Albrecht II., der Große, Herzog von Mecklenburg 62. 68. 69.
Albrecht III., Herzog von Mecklenburg, König von Schweden 68. 69. 70. 78.
Albrecht IV., Herzog von Mecklenburg 77.
Albrecht VII., Herzog von Mecklenburg 146. 147.
Albrecht I., von Brandenburg, Hochmeister und Herzog von Preußen 115. 146.
Alen 94.
Alfeld 94.
Algier 169.

Altmark 40.
Amager 121.
Amerika 168. 182. 183.
Amsterdam 31. 70. 94. 138. 149. 151. 169.
Andernach 94.
Anklam 40. 49. 83. 94.
Anton, Herzog von Brabant und Limburg 125.
Antwerpen 13. 123. 125. 127. 128. 149. 169.
Araber 26. 126.
Archangel 151.
Ardenburg 46.
Arkona 41.
Arles 13.
Arnemuiden 138.
Arnheim 93.
Arnim, Hans von 154.
Arnsberg 94.
Artois 125.
Aschersleben 94.
Askanier 40.
Atlantischer Ozean 45. 168.
Attendorn 94.
Augsburg 170. 182.

B.

Baie, die 168.
Baienflotte 86. 87. 165.
Baltisches Meer s. Ostsee.
Bapaume 46.
Barcelona 168.
Barnet 134.
Bartholomäusbrüderschaft in Lissabon 168.
Basel 105.
Beckum 94.
Belgien 13. 128; s. Niederlande.
Beneke, Paul 104. 134.
Bergedorf 147.

Bergen 50. 72. 80. 110. 115 —121. 123. 124. 133. 161. 162. 168. 176.
Bergen auf Rügen 84.
Berlin-Kölln 40. 94. 108. 165.
Besançon 13.
Bielefeld 94.
Biscaya, Golf von 168.
Bleking 37.
Bocholt 94.
Böhmen 13. 55. 98. 107. 154. 171.
Bolsward 94.
Borgholm 64.
Boris, Zar 115.
Borken 94.
Bornhöved 42. 48. 59. 178.
Bornholm 26. 78. 140. 142. 146. 165.
Boston 132.
Brabant 125. 137.
Brandenburg, Markgrafschaft 13. 38. 49. 55. 57. 94. 107. 108. 139. 165. 183. Markgrafen: Albrecht der Bär. Kurfürsten: Friedrich I., Friedrich II., Albrecht Achilles.
Braunsberg 95.
Braunschweig 11. 12. 20. 33. 34. 44. 54. 81. 94. 152. 155.
Bremen 26. 33. 35. 45. 48. 49. 50. 53. 60. 61. 62. 65. 71. 74. 83. 91. 93. 94. 119. 125. 137. 143. 147. 152. 154. 155. 165. 168. 170. 178. 179. 182.
Breslau 98. 110. 171.
Brest 138.
Bretagne 168.
Briel 70. 94. 138.
Brilon 94.
Bristol 132.

Brömse, Nikolaus 144.
Brouage (Browasie) 165.
Brügge 31. 46. 51. 59. 60. 95. 98. 101. 110. 111. 113. 123—127. 131. 133. 134. 156. 161. 164. 166. 168. 169. 170. 171.
Brüssel 128.
Burgund 13. 77. 104. 125 —127. 134. 138. 139. Herzöge: Philipp der Kühne, Anton, Philipp der Gute, Karl der Kühne, Maria, Philipp der Schöne.
Burgund, Freigrafschaft 125.
Buxtehude 94.

C.

Calais 133.
Cambray 13.
China 26. 164. 183.
Chorin 38.
Christian I., König von Dänemark 126. 133. 139. 140.
Christian II., König von Dänemark 140—142. 144. 146.
Christian III., König von Dänemark 119. 145—147.
Christian IV., König von Dänemark 152. 154.
Christiania 50, s. Oslo.
Christoph von Bayern, König von Dänemark 88. 138. 139.
Christoph II., König von Dänemark 59. 61.
Christoph, Sohn König Waldemars II. 70.
Christoph, Graf von Oldenburg 146. 147.
Cirksena, Edgard 81.

D.

Dänemark 26. 27. 36. 40. 41. 46. 48. 56. 59—89. 98. 105. 110. 115. 118. 120 —122. 138—152. 154. 161. 165. 171. Könige: Kanut der Große, Waldemar I., Kanut VI., Waldemar II., Erich Glipping, Erich Menved, Christoph II., Waldemar IV., Olaf, Margarethe, Erich von Pommern, Christoph von Bayern, Christian I. von Oldenburg, Johann, Christian II., Friedrich I., Christian III., Friedrich II., Christian IV.

Damme 47.
Dannenberg 42.
Danzig 13. 40. 54. 55. 65. 103. 104. 110. 113. 120. 132—134. 139. 140. 142. 152. 155. 163—165. 168. 171. 178.
Demmin 49. 95.
Deutscher Orden 40. 41. 54 —56. 61. 65. 80. 97. 98. 108—110. 114. 115. 132. 139. 164. Hochmeister: Siegfried von Feuchtwangen, Konrad von Jungingen, Konrad von Erlichshausen. Herzog: Albrecht I. S. Preußen.
Deutschland, Kaiser und Könige: Heinrich I., Otto I., Konrad II., Heinrich V., Lothar, Friedrich I., Heinrich VI., Philipp, Otto IV., Friedrich II., Rudolf I., Ludwig der Bayer, Karl IV., Wenzel, Ruprecht, Sigmund, Friedrich III., Maximilian I., Karl V., Rudolf II., Ferdinand II., Wilhelm II.
Deventer 31. 93. 125.
Dietrich II., Erzbischof von Köln 107.
Dinant 94.
Dinslaken 94.
Dithmarschen 35. 42. 92.
Dniepr 26. 52.
Doberan 38.
Doesborg 94.
Doetinchem 94.
Dollart 31. 53.
Donau 21. 161. 171.
Dominikaner 121.
Dordrecht 31. 93. 94. 125. 138.
Dorpat 41. 98. 115.
Dortmund 32. 47. 53. 57. 94. 106. 112. 155.
Dragör 121.
Drake, Franz 135.
Dülmen 94.
Düna 26. 40. 52.
Duisburg 93. 94. 176.
Dwina 151.

E.

Eduard I., König von England 49. 132.
Eduard II., König von England 132.

Eduard III., König von England 132.
Eduard IV., König von England 133. 134.
Einbeck 34. 95.
Elbe 12. 33—36. 40. 44. 59. 165. 193.
Elbing 54. 55. 70. 95.
Elburg 31. 70. 93.
Elisabeth, Königin von England 135. 136.
Elisabeth von Holstein 62. 67.
Elisabeth von Pommern, Gemahlin Karls IV. 74.
Elisabeth, Königin von Rußland 151.
Elsaß 13. 165.
Emden 33. 80. 81.
Emmerich 94.
Ems 33.
Engern 94.
England 36. 44. 46. 48—52. 56. 60. 80. 88. 96. 104. 110. 111. 121. 124—128. 131—138. 144. 149. 151. 152. 154. 156. 163—171. 182—184. Könige: Athelred II., Kanut, Heinrich II., Heinrich III., Richard I., Eduard I., II., III., Heinrich VI., Eduard IV., Heinrich VII., Elisabeth, Heinrich VIII., Jakob I.
Erfurt 94.
Erich Glipping, König von Dänemark 49.
Erich Menved, König von Dänemark 59.
Erich von Pommern, König von Dänemark 78. 85—88. 138. 141.
Erich II., Priesterfeind, König von Norwegen 49. 50.
Erich XIV., König von Schweden 149.
Erlichshausen, Konrad von 109.
Esthland und Volk 36. 42. 55. 61. 70.
Euphemia, Gemahlin Albrechts II. von Mecklenburg 68.

F.

Falköping 78.
Falsterbo 48. 73. 119. 120. 122.
Fedor I., Zar 115.
Fellin 98.
Ferdinand II., Deutscher Kaiser 154.

Feuchtwangen, Siegfried von, Hochmeister 55.
Finnland 27. 41. 80. 176.
Fitten, die, auf Schonen 120 —122.
Flamländer 38. 124. 165— 167.
Flandern 13. 21. 46. 48. 49. 52. 56. 60. 70. 77. 96. 121. 123—126. 137. 139. 156. 162. 167. 171. 176.
Flensburg 86.
Florenz 76. 104. 124. 134. 159.
Fondaco bei Tedeschi 169.
Franken 21. 38.
Frankfurt a. M. 171.
Frankfurt a. O. 40. 94.
Frankreich 13. 21. 25. 26. 46. 121. 125. 126. 132. 138. 161. 162. 164—169. 183. Könige: Philipp IV., Johann, Ludwig XI., Ludwig XIV.
Franziskaner 121.
Frauenburg 178.
Friedrich I., Deutscher Kaiser 12. 13. 35. 55.
Friedrich II., Deutscher Kaiser 14. 18. 26. 42. 45. 55. 59.
Friedrich III., Deutscher Kaiser 105. 125. 126.
Friedrich I., Kurfürst von Brandenburg 108.
Friedrich II., Kurfürst von Brandenburg 108.
Friedrich X., Herzog von Schleswig 142. 144. 146, vgl. Friedrich I., König von Dänemark.
Friedrich I., König von Dänemark 142. 144. 145.
Friedrich II., König von Dänemark 149.
Friedrich II., der Große, König von Preußen 81.
Friesland, Friesen 32. 33. 38. 80. 81. 125. 138.
Fünen 146.
Fugger 170.

G.

Gardarike 27.
Gardelegen 40. 94.
Gascogne 166.
Geldern 31. 94. 137.
Gent 46.
Genua 124. 169. 170.
Gerhard VI., von Holstein und Schleswig 77.
Geseke 94.
Gibraltar 169. 176.
Göttingen 34. 94.
Goldingen 98.
Gollnow 95.
Goslar 34. 54. 91. 94. 106.
Gotland 26. 27. 29. 39. 40. 45. 46. 52—54. 60. 62. 63. 66. 78. 80. 88. 95. 96. 98. 112. 149.
Grasbrook 80.
Greetsiel 81.
Greifswald 40. 48—50. 55. 64. 65. 94. 178.
Groningen 53. 93.
Guido, Graf von Flandern 46.
Gustav Adolf, König von Schweden 152. 179.
Gustav Wasa, König von Schweden 146. 148. 149.

H.

Habsburg, Haus 126. 154.
Hafon, König von Norwegen 62. 67. 70. 72. 74. 77.
Halberstadt 34. 94. 108.
Halland 37.
Halle 35. 54. 94. 108. 165.
Haltern 94.
Hamburg 26. 35. 36. 42. 45. 46. 49. 50. 51. 55. 57. 61. 65. 71. 74. 80. 81. 85. 86. 88. 90. 94. 102. 119. 125. 133. 134. 135. 137. 143. 144. 150—155. 159. 163. 164. 168. 169. 173. 176. 180. 182.
Hameln 94.
Hamm 94.
Hannover 94. 152.
Hanse, Hense, Henze 60. 61.
Harderwijk 70. 93.
Harz 34. 50.
Hasselt 93.
Havelberg 94.
Hebriden 37.
Hedwig von Polen 109.
Heinrich II., König von England 25.
Heinrich III., König von England 45.
Heinrich VI., König von England 132. 133. 179.
Heinrich VII., König von England 135.
Heinrich VIII., 135. 145.
Heinrich III., Herzog von Schleswig und Holstein 86.
Heinrich Raspe, Deutscher König 14.
Heinrich I., Deutscher König 12. 25. 37.
Heinrich V., Deutscher Kaiser 26.
Heinrich VI., Deutscher Kaiser 14.
Heinrich III., Herzog von Mecklenburg 68.
Heinrich der Löwe, Herzog von Sachsen und Bayern 11. 12. 26. 27. 32. 35. 40. 41. 48. 55.
Heinrich, Herzog von Braunschweig 145.
Heinrich, Graf von Schwerin 41.
Heinrichau 38.
Hela 141.
Helgoland 80. 183.
Helmstedt 94.
Helsingborg 64. 66. 67. 72. 73.
Helsingör 86.
Herford 94.
Hevelius, Johann 178.
Hildesheim 34. 54. 94. 152. 153. 155. 178.
Höxter 94.
Holbein, Hans 130.
Holland 31. 32. 33. 38. 88. 123. 125. 128. 134. 137. 138. 139—144. 148. 149. 154. 169. 182.
Holmgard 27.
Holstein 35. 42. 55. 59. 61. 62. 72. 77. 81. 85. 86. 94. 105. 140. 142. 146. Grafen: Adolf I., II., III., Johann, Elisabeth, Gerhard VI., Heinrich III., Adolf VIII., vgl. Schleswig.
Hoya, Johann Graf von 148.
Hoyer, Hermann von Lübeck 46.
Hussiten 105. 108.

J.

Ilmensee 27.
Ingeborg (Tochter Waldemars) 69. 70. 77.
Ingermanland 152.
Irland 36. 48.
Iserlohn 95.
Island 30. 133. 162. 168. 176.
Italien 11. 13. 14. 26. 27. 46. 80. 124. 132. 151. 158. 160. 161. 166—170.
Iwan III., Zar 114.
Iwan IV., der Schreckliche, Zar 115.
Iwangorod 115.

Personen- und Ortsverzeichnis.

Jagiello, Großfürst von Litauen 109, s. Wladislaw.
Jakob I., König von England 135.
Jakobäa, Gräfin von Holland 125.
Japan 183.
Jaroslaw, Fürst von Nowgorod 27. 29.
Jerichow 38.
Johann, König von Dänemark 114. 140.
Johann der Gute, König von Frankreich 124.
Johann, Graf von Holstein 62.
Johann, Herzog von Kleve 107.
Jomsburg 27.
Jordan von Hamburg 46.
Jütland 72. 98. 146.
Juden 151.
Julin 40.
Jungingen, Konrad von, Hochmeister 80.
Jurjew 41.

K.

Kärnten 13.
Kalkar 94.
Kallundborg 74.
Kalmar 48. 78. 98. 139.
Kampen 31. 50. 67. 70. 93. 120.
Kanal 80.
Kanut der Große, König von Dänemark und England 36. 37.
Kanut VI., König von Dänemark 42.
Karelien 152.
Karl der Kühne, Herzog von Burgund 126. 134.
Karl der Große 33. 34. 35.
Karl IV., Deutscher Kaiser 61. 68. 74. 75. 105.
Karl V., Deutscher Kaiser 142.
Karl Knutson, König von Schweden 139. 140.
Kastilien 124. 168.
Katalonien 124.
Kauen 110, s. Kowno.
Ketteler, Gotthard, Ordensmeister von Livland 115.
Kiel 35. 42. 48. 49. 54. 65. 66. 94. 108.
Kiew 52.
Kletzke, Johann 86.
Kleve 94.
Knevel, Friedrich 150.

Köln 25. 26. 31. 32. 45. 46. 52. 54. 57. 70. 74. 77. 83. 89. 93—96. 100. 102. 106. 125. 128. 132—134. 152. 155. 167. 169. 171. 178.
Königsberg 95. 110.
Koesfeld 94.
Kokenhausen 98.
Kolbatz 38.
Kolberg 40. 94.
Konrad II., Deutscher Kaiser 13. 37.
Konradin 14.
Konstantinopel 26. 27. 29. 52.
Konstanz 105.
Kontore 111.
Kopenhagen 48. 66. 72. 86. 87. 139. 141. 142. 146. 147. 171.
Kopernikus 178.
Kowno 110. 113, s. Kauen.
Krain 13.
Krakau 98. 110. 165.
Kulm 40. 55. 70. 95. 96.
Kurland 55. 115. 152.
Kyritz 94.

L.

Lancaster, Haus 133.
Ladogasee 27.
Landskrona 121.
La Rochelle 168. 176.
Lauenburg 164.
Lausitz 13. 55.
Lehnin 38.
Lemberg 164.
Lemgo 94.
Lemsal 98.
Leubus 38.
Likendeeler 78, s. Vitalienbrüder.
Limburg 125.
Lindholm 78.
Lippstadt 94.
Lissabon 97. 162. 163. 168. 182.
Litauen 55. 108. 109. 113.
Livland 13. 24. 36. 40. 52. 55. 57. 60. 67. 70. 83. 85. 96. 98. 101. 110. 112. 114. 115. 138. 140. 149. 152. 163. 164. 171.
Löböse 98.
Loire 165.
Lombarden 160.
London 25. 26. 30. 45. 46. 52. 58. 59. 94. 98. 128. 130—132. 135. 136. 161. 168.

Lothar, Deutscher Kaiser 27. 35.
Lothringen 13. 126.
Lucca 124.
Ludwig IV., der Bayer, Deutscher Kaiser 159.
Ludwig XI., König von Frankreich 134. 168.
Ludwig XIV., König von Frankreich 168.
Lübeck 11. 17. 36. 38. 39. 44—61. 65. 66. 67. 70 —77. 81. 82. 85. 86. 89. 91. 94—96. 100—103. 106. 110. 112. 115. 119 —122. 125—128. 133. 135. 137. 138—160. 164. 165. 168—176. 178. 179. 182.
Lüdenscheid 94.
Lüneburg 34. 74. 86. 88. 94. 126. 152. 159. 164. 165.
Lünen 94.
Lüttich 13. 94.
Lund, Erzbischof von 67.
Luxemburg 13.
Lynn 46. 132.
Lyon 13.

M.

Maas 31.
Mähren 13. 55. 172.
Magdeburg 25. 34. 54. 55. 94. 115. 151. 154.
Magnus I., König von Dänemark 27.
Magnus I., König von Schweden 54.
Magnus II., König von Schweden 62. 68. 70.
Magnus Lagaböte, König von Norwegen 49.
Main 169.
Malmö 73. 120. 146.
Margaretha, Gräfin von Flandern 46.
Margarethe, Königin von Norwegen, Dänemark und Schweden 64. 67. 77. 78. 85.
Maria, Herzogin von Burgund 126.
Marienburg 55—57. 98. 109. 171.
Marseille 13.
Matthias, König von Ungarn 110.
Maximilian I., Deutscher König 114. 126.

Personen- und Ortsverzeichnis.

Mecklenburg 38. 55. 59. 70. 71. 78. 79. 80. 94. Fürsten und Herzöge: Nikolaus, Albrecht II., III., vgl. Schweden, Heinrich III., Albrecht IV., Albrecht VII.
Medebach 94.
Meinhard 40. 41.
Meißen 55.
Memel 55.
Memling, Hans 134.
Meppen 94.
Mercator, Gerhard 176.
Merchant Adventurers 132. 133. 135. 151.
Merseburg 94.
Merwede 31.
Metz 13.
Meyer, Marx 144. 145. 146. 147.
Middelburg 138.
Milde, Karl Julius 147.
Minden 94. 155.
Mittelmeer 162. 169.
Mölln 42.
Mongolen 114.
Morawiese 70.
Moskau 114. 115. 128.
Muhammedaner 161.
Mühlhausen 94.
Münster 53. 94. 95. 138. 146.

N.

Nancy 126.
Napoleon 128.
Narwa 55. 114. 115. 149. 176.
Naugard 53. 54. 59, s. Nowgorod.
Neuwerk 23.
Niederlande 13. 26. 70. 72. 126. 128. 142. 145. 149. 151. 152. 154. 165. 169.
Niederlothringen 92.
Niederrhein 38. 52. 167.
Niemen 110.
Nikolaus, Fürst von Mecklenburg 59.
Nimwegen 93.
Nordhausen 94.
Nordsee 51. 93. 102. 120. 151. 161. 182.
Normannen 35. 39.
Northeim 94.
Norwegen 31. 36. 47—51. 54. 57. 60. 62. 65. 66. 67. 70. 72. 81. 98. 115. 116. 118. 119. 132. 140. 144. 162.165. Könige: Erich II., Hakon, vgl. Dänemark.

Nowgorod 23. 27—29. 45. 52—54. 58. 96. 100. 101. 111—115. 121. 123. 124. 149. 161. 162. 168. 176.
Nürnberg 101. 107. 168. 171.

O.

Ober 40.
Oland 64. 66.
Ösel 40. 115.
Österreich 13. 164.
Olaf, König von Dänemark 77.
Oldenburg 33.
Oldenburg, Graf Christoph 146. 147.
Oldendorp, Johann 145.
Oléron 176.
Oliva 38.
Orient 52. 156. 161. 162. 165. 166.
Oslo 50. 51. 98. 115.
Osnabrück 32. 94. 155.
Osterburg 94.
Osterling 123.
Ostersches Haus in Brügge 125.
Ostersches Haus in Antwerpen 127—129.
Ostersche Städte 142.
Ostfalen 50. 55.
Ostfriesland 33. 80. 81.
Ostindien 168.
Ostpreußen 109.
Ostsee 29. 49. 51—54. 74. 78. 80. 88. 98. 101. 102. 122. 128. 133—135. 138. 139. 147. 149. 152. 154. 159. 162—164. 169. 170. 176. 178.
Ostseeprovinzen 178. 179.182.
Otto I., Deutscher Kaiser 12. 25. 34.
Otto II., Deutscher Kaiser 35.

P.

Paderborn 32. 94.
Parma, Alexander von 128.
Perleberg 94.
Bernau 98.
Petershof, der, in Nowgorod 112. 115.
Pfalz 105.
Pfundzoll 100. 101.
Philipp der Kühne, Herzog von Burgund 125.
Philipp der Gute, Herzog von Burgund 126.
Philipp der Schöne, Herzog von Burgund 126.

Philipp von Schwaben, Deutscher König 14. 26. 41. 42.
Philipp IV., der Schöne, König von Frankreich 168.
Philipp II., König von Spanien 152. 169.
Pisa 76.
Plauen, Heinrich von 109.
Pleskau 113, s. Pskow.
Pleskow, Jordan 85.
Plettenberg, Walter von 115.
Plönnies, Hermann 144.
Poitou 116.
Polen 13. 55. 98. 109. 110. 114. 115. 139. 149. 152. 154. 164. 167. 169.
Polozk 52. 113.
Pommerellen 38. 55.
Pommern 13. 37. 38. 49. 50. 55. 57. 65. 88. 93. 94. 178. Erich von Pommern, König von Dänemark.
Portugal 124. 151. 165. 168. 169.
Prenzlau 94.
Preußen 13. 37. 40. 41. 55. 56. 57. 60. 65. 67. 70. 77. 86. 95—98. 101. 102. 108. 109. 110. 112. 114. 115. 132. 133. 138. 139. 140. 162. 164. 165. 167. 171. 178. 182, vgl. Deutscher Orden. Hochmeister: Siegfried von Feuchtwangen, Konrad von Jungingen, Konrad von Erlichshausen. Herzog: Albrecht I.
Pribislaw 40.
Pritzwalk 94.
Pskow 113. 115, s. Pleskau.

Q.

Quedlinburg 34. 94.

R.

Rainald, Erzbischof von Köln 27.
Reval 41. 55. 57. 61. 98. 114. 115. 149. 176.
Rhein 11. 12. 15. 21. 25. 26. 31. 32. 35. 39. 46. 47. 52. 56. 83. 94. 95. 96. 105. 138. 139. 149. 165. 170. 171.
Rheine 94.
Richard I., König von England 14. 26.

Personen- und Ortsverzeichnis.

Riga 41. 48. 49. 52—57. 98. 110. 114. 152. 163. 173. 176.
Ripen 98.
Robert, Graf von Flandern 123.
Roermonde 94.
Rom 76.
Rosenfeld, Nachrichter 80.
Rosenkrieg 133.
Rostock 40. 41. 48—50. 54. 55. 59. 66. 70. 71. 79. 85—87. 94. 115. 120. 140. 142. 146. 152. 155. 178.
Rotenburg 147.
Rotterdam 31.
Rudolf I. von Habsburg, Deutscher König 44.
Rudolf II. Deutscher Kaiser 135.
Rügen 41. 42. 84.
Rügenwalde 93. 95.
Rüthen 94.
Ruhrort 94.
Ruprecht von der Pfalz, Deutscher König 105.
Rußland 26. 27. 29. 32. 36. 40. 54. 55. 110—115. 128. 141. 149. 151. 152. 156. 161—164. 170. 184. Zaren: Iwan III., Fedor I., Boris.

S.

Sachsen 11. 12. 25. 35. 37. 49. 54. 57. 60. 86. 92. 95. 108. 115.
Saltbommel 94.
Salzwedel 40. 94. 108.
Sarnow, Karsten 84.
Sartorius, Georg 43.
Schären 49.
Schauenburg 35. 42. 141.
Schelde 13. 31. 127. 128. 149.
Schlesien 13. 38. 55. 98. 110.
Schleswig 26. 37. 48. 77. 85. 86. 88. 140. Herzöge: Gerhard III., Heinrich III., Adolf VIII., Friedrich I., vgl. Holstein und Dänemark.
Schmalkaldener Bund 146.
Schonen 23. 37. 48. 61. 62. 66. 72. 73. 77. 78. 83. 110. 111. 119—122. 132. 146. 147. 149. 165. 176.
Schottland 37. 46. 49. 162.
Schütting in Bergen 116. 118. 119. 123.
Schütting in Bremen 170.
Schwaben 21. 171.

Schwarzes Meer 52.
Schweden 26. 36. 37. 47. 48. 54. 60. 61. 63—72. 77—79. 98. 114. 115. 139. 140. 142. 146—149. 152. 154. 162. 165. 171. 178. Könige: Magnus I., Magnus IV., Albrecht von Mecklenburg, Margarethe, Erich von Pommern, Christoph von Bayern, Karl Knutson, Christian I., Johann, Christian II., Gustav Wasa, Erich XIV., Gustav Adolf, vgl. Dänemark.
Schweiz 126. 165.
Schwerin 68.
Schwertbrüder, Ritterorden 41. 55.
Seehausen 94.
Seeland 46. 66. 70. 125. 138. 146.
Segeberg 41.
Sevilla 66. 67. 169.
Shakespeare 130.
Shetlandsinseln 162.
Siegfried von Feuchtwangen, Hochmeister 55.
Sigmund, Deutscher Kaiser 86. 101. 105. 108. 124.
Sizilien 14.
Skandinavien 21. 26. 27. 29. 41. 46. 74. 77. 111. 128. 156. 164. 179.
Skanör 48. 73. 119. 120. 122.
Slaven 34. 40.
Slavien 42. 50. 54.
Sluis 125. 134.
Smolensk 52. 113.
Soest 32. 47. 53. 55. 94. 106. 107. 112.
Sophie, Gem. Iwans III. 114.
Spanien 26. 27. 31. 46. 47. 97. 124. 128. 132. 135. 149. 151. 152. 154. 156. 162—166. 168. 169. 176. 182.
Stade 94. 135.
Stahlhof in London 123. 128. 130. 131. 133—138. 149.
Stargard 18. 94.
Stavoren 32. 50. 94.
Stecknitzkanal 166.
Steen, Tidemann 86. 87.
Steiermark 13.
Stendal 40. 94. 108.
Stettin 40. 49. 94. 120. 149. 178.

Stockholm 48. 70. 78. 98. 142. 176.
Störtebecker, Klaus 80. 81.
Stolp 93. 95.
Stralsund 41. 42. 48—50. 55. 59. 67. 70. 71. 73. 77. 78. 83. 84. 86. 87. 94. 119. 120. 140. 146. 152. 155. 178.
Straßburg 171.
Sture, Sten 140. 142.
Sudermann, Heinrich 181.
Suhm, Starke 84.
Suhm, Thorkel 84.
Sund 36. 66. 86. 98. 138. 140. 141. 149. 151.
Sundzoll 86. 88.
Svend 37.
Svendborg 146.
Syrien 166.

T.

Tajo 135.
Tangermünde 40. 94.
Tannenberg 109.
Telgte 94.
Themse 52. 128.
Thorn 40. 55. 70. 95. 97. 109. 164.
Thourout 46.
Thüringen 34. 38. 94. 170.
Tiel 31. 45. 94.
Tilly 155.
Tinnapel, Bartholomäus 149.
Tönsberg 50. 115.
Tohopesate 107.
Toul 13.
Trave 39. 44. 54. 74. 146.
Travemünde 87.
Treptow 95.
Trier 132.
Türken 105.
Tunis 170.

U.

Ülzen 94.
Uhland 105.
Ungarn 37. 55. 105. 165. 169.
Unna 94.
Upsala 70.
Uslar 94.
Utrecht 31. 93. 94. 125. 134. 138.

V.

Vaagen, Meerbusen 115.
Valenciennes 13.

Venedig 55. 76. 162. 164. 168—170.
Venlo 94.
Verden 179.
Verdun 13.
Vikinger 27. 36. 47.
Vineta 40.
Vitalienbrüder 78. 79. 81. 132. 138.
Vorpommern 178.
Vot, Bartel 81.
Vreden 94.

W.

Waal 138.
Wagrien 35. 39.
Wakenitz 39.
Waldemar I., König von Dänemark 41.
Waldemar II., der Sieger, König von Dänemark 41. 42. 48. 142.
Waldemar IV., Atterdag, König von Dänemark 59. 61—73. 77. 88. 101. 138. 140. 141.
Waldemar, Falscher 61.
Walk 98.
Wallenstein 154.
Wallonen 38. 94.
Waräger 27.
Warberg 147.
Warburg 94.
Warendorf 94.
Warendorp, Bruno 72. 73.
Warwick, Graf 133—135.
Wasa, Gustav, König von Schweden 142. 143.
Wassily IV., Zar 114.

Weichsel 13. 40. 55. 86. 110. 164. 170. 171.
Weißes Meer 151.
Welser 170. 182.
Wenden 35. 36. 40. 42.
Wenden, Ort 98.
Wendische Städte 49—51. 56—61. 65. 70. 88. 93 —95. 98. 101. 102. 138 —140. 165.
Wenzel, Deutscher König 105.
Werben 94.
Werl 94.
Werne 94.
Wesel 93. 94.
Weser 32. 33. 94. 141.
Westfalen 25. 27. 32. 38. 49. 50. 52. 54—57. 60. 94—96. 115. 138. 139. 155. 167.
Westfriesland 94.
Westhof, Heinrich 85.
Westpreußen 109. 110. 179.
Westsee 9.
Wiborg 149.
Wight, Insel 132.
Wilhelm von Holland 14.
Wilhelm I., König von Preußen 76.
Wilhelm II., Deutscher Kaiser 76. 184.
Windau 98.
Wisby 26. 27. 40. 49. 52 —54. 57. 63—65. 78—80. 95. 98. 112. 118. 122. 142. 149. 176.
Wismar 40. 48—50. 55. 70. 71. 79. 81. 85. 86. 88. 94. 96. 140. 146. 152. 155. 159. 163. 178.

Witebsk 52. 53. 113.
Wittenborg, Johann 66. 67. 68.
Witzlaw, Fürst 41.
Wladislaw, König von Polen 109, s. Jagiello.
Wolchow 27. 111.
Wolfenbüttel 147.
Wolga 26.
Wollin 27. 40.
Wolmar 98.
Wordingborg 66. 88. 138.
Worringen 52.
Wulflam, Bertram 83. 84. 85.
Wulflam, Margarethe 85.
Wulflam, Wulf 83. 84. 85.
Wullenwever, Jürgen 144 —148.

X.

Xanten 94.

Y.

York 133.
Ypern 46.

Z.

Zierickfee 94. 138.
Zinna 38.
Zütphen 93.
Zuidersee 32. 33. 57. 67. 70.
Zwin 46.
Zwolle 31. 93.

www.ingramcontent.com/pod-product-compliance
Lightning Source LLC
Chambersburg PA
CBHW021708230426
43668CB00008B/764